編著
立石憲利
吉備中央町図書館

岡山「へその町」の民話

岡山県吉備中央町の採訪記録

吉備中央町教育委員会

加茂大祭（加茂市場　2015年）

吉川八幡宮当番祭（吉川　2015年）

鬼伝祭（吉川　2015年）

道の駅かもがわ円城（円城　2015年）

春一番の田起こし（宮地　1955年ごろ）提供：木村宮子

庭先でのもみすり作業（宮地　1965年ごろ）提供：堀口省吾

たばこの苗床（納地　1955年ごろ）提供：仁子 稔

たばこ畑の春（円城　1980年ごろ）

森神社の粥管祭り（高谷　1987年）

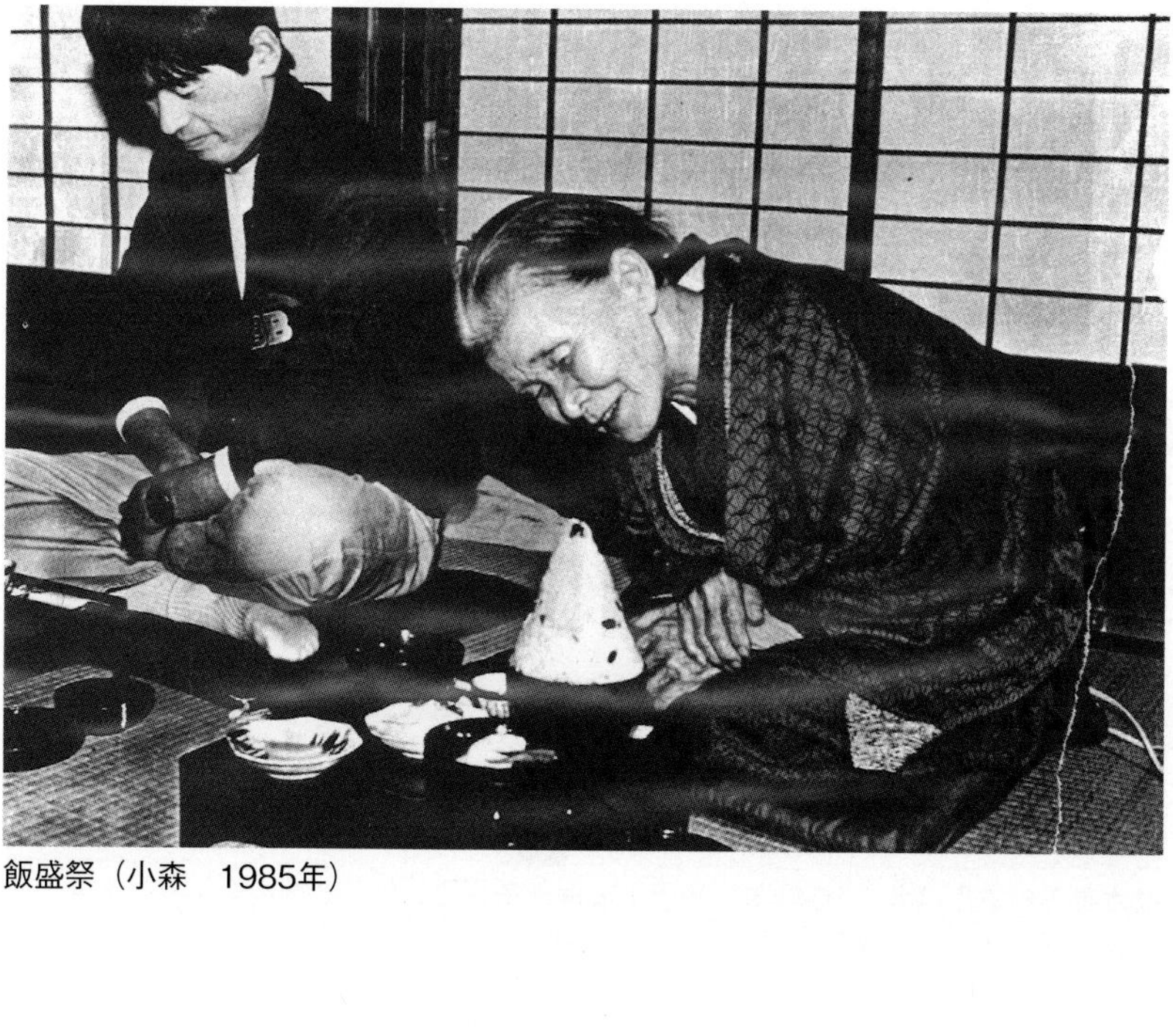

飯盛祭（小森　1985年）

虫祈祷　百万遍（上竹　1986年）

妙本寺の村芝居（北　1941年）提供：大槻幸子

川合神社夏祭のだし（田土　1980年ごろ）提供：川合神社だし記録保存委員会

お大師めぐり（小森　1987年）

棚田（小森　1980年ごろ）

完成間近の鳴滝ダム（竹部　1980年ごろ）

岡山「へその町」の民話

岡山県吉備中央町の採訪記録

吉備中央町の大字地図

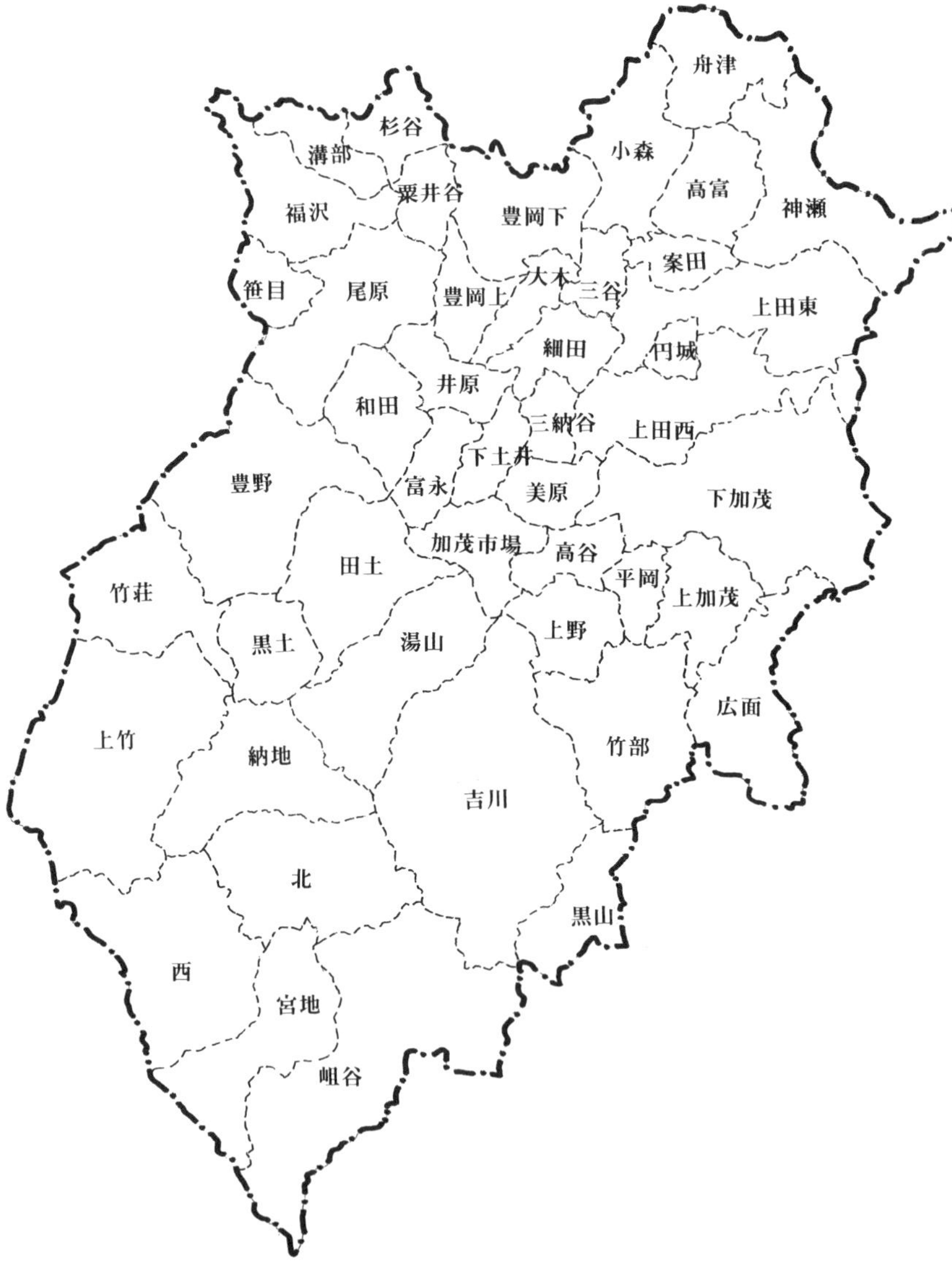
舟津
杉谷
溝部
小森
粟井谷
高富
福沢
豊岡下
神瀬
案田
大木
笹目
尾原
豊岡上
三谷
上田東
細田
円城
井原
和田
三納谷
上田西
下土井
豊野
富永
美原
下加茂
加茂市場
高谷
田土
平岡
竹荘
上加茂
湯山
上野
黒土
広面
上竹
納地
竹部
吉川
北
黒山
西
宮地
岨谷

発刊によせて

待望の『岡山「へその町」の民話』を発刊することができ、たいへんうれしく思います。今までにも、町内に伝わる話をいくつか集めて冊子にしたことはありますが、この度のように多くの話を一冊にまとめて発刊するのは初めてであります。

民話といえば、幼い頃を思い出します。テレビでは、今のように様々なジャンルのものが賑やかに放送されている時代ではありませんでした。したがって、夜ふとんに入って寝る時には、母親が地域に伝わるいくつかの話をしてくれるのを聞くのが楽しみでした。しかしどの話も、最後まで聞いた記憶がありません。それは、話の途中で私が寝入ってしまっていたからです。「むかしむかし、あるところに」という切り出しで話は進んでいくのですが、次第に朦朧としてきて寝てしまうのです。でもそれは、耳にはとても心地よいものでした。

民話は、民衆の生活の中から生まれ、民衆によって口伝えで伝承されてきたもので、昔話のほか伝説や世間話があります。後世に伝えるために、純粋な口承のみで伝えることはなかなか難しく、伝承する人が居なくなれば絶えるという制約もあるのです。そういう中で、この度、吉備中央町に伝わる民話を、町内各地をまわって、多くの町民の方々のご協力を得て集め、一冊の本にできたことは感無量であります。

民話本発刊の作業を行うにあたっては、民話を提供してくださった方々はもちろんでありますが、岡山県を代表する民俗学者であり、民話研究家の第一人者である立石憲利先生のお力なしではできませんでした。先生には、聞取りから編集にいたるまで、事細かにご指導ご助言をいただきました。お蔭さまで、今回の発刊につなげることができました。ありがとうございました。

どのくらいの民話が町に残っているか当初は心配でしたが、予想を上まわる話を集めることができました。それらのひとつひとつが、遠い昔の故郷を連想させてくれます。身近なところにこんな話があったのかと驚くような話などがあります。当時、この町に住んでいた人の生活や思いも連想することができます。

これらの民話に目を通すことで、改めて町に対する思いが深まるのではないかと思われます。より多くの皆さんに目を通していただくことを願い、発刊のあいさつとさせていただきます。

二〇一七年三月一日

吉備中央町教育委員会　教育長　　津島　雅章

目次

Ⅰ　昔話

Ⅱ 伝説

(一) 木の伝説

(二) 石、岩の伝説

(三) 水の伝説

(四) 塚の伝説

(五) 山、坂の伝説

(七) 地名の伝説

(六) 神仏にまつわる話

(七) 人にまつわる話

Ⅳ 暮らし、その他

(一) 干ばつ

(二) 村の暮らし

(六) 行事

(七) 食べ物

(八) 子どもの生活

V　解説……立石　憲利……414

凡　例

1. 本書は、暮らしの様相が激変し、民俗伝承が消滅しようとしている今日、吉備中央町内の伝承、主として民話の姿を記録し、先人の思いを伝え、今後の継承に役立つ資料とするため刊行した。

2. 民話は、昔話、伝説、世間話の総称であるが、本書には民話以外の経験譚、体験した暮らしの様子なども収載した。

3. 資料の配列は、Ⅰ昔話、Ⅱ伝話、Ⅲ村話、Ⅳ暮らし、その他の順とした。昔話は、『日本昔話通観』のタイプ（話型）の番号順とし、伝説は、事物によって分類し配列した。村話は、（一）狐狸の話、（二）大蛇の話、（三）妖怪の話、（四）死をめぐる話―など、話の内容によって分類、配列した。暮らし、その他は、（一）干ばつ、（二）村の暮らし、（三）仕事―など内容によって分類配列した。なお、いずれも目次を参照されたい。

4. 話の題名は、語り手の語った題名、原典に記載されているものを尊重したが、編者が一般に分かりやすい題名を考えて付した。

5. 話の末尾に、かっこ書きで、（通観127「桃太郎」）などとあるのは、収載した話に該当する『日本昔話通観』の話型番号と話型名である。次に、「話者」として、大字名と氏名を記した。「出典」は、その話が掲載されている刊行物の略称を記した。「○○稿」は、刊行されていない原稿から収載したもの。本書末尾の出典一覧を参照されたい。

6. 本書資料は、話者が語ったり、話したものを録音し、翻字したものが基本である。一次翻字者の表記を統一するために相当手を加えたが、まだ不統一な点があることをお断わりする。また、刊行物等から転載させていただいたものも、それぞれ表記が異なっており、十分に統一はできなかった。

話の末尾の注記は、主として編者が付した。

7. 資料の多くは録音したものをできるだけ忠実に翻字しているため、表記が難しく一部特殊な表記を用いている。次に、その文例を示す。

（発音）	（表記）	（意味）
アシターハレル	明日ぁ晴れる	明日は晴れる
キイノボル	木ぃ登る	木に登る
ミズウクム	水ぅくむ	水をくむ
カワェーイク	川ぇ行く	川に行く
ターウツ	田ぁ打つ	田を打つ

8. 民話などの資料の中には、伝承されてきた時代を反映して、職業や身体などに関する卑称、賤称、不快に思われる言葉などが一部認められるが、伝承の実相を記し、今後の科学的研究の資料とするために、そのまま掲げたものがある。もとよりこれらの卑称等を容認するものではない。読者、利用者におかれても、その立場を理解され、本書が正しく利用されるよう期待する。

9. 本書には、吉備中央町で採録された民話等の収載された刊行物を許可を得て可能な限り転載した。その一覧は巻末に掲載した。なお、『吉備中央町の民話（1）』（二〇〇七年三月発行、立石憲利編著、吉備中央町刊）は、二重の刊行となるため収載しなかった。

10. 本書の出版にあたり次の者が主として担当した。調査、翻字、原稿化、校正は、立石憲利、山田敬子（吉備中央町図書館）。編集、解説等の執筆、各項目の最終確認等は立石憲利。なお、翻字（第一次）は山田敬子のほか数人が担当（その他の協力者欄に記載）した。

11. 本書刊行に際しては、多くの伝承者のみなさん、刊行物の転載を許可くださった方々に大変お世話になり、ご協力をいただいた。その他、調査の会場の提供、伝承者の紹介、アンケートへの協力など多くの方々にお世話になった。関係者のみなさんに心から感謝するものである。

Ⅰ　昔話

1　若返りの水

　あるところに、お爺さんとお婆さんが住んどって、正直なお爺さんと欲張りなお婆さんが住んどって、正直なお爺さんは働き者じゃから、毎日朝早うから畑や田んぼへ働きに行く。お婆さんは、うちでからごろごろしてから、食べたりして、横着もんじゃった。それが、出る時にはお婆さんが、

「お爺さんは、仕事、仕事いうてから働きぃ行くけん腰はかがむし、顔にゃあ、しわになってから年が寄ってしまうんじゃが」

言うて。お婆さんはそんな腐れ事を言うても、ちいては（いっしょには）行かなんだ。

　お爺さんは一人ばかり、毎日畑や田んぼに通うのに、その途中に石のお地蔵様があった。で、そのお地蔵様のとこにゃあ、きれえな水が流れとって、毎日、朝はその水をお爺さんはお地蔵様に掛けて、きれいに洗うたげて、花ぁ立てたりして、毎日そんなことをしょうた。

　ところが、ある日のこと、お爺さん畑に行ってから、暑い暑い日じゃった。へえで、暑いけん、あんまり暑いもんじゃけんくたびれるような。ひょろひょろしながら、その晩方にそこへ戻ってきた。戻ってきてから、

「お地蔵さん、すまんけど、ここの水を一杯飲ましてつかあさい」

言うてから、その水を一杯よばれた。その水がとてもうまかった。せえから、まあ、うちに帰らにゃあ思うて、うちに戻りょうた。せえが、いつもなら、よぼよぼして帰るのに、とっとっとっとっと帰れる。元気に、とっとっとっと帰れるけえ。

　帰ってから、入り口から、

「お婆さん、今帰ったぞ」

いうてから、大きな声をして言うたいう。ほしたら、お婆さんは中でから見るばあするんです、戸を開けても。へえで、大きな声をして元気の良い声をして帰っ

てきて、へえで、みりゃあ、顔の方は若うなっとる。

「あんた、お爺さん、違やあせんか」

言うて、

「何をよんなら（言っているのか）。お爺さん帰ってきたんじゃがな」

したら、

「そういやあ、そうじゃが、私が嫁に来たおりの顔になっとる」

言うてから。

「どうしてから、そねんなったんなら」

言うたら、お爺さんが、

「そりゃあ、お地蔵様のところの水ぅよばれたら、こねえなったんじゃ」

言うて。ほうしたら、お婆さんが、

「私も、その行ってよばれて来にゃあおえん」

夕飯をしかけたのを、ほってえてから出て行ってしもうた。へえで、お爺さんは一人、また、その夕飯をしてから、ご飯食べてからしても、ちっとも戻ってこん。どうして戻ってこん。あっこへお地蔵様のところへ行ったには違やあへんのじゃが思うて。はあ、日が暮れとってから、行てみてもだあれもおりゃあせん。へから、お地蔵様の前へ行ったところが、赤子が、

「おぎゃあ、おぎゃあ」

いうて泣きょうた。

〈赤子をこねんとこに捨てとらあ〉

思うたら、お婆さんが着とった着物の中でから泣きょうる。

「こりゃあ、お婆さんは、欲張りじゃけえ、一杯でやめときゃあええのに、二杯も三杯も飲んだんじゃろう」

言うてから、なったんじゃいうことじゃそうです。

欲張りもほどほどにしとくもんじゃなあ。

（通観29「若返りの水」話者　下土井　片山光男）

2　こぶとり爺さん

ほんならまあ、一つ、こぶとり爺さん。

昔ある所に、踊りの好きなお爺さんがおった。左のほおに大きなこぶがあった。いつも、その大きなこぶを振り振り面白く踊っていた。

ある日のこと、隣り村の踊りの会に行った帰り道に、山道で雨が降り出して、入るとこも無いので、見ておったら、大きな古い木に洞穴《ほらあな》があった。そこへ入ってから休んどった。いつの間にか眠ってしまった。

夜が来ると、前で何か賑やかな音がして、声がする。どうしたんじゃろう思うて、その穴から覗《のぞ》えて見る。ほしたら、鬼が集まってから酒盛りをしょうる。で、

〈こりゃあ何ぅしょんなら、えれえとこへ来たから、恐ろしいとこへ来たわい〉

と思ようたら、鬼がその酒に酔うて踊り出した。そのお爺さんは踊りが好きなもんじゃけえ、思い知らず、その鬼の踊りの中へ入ってから踊りょうた。ほしたら、鬼が見てから、

「ありゃあ何なら、ありゃあ何なら」

言うてから、不思議がってから、

「お前は何言うもんなら」

「わしゃあなあ、日本一の踊りの好きな爺さんじゃ」

「ほんなら、まあ、一緒に踊ろう」

せえから鬼と一緒に踊りょうた。ほうしたところが、夜も更けるし、

「ほんなら明日の晩も来てから、一緒に踊ってくれえ」

「あの、違わんように来えよ」

いうて、

「そのかわりになあ、お前が一番大事な物をわしに預けてくれえ」

言うて。ほしたら、こぶとり爺さんが、

「わしなあ、このこぶが一番大事なんじゃ」

言うて。

「大きなこぶが、一番大事なんじゃ」

言うたら、鬼が、

「ほんならそりょう（それを）預かっとく」

言うて取った。へえからお爺さんは、きれえな顔になって戻ったら、お婆さんが喜んで、

「ええ男になった」

言うた。

　そりょう隣りのお爺さんが聞いて、そりゃあ、意地の悪いお爺さんじゃってから、その人なあ右の方に大きなこぶが出とった。

〈隣のおじいさんは、取ってもろうてから、ええ男になったけん、わしも取ってもらわにゃあおえん〉

思うて、

〈ようし、ほんなら今夜、鬼のとこへ行ってから取ってもらおう〉

思うて、夕方から出かけて行って、その洞穴へ行って待ちょうた。ほしたところが、鬼が出てきて、寄りおうて来て酒盛りゅう始めた。そのお爺さんは酒が好きでから、酒盛りが始まったら、じっとしておれんもんじゃけん、酒を飲みに出た。

「わしも飲ましてくれい」

言うて。

「ほん、ほんならお前は夕べ来た爺さんじゃなあ」

言うて。

「ほんなら、一緒に飲んでから踊ろう」

せえからまあ、酒を飲んでから、けえから踊りじゃいうて、そのお爺さんは、踊りをちっとも知らんもんじゃけえ踊れん。そうしたら鬼が怒ってから、

「お前は嘘を言うてからしたけん、昨日預かったのを返しちゃる」

言うてから、左のほおへもってひっつけた。へえで、隣りのお爺さんは片っ方だけじゃったのに、両方ええ大きなこぶうもろうて、戻ってから辛《つら》がりょうたいうような話で。

（通観47「こぶ取り爺」　話者　下土井　片山光男）

3　浦島太郎（原題・うらしま太郎）

子どもが海辺で遊んどって、そいで亀さんを連れてから、四、五人の子どもが遊びよって、そこへ漁師の浦島さんが行ってから、

「その亀をいじったらかわいそうなから、私がお金をあんたらにあげるから、買うてあげるから、その亀を私に分けてくれ」

いうて、亀を買うて。せえから亀が弱っとるのを海に放さした。それから、亀さんはありがたかったんか、頭を浦島さんの方へかごめかごめ、海の底へずっと消えてしもうた。


浦島太郎が、毎日毎日釣りに行きょうたら、ある日のこと、

「浦島さん、浦島さん、この間は、ありがとうございました」

いうて、そいから、

「そのお礼に、竜宮城へ連れて行ってあげますから、私の背中に乗ってくれ」

そいで、

「ほんなら乗らしてもらおうか」

いうて、乗ってから、竜宮城へ、ずっと海の底を連れて行ってもらって。せえから、何日も何日もごちそうしてもろうて、食べたり、鯛やヒラメが舞うたり、歌うたりするのを見たりして、帰るのも忘れて何日も何日もおって。ある日のこと、急に家の方が恋しゅうなって、帰りとうなって、乙姫さんに、

「もう帰るから」

いうたら、

「ずっと、もっとこっちにおってくれりゃええけど、帰りたいんじゃったら、まあ、この箱をあげますから、どうしても蓋を開けなさんな。これをお土産にあげますから」

いうて、箱をもろうて、また亀の背中に乗って、自分

のふるさとに帰って見たら、どっちを向いても、もう方角がぜんぜん分からんようになってしもうて、だれがだれやら分からんようになってしもうて…。

浦島さんは、つろうなって、せえで、

「この箱は、どうしても開けてはいけん」

いうて乙姫さんが言われたんじゃけど、あんまりつらさにその蓋を開けたら、煙がつうっと出て、いっぺんに白髪になってしもうた。

（通観74「浦島太郎」話者　高富　河原澄江　出典『加茂川町の昔話』）

4　屁こき爺①（原題・へこきじじい）

珍らしいことをするのが好きな殿様で、

「屁をようこくのが上手なものは出て来い」

いうんで、へえでまあ、珍らしいのが好きじゃから、

「ほんなら、まあわしがよう屁をこくんじゃから、屁をひってみせてあげよう」

いうことで、殿様のとこへ行って、

「わたくしは、屁をひってお目にかけます」

いうてやって行ったら、

「ほんならまあ、屁をこいてみい」

いうたら、

「ここは、板場ですから、冷えて出ませんので」

「ほんならどこがようこけりゃあ？」

「お殿様のお膝の上がようこけます」

ほんで膝の上でから、

「ほんなら、まあ屁をこれからひってお目にかけます」

いうて、へえで、

「ブーッ」

と大きいのをひって、

「これは、大屁《おおべ》です」

ほいで今度その次から、

「ブーッ」

と出て、

「これからが小屁《こべ》です」

いうて、

「プップップップーッ」

長いこと屁をひったら、

「もう、お前のような屁をひるものはおらんがのう、感心なもんじゃ」

いうて、褒美をたくさんたくさんもろうて帰った。

それを隣りのお爺さんがまねして、

「わしも一つ屁をこいてから、ほうびをもろうてこうか」

いうて、ほいで殿様のところへ行って、

「わたくしも、屁をこいておみせしますから」

いうて、したら、

「ほんなら、まあやってみい」

「ここじゃ尻が冷えて出ませんから」

いうたら、

「どこがよけりゃあ」

いうたら、

「膝の上がええ」

いうて、ほいから膝の上に上がらしてもろうてから、膝の上でから、ここう思うてから、けばってけばって、一生懸命けばりょうたら、うんちの方が出て、

「こりゃあ、おめえはけしからんことをした」

ひどうしかられ、頭をひどうたたかれ、尻をたたかれして、頭ははりま（播磨）で、尻がびっちゅう（備中）いうほどたたかれて帰ったということです。

（通観90「竹切り爺」参照　話者　高富　河原澄江
出典『加茂川町の昔話』）

5　屁こき爺②

あるところに、屁《へ》をよくたれる爺さんがおりました。屁をたれる、なにかいうと、すぐ屁で返事をするぐらい屁をたれます。その話を聞いた殿様に呼ばれて、

「ほんならお前、ひとつ屁をこいてみよ」

と言われた。それでお爺さんは、なんのことはない、
そこでプッと大きな屁をこいた。
「うん、見事な屁じゃあなあ。もう二つ続けてこいて
みよ」
と言われて、二つ続けてプップッとこいた。
「三つ続けてこいてみよ」
と言われたら、また三つ続けてプップップッとこいた。
「そりゃあ、見事な。屁こき爺さんだけのことはある。
ずっと続けてこいてみよ」
と言われて、お爺さんは、プップッ、プップッ、屁を
こくこく、お殿様のとこから帰ってしもうた。
ほうしたら、あとから、見事じゃ、日本一の屁こき
じじいじゃけん褒美をやらにゃあいけんいうて、褒美
をもろうた。
そりょう隣のお爺さんが聞いてから、
「わしもひとつ屁をこいたらにゃあおえん。そうす
りゃあ殿様が褒美をくれるけん、褒美をもらわにゃあ
おえん」
思うてから、
「屁は、よう出にゃあおえんけん、芋をしっかり食う
て行きゃあええけん。芋を食やあ屁がよう出る。せえ
から、ラッキョウ食うて行きゃあ、ラッキョウ屁が出
るけん」
いうて、ラッキョウを食うて行った。そうしてから、
殿様のところへ行てから、殿様が、
「屁をこいてみい」
言うて、ラッキョウのような、プウッいうような屁を
こいた。
「もうひとつこけえ」
言うたら、もひとつプウッいう屁をこいた。その屁が、
くせえ、くせえ屁じゃった。
「ほんならこんだぁ、芋の屁をこいてみい」
そりょうこく思うたら、なかなかへばっても出りゃ
あせん。そうしようったら、グズグズ～ッと大きなの
が出てしもうた。殿様が怒ってから、叩き出してしも
うた。

いろいろあるらしいなあ。殿様に抱かれてこいたり、ぴち糞を殿様の膝の上へひったいうたり。殿様の前でこいたいうたり。

（通観90「竹切り爺」参照　話者　下土井　片山光男）

6 桃太郎①

昔ある所に、お爺さんとお婆さんが住んでいた。お爺さんは山へ、お婆さんは川へ洗濯に行った。お婆さんが洗濯をしていると、大きな桃が流れてきました。お婆さんが桃を拾ってみると、それは大きな美しい桃でした。大きな桃だからお爺さんと二人で食べようと思って、戸棚の中に入れておいた。お爺さんが帰ってきたので、出そうと思って戸棚を開けようとしたが戸が開かない。お爺さんと二人掛りで力一杯引っぱっていたら、戸が破れてしまった。

中から大きな男の子が出てきた。お爺さんとお婆さんは大変喜んで、桃太郎と名付けてかわいがって育てた。子どもは日増しに成長して元気な若者になった。そして、またその力の強いのは格別である。

お爺さんと山へ行っても帰りには大きな木を根から引き抜いて担いで帰る。

「さてこの木をどこに置くか」

「家にもたせると屋根が壊れる」

「前の畑におくと大根がつぶれる」

「お爺さん、どこへ置こうか」

お爺さんが答えて、

「そうだな、前の川に打ち渡して橋にしよう」

二本並べると立派な橋になった。それからは山からの帰りには、長木を担いで帰ってきて村の中にあっちこっちと橋をかけた。村人達が喜んでくれた。

桃太郎は日ましに豪力になった。村の中でも力のいる仕事は、よく頼みに来た。

ある日村人が、

「桃太郎さん、家の田の中に、大きな岩があるので、いつも仕事の邪魔になる。あの岩が取れんじゃろうか」と頼みに来た。桃太郎がその大岩を抜き取って、さあどこへ捨てようかと、川へ投げこんだところが、川がせき止められて池のようになった。殿様がその話を聞いて、そんなばか力の者は、鬼ヶ島へ鬼征伐にでも行けと命じられた。

桃太郎は、お婆さんにきび団子を作ってもらって、犬や猿やキジを連れて、鬼ヶ島へ鬼征伐に行った。

鬼ヶ島の鬼達は、その話を聞いて、あの豪力無双の桃太郎が攻めてきたら大変だと、鬼どもは岩穴に入って隠れ、門をかたく閉めてしまった。桃太郎は、鬼が隠れては仕方ないので、鬼の岩に手をかけてガッサガッサと揺すぐった。鬼ヶ島は地震のようにゆれた。岩は落ちる、穴はつぶれる。鬼どもはみな浜辺に出て降参して、

「もう悪いことはしません。桃太郎さんの家来にしてください」

手をついて謝った。桃太郎は鬼共に、太い強い綱を作らせた。桃太郎は鬼たちに、

「これからこの島を向こうの浜まで引っぱって帰るから、お前たちは島の岩に綱をつけて引っぱれ。俺が島を押すから綱を引っぱれ」

「うんさぁよいさぁ、うんさぁよいさぁ」

と島を浜辺に着けることができた。

それからは、鬼どもは浜の漁師になった。その話を聞いた殿様はたいそう喜んで、殿様の娘を桃太郎の嫁にして万々才。お爺さんお婆さんも大万才とか。よかったなあ。

（通観127「桃太郎」話者　下土井　片山光男）

7　桃太郎②

昔、あるところに、お爺さんとお婆さんが住んでいたが、子どもがなかった。寂しく暮らしておった。お

爺さんは山に柴刈りに行くし、お婆さんは前の川へ洗濯をしに行った。

ほして、洗濯をしておると、川上から、大きな桃がどんぶりこ、どんぶりこと流れて来た。お婆さんは、その桃を拾ってみたら、今までに無いような大きな桃じゃった。へで、それが、桃色のきれえな桃じゃったから、さぞ、うまかろう思うて、こりゃあ、お爺さんと分けて食べにゃあならん思うて、それを拾って帰った。そして、台所の庭の戸棚に隠しておいた。

そしたら、お爺さんが夕方に帰ってきたけん、まず見せちゃろう思うて、お婆さんが開きょう思うても戸が開かん。へから、お爺さんと二人がかりで戸を開きょうたら、戸がひっくりがえって、その拍子に、桃が二つに割れて中から大きな男の子が出てきた。

そのお爺さんお婆さんには子が無かったから、それが、うれしゅうて、うれしゅうて。へえから、その子を大きゅうするいうて、桃から生れたじゃから、桃太郎いう名ぁつけて、そして世話を焼いてから、大きゅうした。桃太郎は日に日に大きくなってから、ほうしてから、力持ちの大きな男になった。

へで、お爺さんの仕事をしに山へ手伝いに行く。ほして、帰る時、荷は、大きな木を根本から引き切って、そのまま担いでから、わっさ、わっさと持て帰った。持て帰ったのはええけど、かど（外庭）へ持て帰ってみても、その置くとこが無い。へで、家へ、もたせかけると、屋根が潰れてしまう。横の畑へ倒しゃあ、大根が崩れてしまう。

「お爺さん、こりゃあ、どうしようかなあ。置き場所がねえから」

言うたら、お爺さんが考ようたが、

「そりゃあそうじゃなあ、前の川の上へ、こっちから向こうのぎし（岸）ぃ掛けてぶち渡いとけえ」

いうて、お爺さんがな、言うたから川に渡した。

そうして、そりょうまた、大きな木を持て帰って、二本渡したら、ええ丸木橋ができた。

「こりゃあ、便利になった。川へ入らんでも向こうへ渡れるようになった」

そうして、それを見てからよかったから、村の内を、あっちの橋のいるとこへ、そうして橋を架けた。

ほして、桃太郎は、だんだんまだ力持ちになってきて、力のいるような仕事は何でも村の内のを桃太郎へいうてからするようになった。

ところが、ある時、村内の人が訪ねてきて、

「あんたぁ、ええ力を持っとるんじゃけえ、うちにゃあ昔から、田ん中に大きな岩があるんじゃ。その岩が取れんじゃろうか」

いうて。ほしたら、桃太郎はそれを取りぃ行って、わっさ、わっさと揺すりょうたら岩が取れて。取れたけど、さて、どこへ置いたがええじゃろうか、田ん中に置きゃあ邪魔になるし、道ぃ出しゃあ、通れんようになるしで、川の渕の中へ投げ込んだ。ほしたところが、その渕が堰《せけ》て水が流れんようになって、そこが池になって。

そのことを殿様が聞いて、

「お前みたいなばか力を持っとるものは、村にゃあ、仕事がねえけん、今鬼ヶ島で鬼があばりょうるけん、あれを征伐せい」

いうて、殿様から鬼征伐の命令が出た。で、桃太郎はお婆さんに百人力の吉備団子をよっけい作ってもろうて、犬や猿や雉を連れて鬼ヶ島へ行って、鬼征伐に出て行った。

ところが、鬼ヶ島じゃあ、はあ、そのことが鬼どもの耳に入った。桃太郎が攻めてきたら、そりゃあ、どねんもならん。へで、赤鬼や青鬼がよけい集まって相談しょうた。

「そりゃあ、なんの、桃太郎が犬ぅ連れて来たぐれえで何があろうに」

言うもんがおるし、

「そりゃあ、なりゃあせん。一時《いっとき》にやられてしまう。そうしたら、みんな岩の穴へこぐったり、陰へ隠れたりしてから、門を閉めてしまおう。桃太郎上がらせにゃあ、いいんじゃから」

言うてから、そうしとった。そこへ行ったもんじゃか

ら、鬼が出てこんから、鬼征伐をしようというても、征伐ができん。

そこで、桃太郎が百人力のきび団子を食べて、その島の大きな岩の頭へ手を掛けて、わっさ、わっさと揺すぐったいうんです。ほしたところが、山が大地震がいったようになって、山が崩れ、岩の穴が潰れでえた。ほしたら鬼はもうかなわんもんじゃから、皆とんで出て来てから、桃太郎の前へひざまずいてから降参したいう。

「もうけえからは、何も悪いことはせんから」

いうて。へえで、

「桃太郎さんの家来にしてくれえ」

言う。へえから、桃太郎は、

「そうじゃなあ、わしゃあ、けえから、この島を持て帰ろう思う。へで、お前《めえ》らぁ、みんな、強い長い綱ぁなええ」

へで、縄ぁなわしてから、犬や雉や猿にてごぅ（手伝いを）さしてから、岩の頭へくくりつけて、そうしてから、

「こっちから、わしが『よいしょ』と、押すけえ、ほしたら、お前《めえ》らぁ、みんなで『よいしょ』と引っ張れえ」

へえで、

「よいしょう、よいしょ、よいしょ、よいしょ」

と島ぁ引っ張ってから浜辺までも持て帰った。ほうして、浜辺でから、そこに、漁港を造って、港を造って、そうしてから、鬼に、

「お前らぁ、これからぁ、悪いことをせずに、漁師になれえ」

言うて。ほして、その港の中でから漁師になって、鬼どもは、あっちぃこっちぃ魚を毎日《めえにち》持て帰るようになった。

せえで、そうしたところが、そのことが殿様の耳ぃ入って、殿様が、

「桃太郎いうたらたいした男じゃ。あれじゃったら、あの者に吉備の国を治めさしたら立派な国になるじゃろう」

せえで、お殿様の自分の娘を桃太郎の女房にして、ほうして跡を継がせて立派に国になった。で、ばんざい、ばんざい。お爺さん、お婆さんもうれしいことじゃった。

子どものころ、町内井原に住んでいた伯父（母の姉の夫）の土井文一から聞いた。その伯父がいうのに「瀬戸内海のうちの、どこやらにそれがあるんじゃ」いうていうようなことを言ようりました。浜辺になあ、今でもそこは漁師の港、漁港になっとって、ほしてその防波堤になっとる岩山にゃあ、鬼が住んどった岩穴があるんじゃいうて。

（通観127「桃太郎」　話者　下土井　片山光男）

〈注〉6「桃太郎」と、この「桃太郎」の話者は同一である。6は「こんな話を聞いたことがある」と言われて、書いていただいたもの。その後一年余経って語って下さったのが、7の本話である。記憶を呼び起こす過程が見えるので掲載した。

8　一寸法師①

昔々ある所に、お爺さんとお婆さんがいた。ある日お爺さんがお婆さんに、

「子どもが欲しいなあ」

と言った。

「そうじゃなあ。まだ六十過ぎじゃけん、神様にお願いすりゃあ出来るかもしれんな」

と話していた。

それから何日か過ぎたある日、お婆さんが、

「お爺さん、お爺さん、子どもが出来たで。それが小さな子なんじゃけどなあ」

お爺さんが行ってみると、本当に小さな子じゃった。

「ほんに手の中に入《はい》れるような小さな子じゃなあ」

それからお爺さん、お婆さんは、かわいがって育て

ていたが、元気な利口な子だが体が一向に大きくならんのが残念であるが、一寸法師と名付けた。一寸法師は、体が小さいので人並みの事は何も出来ない。

ある日、お爺さん、お婆さんに、

「私は体が小さいので仕事がない。都に行ったら何か仕事があるかもしれんと思う」

と言うので、都に行くことになった。お椀の舟に箸の櫂《かい》で川を下れば都に行ける。お爺さんとお婆さんに見送られて春の小川を下って行った。

指に足りない一寸法師　お椀の舟に箸の櫂
出世がしたさの一人旅
流れて行きます春の川
ぎっちらぎっちら　どんぶらこ
ちょうちょがひらひら飛んできて
一寸法師さんどこへ行く　私は都に参ります
流れて行きます春の川
ぎっちらぎっちら　どんぶらこ
蛙がのこのこやってきて
私もいっしょに乗せてくれ
いえいえお前は乗せられぬ
乗せたらお舟が沈みます
ぎっちらぎっちらどんぶらこ

そしてやっと都に着きました。にぎやかな都には誰も知った人はいませんでした。あちこち歩いていると美しいお姫様に出会いました。一寸法師はそのお姫様に、

「私を家来にしてください」

と声を掛けると、お姫様はキョロキョロと見回していたが、足元にいる小さな一寸法師を見つけて、

「まあ、かわいい」

と一寸法師を抱き上げ、

「かわいい武士《さむらい》」

と言って、家来になりました。それからは、いつもお姫様のお供をして歩いていった。

ある時お姫様のお供をして、町外れの山道を歩いていると、山から鬼が出てきて、お姫様をさらって行こ

うとするので、一寸法師は、鬼の頭に飛びのって、針の刀で鬼の目や鼻やいたる所を突き刺した。鬼が怒って、一寸法師をつかんで口の中へほうりこんだ。一寸法師は鬼の腹の中で針の刀を振り回して突き刺した。鬼が腹を抱えて転び回って、とうとう一寸法師を吐き出して、腹を抱えて逃げて行った。そのあとに鬼の大切な打出の小槌が残っていた。一寸法師は、お姫様に頼んで、

「一寸法師大きくなれ、大きくなれ」

と打ってもらった。一寸法師は見る見る大きくなって立派な若武士になって、お姫様と結婚した。めでたしめでたし。お爺さん、お婆さんも、おめでとう。おめでとう。

（通観137A「一寸法師—鬼退治型」　出典「片山稿」）

9　一寸法師②

昔、あるところに、お爺さんとお婆さんが暮らしておりましたが、子どもができない。子どもがないから、

「おばあさん、子どもができりゃあせんじゃろうか」

「まだ、六十くらいじゃけえ、神様に頼んだら子どもができるかもしれんで」

いうて言うてから、そんなことをいうて子どもを欲しがりょうた。

しばらくしょうたところが、お婆さんが、

「お爺さん、お爺さん、子どもができたで」

言うて。

「子どもができた」

言うて。

「せえがなあ、こうめえ子ができたんじゃ」

言うてから。せえから、お爺さんが来て、

「そりゃあ、こめぇ子じゃなあ。手のひらへ入《へぇ》るがな」言うて。

「へえでも、その子どもが折角できたんじゃけえ、大きゅう育てにゃあおえん」

言うて、二人その、何してから可愛がってから大きゅうした。その頭はすぐれてから発達してきても、からがちっとも大きゅうならん。お爺さん、お婆さんもこりゃぁ、困ったもんじゃなあ、大きゅうならんけえ。

そしたら、その一寸法師と名を付けてなあ。一寸法師はこりゃあ、かわいそうなけえど、そんなあいうて。一寸法師のほうが、

「お爺さんお婆さん、わしゃあ、ここへおってもなあ、何も仕事がねえけん、あんまりからがこめえけん都へ行てみゅう思うんじゃ。都へ行きゃあ、何か似合うたような仕事があるかもしれんけん」

へえから、お爺さんもお婆さんもかわいそうなけえど、お椀の舟と箸の櫂《かい》で、川を下へ下へ下ったら、都があるいうて。へえで、その都へ向けてから、どんぶらこ、どんぶらこと川を流れていくんですなあ。へで、この時、歌ぁみてえなものがはいっとった。

「流れていきます、春の川。一寸法師さん、どこへ行く。私は都へ参ります。出世がしたさの一人旅。かえるがひょこひょこやって来て、一寸法師さん、私も一緒に乗せてくれ。いやいや、お前は乗せられぬ。乗したらお舟が沈みます」

いうようなことを言うてから、春の川を下っていって都に着いた。

都に着いてみたら、大きなもんばあおって、自分みたいなこおめえ者はおりゃあせん。みんな歩きょうるものを見ようたところが、きれえな着物を着たお姫様がやってきょうた。へえで、このお姫様に頼みゃあええけんいうて、

「お姫さん、私を家来にしてください」

お姫様は、びっくりして、でえも（誰も）おらんのに、そねんことを言うた。

「誰が言ようるんなら」

言うたら、

「私がここで言ようるけん、私を家来にしてくれえ」

見りゃあ、ちいせえ侍がそこへおるん。せえから、お姫様が、

「こりゃあ、かわいい」

いうてから、手ぇ取ってから、それを何してなあ、それからはお姫さんの家来になって、あちぃこっち行きょうた。

そうしたところが、ある日、お姫さんが山道を通って帰りょうたら、鬼が出てから、お姫さんをさろうて帰ろうする。へで、一寸法師は家来じゃけん、それを防がにゃあいけんけえ、鬼の顔へ跳びついて、そうして持っとる針の刀でから、鬼の目を突き、鼻を突き、突き回った。鬼が捕まえてから食うてしもうて。せえで、一寸法師は腹の中へ入ってから、その針の刀でから、腹の中をあちこち突き回ったいう。ほしたら、鬼が腹が痛いもんじゃけえ、一寸法師を吐き出えてから、とんで逃げてしもうた。へで、お姫さんも助かった。

そこへもてきてから、鬼のなんでから、打ち出の小槌を忘れていんで、鬼の宝物を。へで、お姫さんに、

「それを打ってくれえ」

言うて。

「早う大きゅうなれえ言うて打ってくれえ」

せで、お姫さんが、

「一寸法師早う大きゅうなれえ、一寸法師早う大きゅうなれえ」

言うて打ったんびゅうに、一寸法師が大きゅうなって、立派な侍になって、めでたし、めでたし。

（通観137Ａ「一寸法師―鬼退治型」　話者　下土井片山光男）


〈注〉7の「桃太郎」と同じ理由で、同一語り手の話を収載した。8「一寸法師」が早く語られたもので、9は一年余り後に語って下さったもの。

10　まま子と鳥手紙
（原題・まま子とほんの子）

昔むかし、あるところに、まま子が憎くて、なんとかして亡き者にしたいと思っている女の人がいた。

ある日、焚木《たきぎ》を取りに縄を持って、まま子と本の子を連れて、山奥に入って行った。大きな松の木に、まま子を縄でぐるぐる巻きにして、

「お前なんか狼に食われて死んでしまえ」

と言って、ほんの子の手を引いて山を下り始めた。じっと見ていた本の子は、年はずっと小さかったが、お姉さんが可愛そうでならなかった。少し帰りかけた時、

「母ちゃん、姉ちゃんをたたいてきてやるから、先に帰っといて」

「そうか、そうか」

と言いながら、お母さんは先に帰りはじめた。

本の子は、まま子のそばに近よると、鎌《かま》を出し、縄を切ってから、

「私らが帰り着いたころに、家に帰って下さい」

と言い残し、お母さんのあとを追った。

「母ちゃん、姉ちゃんを何度もたたいたら、ひどう泣きよったよ」

というと、お母さんは、大喜びしながら帰って行った。

その夜、遅くなってから、まま子が家に帰って来た。それを見るとお母さんは、

「お前が帰ってくることはなかったのに」

言うて、前にも増して、まま子をいじめ続けた。

お父さんは、畳職人だった。ある時、仕込みに大阪に行き、家を留守にした。お母さんは、この時とばかり、また、まま子を山に連れ出した。今度は高い高い山の上に連れ出し、崖の上から、まま子を突き落とし、

「これでいい、これでいい。家に帰ってお祝いをしよう」

というて家に帰った。

まま子が気がついてみたら、谷底に倒れていた。何

とかして、ここから抜け出したいものだと思いながら、空を見ていたら、近くで千鳥の鳴く声が聞えた。

「おまえに性根があったら、私の膝にとまっておくれ」

と言うと、千鳥がまま子のそばにとまった。そこで矢立てと硯《すずり》を出し、

「私は今、こんな目にあっています。お父さん助けに帰って下さい」

と紙に書いて、

「千鳥や、これを持ってお父さんの所に行っておくれ」

と頼むと、千鳥は紙をくわえて飛び去った。

お父さんが宿でひと休みしていると、千鳥がしきりに呼ぶように、鳴いているので、そばに寄ってみると、一枚の紙をくわえている。その紙を手に取り読んで見ると、

「私は、今こんな目にあっています。お父さん助けに帰って下さい」

と、まま子の字で書かれていた。お父さんはびっくりして、急いで自分の家に帰った。

お父さんは事情を知って、すぐ山にまま子を助けに行った。

「可愛そうに、こんなことになってしもうて」

というて、まま子を家に連れて帰った。それを見て、お母さんは、びっくりしてしまい、ものも言えずに、消えてしまったということです。

（通観201「鳥手紙」 話者 上田西 能勢清野 出典『加茂川町の昔話』）

11 蛇の渕

昔むかし、日焼けがいた。ある村にとても日焼けがいて、もう三年も続いて日焼けがいたんじゃそうです。もうこれではどうにもならん、村の人もみんな心配して、どうしたらいいだろう、どうしたら雨が降るじゃろうかという話でもちきりでしたそうです。なんとか考えにゃいけんがと言いよりましたら、そこの村の頭

の庄屋さんがな、

「そりゃ、ここからずっと奥へ奥へ入ると蛇の渕というのがある。そこに蛇が棲んでおる。そこへ行って頼めば雨を降らしてもらえるということを、ずっと昔から伝説に聞いておる。今までまだ一ぺんも頼んだことがないんじゃが、もし、それをして雨を降らしてもらえるんなら一ぺん頼もう」

という話が出ましてな。

「そいじゃあ一ぺんみんなで頼もう、ご祈禱することにしよう」

と鉦《かね》や太鼓とみんな寄りおうて蛇の渕へ、奥へ奥へと入っていって、ご祈禱をしたんだそうです。

「どうぞ三年も雨が降らんのに、どうしてもここで雨を降らしてもらわにゃ飢え死にするから、どうぞ降らして下さい。三日、三晩のうちに降らして下さい」

というて、みんなで拝んだそうです。

　そうしたところが、まあ一日たち、二日たち、とうとう三日目の夕方になると、もう空が真黒になってきて、ずっと稲妻が出てゴウゴウというような、ザアザアでなく、ゴウゴウという稲光がして、それがそこら一面、田んぼも畑も、みんな水びたしになるような大雨が降ったんじゃそうです。みんな喜んで、喜んで、本当にありがたいことじゃいうて。

　それがなんです。頼んだだけで降るんじゃのうて、一人、娘の人を人身御供に献《ささ》げえいうことで、そのことを考えると庄屋さんは、今まで誰も何もいう人はなかったんじゃそうですが、人身御供よりも雨の降る方が一番大切じゃいうて、人身御供の方はそっちのけで頼んでいたそうです。そうしたら真黒になってまことに雨が降って、みんな喜んで、喜んで、これで今年は雨が降ったから、お米ができる、飢え死にすることはないじゃろうと、みんな喜びましたそうです。

　さあ、その後です。誰がそんなら人身御供に娘を差し上げるじゃろうかと。お触れを出してみましても、誰一人、どうもそんな、うちの娘が出ましょうという者がないんじゃそうです。どうしたらよいやら、庄屋さんも、それはばっかり苦にして、それを苦にしょうたら、もう病気が一度に出てきて、ずうっと病の床についてしまったんじゃそうです。

そうしたところが、幸か不幸か庄屋さんの家に娘が三人あったそうです。せえで毎日そうして寝とったところが、一番大きい娘が一番先に来て、

「お父さん、そねんに寝こんでおっては、病気は治るいうことはねえから、元気を出してお茶でもおあがりなせえ」

それからまあ、

「わしは、お茶も水も欲しゅうねえ。それよりも蛇の渕へ行ってくれえ」

と頼んだんです。そうしたところが、一番大きい娘が、

「お父さん、なんたらことを言われるんじゃあ。あんなところへ行ったら蛇に取って食べられてしまいますりゃあ」

と言って、逃げて行ってしもうた。

それから仕方がねえので、今度は二番目の娘が来て、

「お父さん、お父さん、お茶でも飲んでおあがんせえ」

「まあ、欲しゅうねえけど。どうぞ、蛇の渕へ行ってくれんか」

「まあ、蛇の渕なんか、わたしゃ行けるもんですか。あんなところへ行ったら、もう蛇に取って食べられてしまいます」

またそれも立って行ってしもうた。お父さんは、どうも、これでは仕方がねえ、あと一人の娘じゃが、どうしたらよかろうか、もしあの娘が行ってくれなんだら、村にばちが当たるかわからんいうので、ずっとお父さんは寝こんでしもうて、頭があがらん調子でしたんじゃ。

そうしたら三番目の娘が出て来て、

「お父さん、お父さん、どうぞお茶でもおあがんせえ」

と言いましたら、

「いやあ、お茶も水も欲しゅうねえが、蛇の渕に行ってくれんか」

と言うたら、今度は三番目の娘が言うことに、

「それはそのう、私が行きましょう。そのかわり、櫛と櫛道具一式こしらえてくださりゃあ私が行きます」

「まあ、お前がそんなら行ってくれるか。そりゃあ、どうもありがたいことじゃ。まあ、そんなら行ってくれえ。そのくらいのことはこしらえてやろう」

それでお父さんは、さっそく町に出かけて行って櫛道具一式そろえて、それを買ってきて、それを持たせて送り出したそうです。

涙ながらに、

「そんなら、お父さん行ってかえります。どうぞ心配しないでください」

と、娘は、けなげに出て行ったそうです。それから娘は、蛇の渕へ、奥へ奥へ入って行って、深い深い渕のへりへ行って立っていた。今にも蛇が出てきて、取って食べられてしまうんじゃあねえかと、ふるえふるえ立っておったんじゃそうです。そうしたところが大きな蛇が出てきて、今にも食べられるかと。そばにきて食べるどころではない。そうしたら、

「ようお前は、三月もたってようきてくれた。これから先、この山を先ぃ先ぃ行きょうると、青い道と、赤い道があるから、青い道を行けば鬼が出るから、赤い道、赤い道を通って行け」

と、そういうて教えてくれた。

「そうしてかぶり物があるから、その皮をかぶって行きなせえ。そうしたら何か幸運が向いてくる」

と言われて。それでその娘、ありがとうて、うれしゅうて、そこをずうと出て行ったんじゃそうです。

そうしたら、行けども行けども山ばっかり、谷ばっかり、山ばっかりで、どこをどう歩いたか、だいぶん歩いたけど、日がだいぶんかたむいて、おそうにはとっぷりと暮れてしもうたんだそうです。それでどうもどこへ行ったらいいか、どうも気がついたら向こうの方にぽつんとあかりがついていたんだそうです。そこへ、やっとのことでたどりついて、それで中をそっとのぞいて見たところが、そこに髪をふり乱した白い、白い、お婆さんがなあ、一人焚木を焚いていたんです。せえ

で、せえでも仕方がないもんですから、

「ごめんください。私は……」

「誰じゃなあ」

と、お婆さんが出てきて、

「あのう、私は、道に迷うてなあ、こんなところへ来ましたが、一夜の宿を貸してくださらんか」

と頼んだんです。そうしたら、お婆さんは、

「まあ､それはかわいそうに。まあまあ、ここへ入り」

と言って、小屋の中に連れこんで。ところが、頭の髪は真白でさばけとるもんですから、娘はさっそく櫛を出して、お婆さんの頭をといてあげたんじゃそうです。そうしたら、お婆さんは、まあ、喜こんで、

「まあ、こねえにきれいにしてもろうたなあ、何年ぶりか分からん」

と、とても喜んでなあ、

「ここは、恐ろしい家じゃから、この押し込みでも隠れて寝なせえ。そうして寝ていなせえ。やがてうちの若い者が帰ってくるからなあ、この中へ隠れておられえ」

ということで、押し込みの中に入って、寝とったんです。ところがどうも夜中になってきて若い者が帰って来た。それが鬼じゃそうです。

それで恐ろしいものじゃあから、少し戸を開けてから寝ようたところ、

「人間くさい、人間くさい。人間をかくもうとんじゃなあ」

と言うたもんですから、お婆さんは、

「なんで人間なんかかくもうとるものか。早く食べて寝なせえ。寝なせえ。早よう寝にゃあいけん」

と言うたら、

「そうか」

そうしたら少し戸を開けて見ようたら、戸棚から人間の手を出し、足を出して食べるんじゃそうです。それで娘は怖うて怖うて、ふるえふるえ見ておった。それからまあ、そうするうちに若い者は寝てしまったんです。そえから、もう夜がじき明ける頃じゃろうか、

薄暗い頃、そこへこっそり押し込みの前へやって来て、「娘さん、娘さん、ここは鬼の住みかじゃから、あんたがおったら取って食べられてしまうから、早うここを出なせえ。そうして、ここを谷をくだって行きょうると、またええことがあるから、早よう行きなせえ」と助けてくれたんです。娘は喜んで一生懸命になって戸を開けてみたんです。

それから次つぎとまあ、助かって、それから（毎日、毎日じゃあありません）、ずーと歩いて行きょうりましたら、ちょうど赤い道が、出てきましたそうです。その赤い道を通って行きょうりましたら、それがなんぼう歩いたか、だいぶん日暮れまで歩いてたどりついたんです。そうしたら大きな家がありましてなあ、それが長者の家らしいんです。

そうしたら、そこのうちに今晩嫁取りをしようと思って、嫁さがしに村の娘を集めてなあ、一番よくしたものをうちの嫁さんに取る。せいでその娘さんは、それを聞いたものですから、みんなにまじって、自分も一緒にそこのうちで働いたんじゃそうです。

第一に、髪をといてあげますということで、ごっそ（ぼさぼさ）の様な人がおられりゃあ、その人の髪をとき、そうすると、もうその娘がといたのが一番いいそうです。早うもあるしなあ、きれいにすくし。

それで今度は一番難しいことは、竹やぶへ行って雀が止まっとんです。三羽止まっとんのを、それを三羽じゃあ、ありません。十羽位止まっとんでしょう。それを止まっとるのを三羽位落とさんように、切ってきたものがいいということなんです。竹に止まっとるのを切るんだそうです。せえで、ほかの者が切ると、雀はみな飛んで逃げてしまいますん。それから、一番あとから、その娘さんがそろっといって切ったら逃げんのです。それで、それをそろうっと持って帰って。するとと家の人がみんなびっくりして、ほんとに珍しいことじゃあと、珍しい方じゃあと喜こんでくれましてなあ。

それから掃除もしたり、水汲みもし、大きな担桶《たご》に水をいっぺえ汲むのに、もう、ほかの人は、パサパサとこぼしてしめえますのになあ、その娘さんはちっともこぼさずに一滴《しずく》もこぼさずに持ってくるんです。

それでもうこの娘さんじゃ、ということになって、それからみんな座敷に上がって、今日はしてから、無事にしたんじゃあから、お茶でも飲んでくれえということになり、お茶菓子が出まして、

「どうぞ頭のものをみんな取ってきれいにしてくれえ」

ということになり、みんな、その人もそれまで皮を、その皮をかぶっとったんです。それからその皮を、はじめて皮を取ってみたんです。そうしたら、どの人よりもその人が一番美しく、美人で器量というたらとてもじゃあねえ。なんでもするしなあ、立派な娘さんじゃし、もうすぐその人が、候補じゃありません、決まって喜こばれて、そこのお嫁さんになあ、長者の嫁になったということです。

蛇の渕というのは、今でも村の水神の神で守り神様になっているということです。

昔むかし、作州で聞いた話です。

（通観205E「蛇婿入り—姥皮型」　話者　上田西能勢清野　出典『加茂川町の昔話』）

12　馬方と鬼

馬方が、お正月前で買物に行って、塩とブリを、まあ昔ぁ塩にブリが一番の買物じゃったらしいんで、塩とブリを買うて帰りょうたら、山のへりのところを通りょうたら、鬼が出てきて、

「馬方、待てえ。馬方、待てえ」

いうてやって来て、馬方は、もうこのへんには鬼がよう出るところじゃから、一生懸命帰らにゃあいけん思よったら、そういうてやって来て、

「この馬の背に負うとる物をくれにゃあ、お前《みゃあ》の命はにゃあぞ（ないぞ）」

いうて、へえで、

「ほんならまあ、命だけは助けてください」

いうことで、馬の背なに負わしとった、買うた塩とブリを鬼にやって、また出て来ちゃあいけんから思うて、ドンドン、ドンドン、一生懸命馬を追うて帰りょうたら、また、

「馬方、待てえ。馬方、待てえ」

いうて、こんどは、

「馬の足をくれにゃあ、お前の命はないぞ」

いうんで、馬の足を一本切って、

「ほんならあげます」

というて切ってやって。せえで、

「三本足をトンバラガセ、三本足をトンバラガセ、三本足をトンバラガセ」

いうて、帰りょうたら、またやってきて、せえで、こんど二本目をまたやって、また来るから思うて、

「二本足をトンバラガセ、二本足をトンバラガセ」

いうて帰りょうたら、そうしたらまたやって来て、またその次の三本目を切って。せえから、もう一本じゃから、

「一本足をトンバラガセ、一本足をトンバラガセ」

いうて帰りょうたら、また、

「馬方、待てえ、馬方、待てえ」

いうて来て、

「もう一本くれえ」

いうて、

「もう一本やったら歩けんからいうて、もうみんなあげます」

いうて。せえで鬼にみな取られてしもうて、馬方はもう、一生懸命かけって家《うち》へ帰って、

「今日はむげえ目におうたから、もうわしは鬼を退治にゃあ、なんぼうにも虫がおさまらんから、鬼退治に行くから腹ごしらえをして行く」

いうて、せえでまあ夕ご飯をしっかり食べて、その鬼の家へこっそり行って、じいっと外で見ようたら、鬼がずっと輪になって、

「今日はまあええものを取ってよかったなあ」

いうて、いっぱい酒を飲み飲み、喜んでから酒盛りをしょうる。せえでまあ、そこで馬方はジイッと様子を見とったら、まあ鬼は酒を飲んだり、ごちそうを食べたりして、釜の中へ、こそこそ、こそこそ、みな入っていった。

せえで、ぐっすり寝たとこを、ずっと馬方が入《ひゃぁ》って、蓋をして、その上へ石をようけえ置いて、重しをして、せえから下から火をどんどんどんどん焚きょうたら、鬼が、

「ぼんぼん鳥が鳴きだいた。ぼんぼん鳥が鳴きだいた」

いうて、まあ、寝言のように言う。せえで、まだ一生懸命、強火で焚きょうたら、

「尻のほうがぬくもりだした。尻のほうがぬくもりだした」

せえで、まだ本気で焚きょうたら、

「熱い、熱い、熱い、熱い」

言いだして、まだひどう焚きょうたら、

「熱い、熱い、熱い、熱い」

言いだいて、

「熱うても我慢せにゃあいけんけん。お前はブリから馬からみな取りょって。わしは鬼退治に来とるんじゃから、熱うてもお前らぁ焼き殺してしもうてやる」

いうて、馬方がまたどんどん、どんどん火を焚きょうたら、コテとも釜の中で言わんようになった。蓋を取ってみたら、鬼がみな、釜の中で死んでしもうとった。

(通観352「馬子と山姥」　話者　高富　河原澄江　出典『加茂川町の昔話』)

13　花咲か爺

お爺さんとお婆さんが、犬を可愛がって飼よんですがなあ。飼よったら、可愛がって飼ようるから、犬が、ある日、裏の畑でから、

「ここ掘れ、わんわん。ここ掘れ、わんわん」

いうてから、大きな声でから鳴きょうる。畑を掘れえいうて言ようるけん、お爺さんが畑を掘ったら、宝もんが、大判、小判が畑の中から出てきた。

へで、そのことを隣のお爺さんが、意地悪のお爺さんが来てから、

「その犬を貸してくれえ」

言うてから、借って帰るんですなあ。借って帰ってから畑へ連れて行っても鳴かん。へえで、無理にいじめてから鳴かしてから、そこを掘ったら、瓦や石ころや汚ねえものばあ出たいう。

へで、お爺さんは、その犬を死んだのを、殺されとるけんなあ、ええお爺さん、それを可哀想なけんいうて連れて帰ってから、そこへ持ってきてから松の木を植えたいうんですかなあ。松の木を植えたら、その松の木がぐんぐん、ぐんぐん大きゅうなってなあ、その松の木から何やらが、小判を負うては下りてくるいうんがあるんです。きって手臼にしたいうんと、小判を負うてなあ。松の木が高う、高うなったら、小判を負うてアリか、何やらが小判を負うて下りてくる。へで、参《まい》ちゃりゃあ、小判を負うては下りてくる。

こんだぁ、悪い方の欲張りな爺さんの方が、ありょう拝んでから、わしも小判をもらいてえ思うてから、行ってから拝む。上から下りてきょうるが、手の届かんとこまで下りたら、それが上へ、上へあがってしまう。小判が下りてこずに。

へえから、そのお爺さんは、意地悪なお爺さんは怒ってから、その松の木を伐ってしもうた。伐ってしもうたけん、

「ほんなら、松の木をくれえ」

言うてから、ええほうのお爺さんが持て帰って臼にするんですなあ。臼にしてから、それを搗きゃあ、餅の中から小判がぽこぽこぽこ出てくる。

へから、また、その悪いお爺さんは、それを借って帰るんですなあ。

「貸してくれえ」

言うて。へえで、持て帰ってすりゃあ、また、その汚

いもんが中から出てから、餅にゃあならんいうて。怒ってから、その臼を風呂焚きにしてしまうんです、割り木ぃして、臼を。ほうしてから、

「あの臼を返えてくれんか」

言うて、ええお爺さんが行って言やあ、

「ありゃあ、焼いてしもうた。いりゃあ、灰を持て帰れえ」

へえから、そのお爺さん、灰でもええ、持て帰ってから祭ってやろう思うてから、灰をもろうて帰りょうたら、風が吹いて、ぱあーっとその灰が散ったら、桜の木にもっていってぱあーっと花が咲いたいう。へえから、殿様が通りかかってから、

「日本一の花咲か爺さんじゃ」

言うてから、木ぃ登って待ちょうてから、その灰をまいたら、ぱあーっと花が咲いたけえ、褒美をよけいもろうたいう。

また、悪いお爺さんは、そのまねをするんですらあ。ほしたら、

「おめえ、大うそつきじゃ」

言うて、殿様に捕らえられて処刑されたいうんでしょう。

（通観364A「大むかし・花咲か爺型」 話者 下土井片山光男）

14 狼の恩返し

舞高（真庭市）いうとこから、私のお婆さんが来とったんですけえど、それは昔は筏《いかだ》を流したり高瀬舟を流したり、交通の様子はなあ。水谷へ出ても、みな舟で岡山へ、ダムがない時分は。筏をかずらをもって組んで、それへ乗って流して、帰りは川のへりを歩いて帰りょった。旦土《だんど》の辺へ帰ったら、狼がな、ウウォウウォ、いうて、ものすごいがるから、見たらな、人間の骨を喉《のど》へかけてなあ、せえで困りょったいうて。

「おい。じっとして待ちょうれえよ」

いうことで、手をつっこんで取っちゃった。

せえで、帰ったら、晩にな、縁だ（縁側）で、ダダーッいう音がした。出てみたら、死人を狼がひこずって来てな、縁だへ置いとった。ところが、

「どうもわしゃあ、そねえなもんはいらんけん、持ていんでくれえよ」

言うて、へえから、ゾロゾロゾロゾロ、死人をひこずって帰ったそうな。せえから、三日目にゃあ、今度ぁキジをな、取ってきて縁だへ置いた。そりゃあ、確かに私のお爺さんから聞いたことですな。

（通観390「狼の徳利」参照　話者　円城　天艸眞諦）


〈注〉昔話「狼の報恩」が世間話化したもの。

15　ホトトギスと兄弟

ホトトギスが、

「おとと見たか、芋の首食ったか」

いうて鳴きょうる。そりゃあ、どうしてそんなことをいうて鳴きょうるか言うたら。

おとでい、兄弟のことをおとでいと言う。おとでいを残してからお母さんが死ぬ時に、

「弟はまだこまいんじゃけえなあ、大事にしてから世話をしちゃってくれえよう」

言うて死んだそうです。じゃけど、二人してから食べてしょうると、どうしても兄の方がいいとこを食うて、弟にゃあ、悪い物を食わす。ほしたら、弟が弱って死んだいう。

へえで死んでから、弟に悪い物を食わしょうたから、

「弟を見たか、芋の首を食うたか」

いうて、芋の首を弟に食わして、自分にゃあええとこを食ようた。何でもそういうように、ええとこを食ようたいうことじゃいうてなあ。

また、ホトトギスは、「おっつぁんこけたか」いうんですが。

おじさんですらあなあ。「おっつぁんこけたか、起こそうか」いうて鳴きょうる。

何も別にこれについちゃあ、ないんですけどなあ。ホトトギスの鳴き方が。

（通観442「ほととぎすと兄弟」話者　下土井　片山光男）

〈注〉鳥が鳴きょうるのを、色々にかたどってなあ。例えば、ふくろが「ぼろ着て奉公」いうて鳴きょうるとか、「のりつけほうせ（糊付け干せ）」いうて鳴きょうるいうたりしますけどなあ。

燕はねえ、ありゃあ難しいことを言うんですよ。まあ、子どもの名前を言うて、「何やらちゃんは赤いままにと（魚）添えてしゃぶしゃぶ、わしゃ虫ぅ食う土ぅ食って口《くち》シーブイ（渋い）」言うて。

16　雨蛙不孝

今日も雨が降りそうになると、雨蛙が、ギャーギャーと一斉に鳴き出す。母親が、

「もう、早、蛙が鳴き出したけん雨が降るかもしれんなあ」

と言っていた。

「蛙が鳴くとなぜ雨が降るん」

と母親に聞くと。

昔、お母さんの言うことを何でも反対する、言うこと聞かずの子どもがおった。

「田に行けえ」

言えば畑に行く。

「草履をはけえ」

言えば下駄を履くというように、親の言うことの全く反対のことばかりする子どもがおったんです。

ある時、お母さんが、子どもを呼んで、

「私が死んだら川のほとり（そば）へ埋めてくれえ」

言うて死んだそうです。そしたら、その子が何でも反対にするけん、そう言えば山のほとりに埋めてくれると思うて言ったのに、子どもが、悲しゅうなって、お母さんが川のほとり言よったけん思うてから、川のほとりぃ埋めたそうな。

そしたところが、夕立がくる。そうすりゃあ、墓が流れる。それがもう気になって、夕立がするようになりゃあ、キャア、キャア、キャア、キャア、

「親が流れるう、親が流れるう」

いうて鳴きょんじゃいうて。

（通観455「雨蛙不孝」　話者　下土井　片山光男）

17　猿と蟹の餅争い（原題・さるとかに）

猿と蟹がおって、節季で餅をつく時期で、どこにもかしこにも餅をつきよるんじゃが、

「ひとつ餅ぅ取ってきてから、わしらも食べようじゃないか、正月がくるんじゃから」

いうて、猿と蟹が相談して、

「そんなら、あそこの一軒家へ行きゃあ、あすかぁ、赤ん坊がこないだ生まれたばかりじゃから、あすこへ行ってから餅を取ってこう」

そえから、猿さんが、

「そんなら、蟹さんなあ、あすこのうちの赤ん坊は、納戸《なんど》ぇ寝せてあるから、こっそり行って、尻をジイッとつねっちゃれえ。そうしたら赤ん坊が泣くから、みんなが赤ん坊の方へ行ったまに、わしが餅を持って出るから」

いう相談をした。

それから、蟹が赤ん坊のとこへ行って、ジイッとつねったら、火がついたように大きな声をしてオワンオワンと泣きだした。お爺さんもお婆さんも、お父さんもお母さんも、赤ん坊の方へとんで行った。そのまに猿が臼ごめに餅をさげて出て、そえから、

「蟹さん、この餅をどうして分けようかなあ」

いうて、まあ相談して、

「こりゃあ、山の上へ持て上がって、山の上から臼ごめに転ばかして、よけい取ったほうが餅を取って食べる、いうことにしよう」

いうて相談して、山の上へ持って上がった。そして山の上から臼ごめに餅ぅ一、二、三で転ばかして、猿はどっどっどっど、臼について一生懸命走って下まで降りるし、蟹は、ぼっつり、ぼっつり、ほうて降りて、あっちへ餅がひっついておるのを取り、こっちへひっついとるのを取りして、ぼつぼつ取って降りるし、猿は臼についてとっと、とっとかけって降りてみたら、ひとっつも餅がのうて、蟹は沢山取って、せえで自分のところへ持って帰って、

「うまい、うまい、うまい、うまい」

いうて食べようた。

そうしたら、猿が蟹さんのうちぃ行て、

「わしゃ、臼と一緒にかけって降りたんじゃが、ひとっつも餅がなかったんじゃが、ちいと蟹さん、くれりゃあええんじゃけえど」

いうたら、

「そりゃあ、ここへひゃあれえ（入れ）、あげるから」

いうて、頭の方からひゃあったけえど、どうも石垣のとこへひゃあれなんだ。

「そんなら、尻の方からひゃあれえ」

尻の方からひゃありょうたら、蟹が尻をずっとつみとって、せえでいまでも猿が赤い尻をしとるんじゃ。

（通観527B「餅争い―餅盗み型」　話者　高富　河原澄江　出典『加茂川町の昔話』）

18 かちかち山

昔、あるところに、お爺さんとお婆さんが住んでいた。ある日、お婆さんが、山で、ちいさな子兎が、親にはぐれて泣いているのを見て、お爺さん、お婆さんには、子どもがないので、その子兎を見ると、かわいくてしようがないから、連れて帰って、かわいがりながら、育てていた。小兎もよくなついて、親子のように暮らしていた。

ある日、お爺さんが、山の畑から、狸を捕まえてきた。

「山の畑に作っている芋や野菜を荒らしてどうならん。今夜はこの狸で、狸汁でもしようや、婆さん」

と言うて、狸を縛りあげて、天井に吊しておった。お爺さんが出て行くと、狸がしくしく泣いて、お婆さんに、

「助けてください。もうこれからは悪いことはしません。お婆さんの手伝いをしますから」

といって、泣くものだから、お婆さんは、かわいくなって、その縄を解いた。狸が急に、お婆さんめがけて、とびかかって、かみついたり、なぐりつけたりして、山へ逃げて帰ってしまった。

それを見ていた兎がお婆さんがかわいそうなので、いつか、その仇討ちがしたいと思うようになった。

ある日、狸が、畑で芋を掘っているのを見つけた兎が、

「たくさんあったなあ、狸さん。その芋を掘ったら、焼いて食びょうや、おいしいから」

言うて、狸を誘って、

「薪を取りに行こう。向こうの山にはたくさん薪があるから」

いうて、狸と一緒に山に行った。枯れ枝を束ねて、狸に背負わせて、あとから兎がついて帰った。兎が、この狸の背中の薪に火をつけてやろうと思って、火打石でカチカチカチカチ叩いていた。

「カチカチと音がするが、ありゃあ、何かいなあ」

「狸さん、ここはかちかち山いうところじゃから、心

配ない」

いうて帰っておった。そしてしばらく行くと、今度は、ボーボーボーボー音がする。狸が、

「ボーボーいうとるのは、何の音なら」

兎は、

「ボーボー坂というところだ。ここはなあ、昔からボーボーボーボーと音のするところだ」

と言って、帰っておった。ところが、狸は、背中が熱くなったので、薪を投げ捨てて逃げてしまった。

兎は、かちかち山で失敗したので、今度は海で仇を取ろうと思って、しばらく過ぎて、兎は、狸のところへ行った。

「狸さん、山はこわいから、今度は海で遊ぼう。わたしは、新しいきれいな舟を作ったけん、それで、海に出て遊べばおもしろいじゃろう」

と言って、狸を誘った。狸は、海なら、火もつかないし、やけどもしないじゃろうと思って、おもしろいと思って、遊びに行くことにした。兎は、浜辺に行くと、土を固めて作った美しい舟と、古い木の舟とを用意して待っていた。狸がやってきたので、

「狸さんは、新しい舟に乗れえ。これは、きれいな舟を作ったばっかりじゃらから」

と言って、狸を新しい舟に乗せて、兎は木の舟に乗って、ふたつの舟は、サラサラと沖へこぎだして行った。

「狸さん、海は広いなあ、きれいだなあ」

と言って、喜んでいたときに、兎は、この辺りならよかろうと思って、狸の舟を、持っていた櫂《かい》でなぐった。ほしたら、この土の舟は、水を吸っているから、ぐだぐだに崩れてしまった。ばらばらにくだけて沈んでいく。狸も一緒になって、ブクブクブクブクと、沈んでいく。兎は、今度は、見事にお婆さんの仇を討つことができた。今でもそこは、ブクブクとあわをふいているそうな。

（通観531「かちかち山」話者　下土井　片山光男）

19 盗み物の分配
（原題・さるとたぬきと川うそ）

猿とたぬきと川うそとおって、一軒家の離れ家に、塩と豆とござを売りょうる店がある。

「あすこには、誰もおらんから、塩と豆とござを取ってこうじゃねえか。もうお盆も来るし」

ということで、その猿とたぬきと川うそが入《へ》えって、塩と豆とござを持って出て、たぬきが言うのに、

「川うそさん、あんたは魚ぁよう取るんじゃから、この塩を持って川へ行って、魚を取って、つけて食べたらとてもおいしいから、川うそさんは塩がよかろう。そえから、猿さん、あんたは木登りが上手じゃから、木の上でこのござぁひいて昼寝をしたら気持ちが良かろうけえ、ござぁ、あんた、持って上がったんがよかろう。せえからまあ、わしは、まあ豆でももらうから」

いうて、豆を取り、それから、てんでに我家《わがうち》に帰って。

川うそは、たぬきに言われたとおりに、塩を背なに負うて川の中に飛び込んで、魚を取ったなあええけど、塩は溶けてしもうて、もうつけて食べようもどうしょうもねえので、まあ、猿の所へ行ってみゅうと、猿の所へ行ってみたら、猿は、木ぃ登ったなあええけど、ござから滑り落ちて、腰を打って、「痛《いて》え、痛え」言ようるし。

「ほんなら、たぬきの所へ行って、豆でももらおうじゃあねえか」

いうて、たぬきの所へ行ったら、たぬきは、もうこりゃあ、みんながやって来るのにちがやあせんから、早う豆を身体《からだ》中へずっと入れておらにゃあいけんと、身体じゅうへ豆を入れて、それから、そうしょうたら、川うそとさるがやって来て、

「たぬきさん、たぬきさん、わしらぁ、もうえれえめにおおとるんじゃあが、あんたはどねえにしょうんなら」

と言うたら、

「わしも豆を食うて、豆のようなものが、身体ぇいっぺえ出て、痛うて、痛うてかなわんのじゃ」

いうて言うたら、

「ほんなら、だれもおんなじことじゃったんか」

ということで、川うそも、猿も帰って行った。帰って行った後で、たぬきは、ひと粒ずつ、ひと粒ずつ、豆を出して食べたということです。

（通観558「兎の分配」 話者 高富 河原澄江 出典『加茂川町の昔話』）

20 猿の牛盗み①

昔、山のほとりぃ、お爺さんとお婆さんが住んでおった。へえで、そのころ、毎日毎日雨ばっかり降るもんじゃから、野や山のけものが食べるもんがねえけん、お爺さん、お婆さんの家の周りに来てなあ、なんかありゃあせんか思うて探しぃ来ょうる。


ほうしたところが、猿が、牛厩《まや》の上の、戸の上へ上がって、ほしたら、牛厩の戸が倒れて大きな音がした。ほしたら、お爺さんが、

「おい、牛が出たんじゃあねえか、牛が。厩が大きな音がしたけえ行て見にゃあおえん」

へえで牛厩へ行て。

ところが、その晩、大降りがしょうるから、へえで外へなんかおるけえ、ありゃあ牛が出とるわえ思うて、蓑ぅ着て笠ぁ、「たこうら」いうんが、竹の皮ぁ張った笠ぁかちいで（被って）。

へえでガサガサバタバタ、ガサガサバタバタ、そのう牛ぅ、

「待てえ待てえ」

いうてから追っつけたんです。へえで、牛が、逃ぎょうるのは、ガサガサバタバタ、バタバタいって、その追ようた笠の音に驚いて、恐れて、逃げてから木ぃ登ったいうん。へえで木ぃ登ったけん、

「牛が木ぃ登ったりこうするもんじゃあねえ」

いうてから、尻尾ぅつかめえてから、お爺さんが下から引っ張るし。登っとるのは猿じゃって、猿ぁ一生懸命真っ赤な顔をしてから、絡みついとった。

ほうしたら、その尻尾が切れて、せえで猿の尻尾が短こうなって、真っ赤な尻ぅして、真っ赤な顔をしとる。せえで、その山のもんが、そこへ来てから、爺さんがしょうる様子ぅこわごわ、穴ん中ぇ入ってから見ようった。

へえで、うさぎが、

「わしが聞き役でから聞いちゃろう」

言うて、耳ぅ長う長うして聞きょうた。へえで、うさぎの耳ぁ長うなってしもうた。

（通観583「古屋の漏り」　話者　下土井　片山光男）

21　猿の牛盗み②

山のほとりに、昔、お爺さんとお婆さんが百姓しながら暮らしておった。ほしたところが、ある時に毎日毎日、雨が降った。大降りばっかりしてから、外に出ることができん。

ところが、山のもの（けもの）も食う物が無いから、雨が降るから食うものが取れん。へで、どこかのお爺さん、お婆さんがおるとこの小屋へでも行ってみたら、何か食べるもんがありゃあせんかいうて、山のもんが寄りおうて出てきょうた。

そんなかの猿が、その牛厩《まや》の上へ上がってから、戸の上を何してすりゃあ、牛厩を開けたら牛の食べるもんでも残っとろう思うてから、その戸を開けた。ほしたら、戸がひっくりがえった。大きな音がガターンいうてしたから。

それで、それを本宅のほうでからお爺さんとお婆さんは、

「牛厩でから大きな音がしたけん、牛が出たんじゃあねえか」

いうて。お爺さんが行てみりゃあ、戸がひっくりがえっとる。お爺さんは、

〈こりゃあ、牛が出たんに違やあせんけん〉

思うて、蓑を着て、藁の蓑を着て笠ぁかついで藁靴を履いて、そして外へ出て、牛が出たのうおっつけて（追いかけて）きた。そうすると、おっつけて行きゃあ、その何が（蓑や笠、靴が）バサバサガタガタバサバサブツンブツンいうて、大きな、ものすげえ音がするもんじゃけえ、その牛は先ぃ立ってとんで逃げてしもうた。

へえで、お爺さんは、一生懸命、

「こりゃ待て、こりゃ待てい」

いうておっつけて行ったら、それが木ぃ登った。

「牛が木ぃ登ったりするもんじゃあありゃあせんがな」

言うて。登ったのは牛じゃあねえ、猿が登ったんで。へえで、猿の尻ぅ、あの尻尾をひっつかまえて、よいしょよいしょ引っ張る。猿はそれを、引っ張り下ろされちゃあ思うて、一生懸命木ぃかなぐりついて（かかえついて）、真っ赤な顔をしてから、木ぃかかえついとる。ほうしたところが、尻尾がぽつーんと切れて。へえで、猿も落ちる、お爺さんも落ちて、ほうして猿が落ちて真っ赤な顔をして、尻は、尻っ尾ぅ切れたから真っ赤になっとる。

へえで、今でも猿の顔は赤い顔をしてから赤え尻をしとる。

へえでまた、そのことを他のけものが、狸や狐や兎やこうが見ようてから、猿がやられたんじゃ、どねえになるんじゃろうか思うてからしょうた。そうして、穴の中に入ってから隠れてな。へえで、穴口でから兎が、

「わしが耳が長えけん、聞きょうるけん。お爺さんと猿が、どねんしょうるかいうて、聞きょうるけえ」

いうて耳を出いて聞きょうる。ほうしたら、お爺さんがそこへやって来てから、

「何ならありゃあ、穴からのぞいとるが」

言うて、それをひっつかまえて、ほしたら、兎の耳じゃって。へえで、兎の耳は長うなったんじゃいうて。

〈通観583「古屋の漏り」　話者　下土井　片山光男〉


〈注〉20、21は同じ話者による「猿の牛盗み」である。20は話者が語った話であり、21はその後、話者が筆記したものである。20より21の方が話をよく思い出して、詳しくなっていることが分かる。比較のため、二話とも掲載した。

22　漏りが怖い〈原題・もりがこわい〉

〈この部落にゃ、わしより強《つぇ》えものはない〉いうて鬼が思うておったんですが。〈今度は、こっちの家へ行ってから物でも取っちゃろうか〉

思うて外でじっとしとったら、中で四、五人の男の人が、

「どうも雨漏りぐれえこうえぇ（怖い）ものはねえ。雨漏りが一番こうえぇ」

いうて、いろり囲んで話をしょうた。

ほしたら、

「雨漏りがこうえぇ、漏りがこうええ言いよる。こりゃあわしが一番強えもんじゃ思うとったのに、まだ、わしより強えもんがおる。漏りいうもんが、こうえぇいうて言いよるが、漏りいうもんがおるにちがやあせん。もう、こげえなとこにじっとしとったら、わしの命はねえから早ようかけっていなにゃ」

いうて、どっどっど、鬼がかけって帰った。

漏りが一番こえぇ（怖い）いうことになったんョ。

〈通観583「古屋の漏り」　話者　高富　河原澄江　出典『加茂川町の昔話』〉

23　すしは本尊（原題・くわん　くわん）

　和尚さんは、いつも何をしても小僧さんには、よけい食べさせないので、今日はすしをしてあるから、ちいと和尚さんがおらんまに、あれを食べようと小僧が相談してから、食べようというて、きれいに小僧さんが食べてしもうた。和尚さんは法事から帰って来て、すしを食べよう思って、蓋を取ってみたらありゃせんのよ。

　小僧が食べてしもうたにちがいない。

「おめえら、すしをみんな食べてしもうたんじゃないか」

　小僧さんは自分らが食べたら叱られるから、

「私ら食べりゃしませんけど、ひょっとしたら本尊様が食べとるかも知れんから、本尊様のところに和尚さん行ってみなせえ」

　本尊様へ行ったら、口のへりにいっぱいごはん粒がなすりつけてある。なすりつけてあるところを見ると、

「ほんなら本尊様が食べたんじゃな。本尊様は行儀が悪いけえ、ちとたたいてから行儀せないけん」

いうて、和尚さんがたてえたら、

「くわん、くわん」

と鳴った。

「本尊様は食わん食わん言いよるんじゃが」

「ほんなら和尚さん、炊いてみなせえ」

　本尊様を釜の中に入れて炊いたら、本尊様はぶつぶつ言っておる。そして、

「くった、くった」

と言った。ほんなら本尊様が食べたということになりました。

（通観598「和尚と小僧―餅は本尊」　話者　高富　河原澄江　出典『加茂川町の昔話』）

24　饅頭は仏様

昔々、山寺の和尚さんがな、小僧を集めて、

「これから檀家回りに行ってくる。おまえたちは、よく留守居をするように」

と申しつけた。

見ると、仏様の前には、おいしそうな饅頭《まんじゅう》が供えてある。小僧たちは、

〈いただきたいなあ。何かよい工夫はないもんかなあ〉

と思案したそうな。そして、

〈一つくらいならいいだろう〉

と食べるうちに、とうとう一つ残らず食べてしまったそうな。

そろそろ和尚さんの帰られる頃になり、困った小僧たちは、

「そうだ。いい考えがある」

と、仏様の口に、残ったあんこを塗りつけた。

そこへ、和尚さんが帰って、

「これこれ、お饅頭がないではないか。おまえたち、知らんか」

と小僧に聞いたところ、

「私たちは知りません。あれ、仏様の口にあんこがついています。これはきっと、仏様がお食べになったのでしょう」

と言ったそうな。和尚さんは、

「それなら仏様に聞こう」

と、仏様の前に座り、鉦《かね》をたたいたところ、鉦はクワン　クワンと鳴った。和尚さんは、

「これこの通り、食わん　食わんと言われとるぞ」

小僧たちは、

「そんなことでは白状しない」

と、大釜に湯をグラグラ沸かして、その中に、仏様を入れたそうな。湯はクタクタ、クタクタと煮えて、

「和尚様、この通り、仏様は、食った、食ったと言わ

れています」

と言うたんじゃそうな。

（通観598「和尚と小僧―餅は本尊」　話者　吉川　伊賀日佐子）

25　ぼたもちは本尊

山寺に和尚さんと十歳ばかりの小僧が住んでいた。

ある日、和尚さんが小僧に、

「わしゃあ今日、檀家回りに行ってくるけん、仏壇に檀家から上がった牡丹餅《ぼたもち》がせえて（据えて。供えて）あるけえ、手ぅ出しちゃあいけんぞ」

いうて、和尚さんが出て行った。

ほしたら、小僧は、おいしいそうな牡丹餅が据わっとるけん、

「和尚さんが手ぅ出しちゃあいけんいうたけえ、足なら楽じゃろう」

いうて、仏壇に上がっても、仏様が高えから足じゃあたわん（届かない）。

「ほんなら、舌でなめたら楽じゃろう」

いうて、牡丹餅の上だけなめたら。ぺろぺろいうてなめたんです。

そうしたところが、あんまりおいしゅうて、一つぐれえは楽じゃろういうて、一つ食べて、次ぃ次ぃおいしいもんじゃけん食べてしもうた。

そうしたら、自分の顔の方へあんこがいっぺえ引っ付いて。手ぅ出さずにして食うから。

「ありゃあ、こりゃあ和尚さんに叱られるで」

いうて、自分の顔によっけえ（たくさん）あんこが付いとるから、そりょう仏様の顔へなすりつけて、自分じゃあ顔を洗うてきれえにして。

ほしたら、和尚さんが戻ってきてから、ありょう食うたげにゃあ。おいしい思うて、のぜえてみたらなかった。こりゃあ小僧が取って食うたなっと思うて、小僧を呼びつけてから、

「おめえ食うたんじゃろう」

いうて、

「わしゃあ和尚さん知らんで。わしゃあ手ぅ出しゃあせんけえ」

いうてから、

「食わんことがあるもんか、食うとらあ」

そしたら、その小僧が、

「和尚さん、そりゃあ仏様ぁ行儀ぅしてみりゃあええんじゃ」

いうて。

和尚さんが、鉦《かね》ぅ叩く槌でから、その仏様ぁ叩えた。ほしたら仏様が、

「くわぁん、くわぁん」

言うたいうてからに、

「食わんようるがな。仏様ぁ食うとるまあが」

「和尚さん、そりゃあなあ、鍋ぇ入れてから水ぅ入れてから、火ぅあぶってみられえ。そうすりゃあ、煮たら白状するじゃろう」

いうてから、言うけえ、そうしちゃったら鍋ん中でから、

「食った、食った、食った、食った」

言うた。

(通観598「和尚と小僧―餅は本尊」 話者 下土井片山光男)

26 水飴は毒

昔々、お寺があってな、和尚さんが時々戸棚を開けては、甕《かめ》の中のものをなめているのを、小僧が見とったそうな。

ある日、和尚さんが、

「わしはこれから法事に行ってくる。戸棚の中の甕には毒が入っとるから、決して開けて見たらいけんぞ」

と言い聞かせて出かけていったんじゃと。

小僧は、

「今のうちじゃ」

と、和尚さんの部屋に入って、戸棚の中から甕を見つけると、

「和尚さんは、おいしそうになめよったぞ。こりゃあ毒じゃあなかろう」

と思うてなめてみると、水飴じゃったそうじゃ。

「ああおいしい。ああおいしい。もう一口、もう一口」

と、小僧は、とうとう全部なめてしまったんじゃと。

困った小僧は、和尚さんが大事にしている硯《すずり》を庭に投げつけて、カーンと割ったんじゃ。

和尚さんが帰って来ると、小僧がしくしく泣いておるから、

「これこれ小僧、どうしたんじゃ」

と聞くと、

「和尚さんがお留守の間に、掃除をしようと思い、部屋に入って掃除をしておりましたら、誤って大切な硯を割ってしまいました。死んでお詫びをしようと思って、和尚さんが毒だと言われた戸棚の中のものをなめましたが、なめてもなめても死ねません。とうとう全部なめたのですが、それでも死ねません。あーん、あーん」

和尚さんは、何にも言うことができなかったということじゃ。

（通観603「和尚と小僧―飴は毒」話者　吉川　伊賀日佐子）

27　小魚はかみそり

和尚さんが、小さい小魚が好きで、それでも、お寺じゃから食べられん。隠して食べるために、檀家に頼んでから、ハエ（ハヤ・鯇）やなんや取ったのう焼いて、甕《かめ》ん中へ入れて内緒で食びょうた。

へえで小僧は、そりょう見ても知らん顔ぅしょうた。

和尚さんが、いっつも、

「お前らぁ、この甕《かめ》ぁ開けらりゃあせんぞ。この甕ん中にゃあカミソリが入《へえ》とるけえ、危いけえ開けちゃあ

いけんぞ」

　へえで和尚さんが、檀家へ出て行かれる時に、

「小僧、今日はお前も檀家回りへ連れて行っちゃる」

いうて、へえで檀家回りぃ行きょうたら、川に橋のねえ道があった。

　へえで、そこへ行ったら、和尚さんは、

「こかぁ（ここは）、小僧は、まだ十ばあで、こめえもんじゃから、負うて渡っちゃる」

いうて、和尚さんは負うて、尻からげょう（尻からげを）してから、その川ん中ぁ渡りょうた。小僧が、

「和尚さん、危ねえ危ねえ。気を付けにゃあ危ねえ」

「何が危ねえんなら」

いうたら、

「カミソリがいっぺえ泳ぎょうる」

いうて言うた。

（通観605「和尚と小僧―あゆはかみそり」　話者　下土井　片山光男）

28　カラ、ゴキ、クタ

　三人小僧さんがおるのに、和尚さんは、おいしいものを法事に行ってもろうて来ても、ひとっつも小僧さんにゃあ食べさせんので。

　せえから、和尚さんは、おいしいものを炊いて食べても、小僧さんにゃあ、なかなか食べさしてくれんので。明日の朝、和尚さんは早う起きて食べるにちがやあせんから、今日は早う寝とって、起きてから食べちゃろうでという相談をして、せえでまあ、

「和尚さん、和尚さん、あしたり（明日）からは私はカラいう名に付けましたけえ、カラいう名に変えましたから」

「おお、そうか」

「私は、ゴキいう名に変えました」

「私は、クタいう名前に変えましたから」

いうて休んだ。

　朝早うに、和尚さんが起きてから、米をといで、せえから、カラカラ、カラカラ、カラカラ、茶碗を洗うたりしておるんで、こりゃあ和尚さんが早う起きて、ご飯を炊きょうるから、起きとらにゃあ、白えご飯のおいしいのを食べさしてくれんから思うて、カラカラ、カラカラ、カラカラ、いうて和尚さんが洗ようるから、カラが、

「へっへっ、和尚さん、カラカラいわれましたが、何ご用ですか。へっへっ」

いうて起きて、

「お前を呼んだんじゃあねえ。茶碗を洗うたんじゃがな」

「そうかな。私を起したんかと思うて――」

「まあ、起きたら仕方がねえわ。ちいと手伝え」

いうて、せえから、またそのカラが、ゴキゴキ、ゴキゴキ、ゴキゴキ、お椀を洗うたり、ほかのものをわざと大きな音をさして洗ようたら、ゴキが、

「へっへっ。和尚さん、和尚さん、何ご用ですりゃあ、私を呼ばれましたか」

いうて起きてきて、

「お前を起したんじゃあねえんじゃ。ゴキゴキいうて、ほかの物を洗うたから、せえでじゃ」

いうて、

「そうか、まあそりゃあ、お前も起きたんなら仕方がねえ。そこらまわりのとこを片付けたりして手伝え」

　そしたら、こんだぁ（今度は）ご飯がクタクタ、クタクタ、クタクタ、クタクタいうて煮えだいて、こんだぁクタが、

「ハイハイ。和尚さん、和尚さん、何ご用ですりゃあ」

　三人目の小僧も起きて、

「とうとう、お前らみんな起きたんなら仕方がねえわ。今日は、白えご飯のおいしいのを炊いとるから、まあみんな一緒にお前らも食べえ」

いうて、和尚さんは、その日は、小僧さん三人、みんなにおいしいご飯を食べさしたということじゃ。

（通観610「和尚と小僧―小僧改名」話者　高富　河原澄江　出典『加茂川町の昔話』）

29　弘法も筆の誤り

弘法大師は、非常に学問のすぐれた坊さんじゃったいうて。

へえで漢字ぅ書くんじゃあ困るけえ、ひらがなぁ作ってから、そうしてから、「いろはにほへとちりぬるをわか」いう歌にしてから、みんなに教えたと。

立派な弘法大師じゃけえど、弘法も筆の誤りいうて。

大きな紙の中へ「忠孝」と書いた額を掛けた。ところが、あとから見りゃあ忠の字に点がねえ。せえで、弘法の投げ筆いうて、下におって筆を投げて点を入れた。そぅしたら、外になけらにゃあならん点が、囲いの中ぇ一つ入った。

下ぇ心いう字の点ですらあな。あれが外ぇこう並ばにゃあなんのに、ひとつぁ中ぇ入っとる、いうようなことを言ようりました。

（通観748「〝笑〟という字」参照　話者　下土井　片山光男）

30　長い話の好きな殿様
（原題・長い話のすきな殿様）

話好きな殿様がおってから、もう長いほどの話が好きじゃという。長い長い話を聞かしてくれるものには褒美をやるいうていたんじゃが、まあたいてい一日か、二日、長うても二、三日たったら話がすんでしまう。ほいで長い話を知っとる者はみんな来てくれえいわれても、どうも長い思うてもすぐ切れる。

で、ある日のこと、一人の若者がやってきて、

「私は長い話を知っとるから殿様の前でしましょう」

「そんなら、まあしてみい」

ということで、話をするのに、

「蔵がようけある大分限者の家で、その中へ俵がいっぱい積んである。それを一匹のアリが、やっとのことで俵をほぜくり出して、米粒一粒持っては、アリの家へ帰り、また一粒取ってはアリの家へ持って帰りする」

のを何遍《なんべん》も何遍《なんべん》も繰り返ししょうたら、殿様が、

「いつ頃、そのアリが米を持っていぬるんがすみゃ」

言うたら、

「何年かかるかわかりません」

「もう、ええ。こりゃ、これが一番長い話じゃから、もうええから」

いうて、褒美をたくさんもろうて帰ったそうな。

（通観841「話堪能」　話者　高富　河原澄江　出典『加茂川町の昔話』）

31　ねずみ経

昔々のこと、ある山寺で、和尚さんが夕べのお勤めを始めたそうな。なにぶん古い山寺で天井もところどころに穴が開いとったそうな。和尚さんが、鉦《かね》を鳴らしてお経をあげていたら、天井裏に住んでいたねずみが穴から下をのぞいたり、また隠れたりしていたんじゃと。そこで和尚さんは、

「おんちょろちょろ、なんまいだ、あれ見えたぞ見えた、なんまいだ、あれれかくれたぞ、なんまいだ」

と、ねずみに合わせて鉦をたたき、拝んでいたそうな。

その時、お寺の中の様子をうかがって、のぞいたり引っ込んだりしていた泥棒が、びっくりして、

「ありゃ、和尚は後ろを向いてないのに、見えとるぞ」

と、あわてて何も取らずに逃げ出したそうな。

（通観901A「念仏と泥棒―鼠経型」　話者　吉川　伊

賀日佐子）

32 茶栗柿麩

昔、とても頭の悪い子がいました。親は、何もさせず遊ばせてばかりいるのでは困ります。物売り位は出来るだろうと思い、畑で採れた茶と山で採れた栗と柿と自家製の麩を売らそうとしましうた。

息子は、商品を持って、売り歩き始めました。息子は品物を一つ、一つ呼ぶのが面倒だと思い、縮めて一気に「茶栗柿麩、茶栗柿麩」と売り声を掛けて、売り歩いたのです。売り声を聞く人にすれば、何の事か分らないので、一つも売れませんでした。

親は、なぜに一つも売れないのか不審に思い、息子に、

「どんな売り方をしたのか」

と尋ねたのです。息子は、

「チャックリカキフ、チャックリカキフ、と売り声を上げて売り歩いた」

と言ったのです。親は、

「品物をくっ付けて呼んではいけません。茶は茶で別に、栗は栗で別に、柿は柿で別に、麩は麩で別にして売り声を上げて売りなさい」

と教えました。次の日、息子は、「茶は茶で別々に、栗は栗で別々に、柿は柿で別々に、麩は麩で別々に」と売り声を掛けて売り歩きました。今度も、誰も何の事か分らないので、買ってくれる者はいなかったのです。

親はなぜ売れないのか尋ね、売れない理由がわかると、「馬鹿に付ける薬はない」と言いました。すると、息子は、

「付ける薬がないなら、飲む薬でも良いからくれよ」

と言ったそうな。これも一昔。

（通観929「ちゃっくりかき」 出典「草地稿」）

33 鍬取って来うか

お爺さんが、畑ぇ行ってから、

「なんか忘れたなあ、何ぅ忘れてきたかしらん」

言ようたら、カラスが木の枝から、

「くわ、くわっ」

いうて、鍬《くわ》ぁ忘れてきたんじゃ。

そうしたら、鶏小屋の中から、鶏《とり》が、

「とてこうかあ（取って来うか）」

いうて鳴《ね》えた。

家ん中で猫が、

「ねぇえ、ねぇえ（無い）」

いうて鳴えた。

そしたら牛厩《まや》の中で、牛が、

「もうええでぇ」

いうた。


（通観947「鳴き声と人―嘉兵衛鍬」　話者　下土井片山光男）

34 髪剃り狐（原題・ぼうずにするキツネ）

むかし、ある山あいの村に人をようだます狐がおったそうな。村の者たちはみんなその狐のうわさをしておった。

「向こうの峠を夜越すと、どうしても頭を坊主にされるそうじゃ」

「そりゃほんとじゃろうか」

「ほんとじゃ、ほんとじゃ」

でも、一人の若者だけは、

「そねえなこたぁねえ。狐が頭を坊主にすることたぁねえ。ぜったい坊主になんかされりゃあせん」

いうて聞かなんだんじゃ。

「そんなら行ってみい。どうしても頭を坊主にされるけえ」

「よし、そんなら今晩、あの峠へ行ってみる。山を越してくるからな。待っとれよ」

若者はみんなに自慢して、その日のうちに山の峠にすたこらすたこら行ったそうな。

まあ、その若者は峠の近くへ行って、じっと日の暮れるのを待っとったそうな。だんだん日は暮れてくるし、寒うはなってくるし、寂《さみ》しゅう寂しゅうなってきた。じゃが、この若者は肝っ玉が大きゅうて、どんなことにも驚かんようにできていたから、じっと待っていた。

ゴソゴソッと音がしたかとおもうと、道の向こうからこげ茶色の大きな狐が出てきた。

〈こんちきしょう。狐め出てきたな。だまそう思うてもだまされりゃあせんぞ〉

若者はそう思いながら、狐のすることを見ておったんじゃ。狐はなあ、すぐ近くの溝川に入ってから、アオミドロ（田や池などに生えるドロドロした緑藻）をパッパッと体に塗ったんじゃ。そうしたらなんとまあ、たちまちきれえなきれえな若嫁さんになった。

それから、そこにあった石をひょいっと背中にのせて、またアオミドロをパッパッパッと石にのせたら、かわいい赤ん坊ができたんじゃ。今度は、木の葉っぱのついた小枝をポキッと折って、またアオミドロをパッパッとかけたら、きれいなこうもり傘が出来たんじゃ。

かわいい赤ん坊を背負った若嫁さんは、スーッスーッと道を歩いて若者の前を通っていく。若者は道にとび出して、

「おめえ、今そこでアオミドロを体にかけて化けた狐じゃろう。とっつかまえてやる」

いうたら、

「そねえなこたぁありません。わたしゃあ、この近くの村に、向こうの村からお嫁に来とるもんですわい。お爺さんお婆さんのところへ、この孫が出来たんで見てもらいに行きょんじゃ。ごめんなせえよ」

いうて、またスーッスーッと歩いて峠の方へ行きだした。若者はまたおっかけて、

「そねえなこたぁねぇ。たしかに狐じゃ。わしゃいまじっと見とったんじゃ。アオミドロぅつけとったんを見とったんじゃ」

と、大きな声でどなったら、

「わたしゃほんとにお嫁に来とる娘ですわい。それが嘘じゃ思うんなら、向こうの村まで私についておいでんせえ。ほんにお爺さんお婆さんのうちへ行くんじゃから」

いうて、また歩き出した。若者は、〈ようーし、そんなに言うんなら、化けの皮をはがしてやる〉と決心して、赤んぼうを背負った若嫁さんの尻について行ったんじゃと。

山越え谷越え、山越え谷越えして歩いて行くと、パッと目の前が開けて、村里が見えてきた。畑には、赤や白の梅の花が今をさかりと咲いていた。たんぼでは、一人、二人のんびりと鍬を動かしながら働いていた。


若嫁さんは、大きな門構えの立派な家に入っていって、

「お爺さん、お婆さん、来ましたで」

ときれいなやさしい声で言うた。すると、奥から、お爺さん、お婆さんがころぶように出てきて、

「まあまあ、よう来たなあ、かわいい子どもが出来てなあ。まあ、よう来たなあ」

いうて、若嫁さんがおぶってる赤んぼうの顔を、うれしそうにのぞきこんでいた。うしろからついてきた若者は、すぐ前へとび出して、

「お爺さん、お婆さん。そりゃ嘘じゃ。そりゃ狐じゃ。いまさっき向こうの溝川でアオミドロぅつけて化けとるんじゃ。赤んぼじゃって、石の頭にアオミドロぅつけとるんじゃ。あんたの娘でも何でもありゃせんけえ、だまされちゃいけんで」

お爺さんはびっくりして、若者に言い返した。

「なんたらこと言うてつかあされゃあ。そりゃ、確にうちの一人娘じゃ。隣村へ嫁に行ってから、初孫が出来たいうんで、今日連れて来て見せてやるということ

になっとったんじゃ。じゃから、なんにも危ないことはありゃせん。うちの一人娘ですけえ、そねえなこと言うてつかあさんな、ほんに」

いうて、ぼりぼり怒りだした。若者はまた、いらいらしだして、

「ほんとじゃ、ほんとじゃ、証拠を見せてやる」

いうて、若嫁さんの背中に負うとる赤んぼうを抱きとって、庭へぶっつけた。赤んぼうはビリビリッとなって、長うのびてふるえていた。

「わりゃ（お前は）、うちの孫を庭へぶっつけたな」

「違うんじゃ、こりゃ、狐じゃ」

「何いうんなら、かわいい初孫じゃ」

「ほんとに狐じゃ。わしゃ見たんじゃ」

お爺さんと若者は、上を下への大騒ぎで、どんどんどんどんけんかを始めてしもうた。若嫁さんは庭の隅で、しくしく泣いておった。

あんまりけんかが激しいので、隣りの家のお爺さんがやってきて、

「おめえらぁ、どねえことしょうんなら。にぎやかに何しょうんなら」

いうたら、お爺さんは、

「この人がなあ、うちの一人娘が隣村へ嫁に行ってから、初孫が出来たのを見せに来たら、狐じゃいうて、庭に子どもを投げつけたんじゃ」

「そねえなばかなこたぁねえ。せえじゃったら、その、あやまらにゃあいけん。ここはわしがひとつ、おりやあ（なかなおりさすこと）とってやるから謝れ。謝らにゃあいけん。けんかしておってもどうもならんのじゃから」

隣りのお爺さんは、三人に向かって仲直りするようにすすめた。そして、若者の方に向かって言うた。

「とにかくお前が悪い。かわいい赤ん坊を庭へ投げたりして、坊主になって謝るよりほかにないだろう。わしが頭をそってやるから、頭をまるめて、お爺さん、お婆さんに謝れ」

そう言われて、若者はほんとに悪かったと思い、隣

りのお爺さんに頭をそってもらうことにした。庭に座らされ、石けんをいっぱい頭につけられ、かみそりでジョリジョリとそられてしもうた。

若者がツルツルの頭をかかえて、お爺さん、お婆さんに、

「ごめんなせえ。ごめんなせえ」

いうているうちに、夜が次第に明けてきた。

若者は、よう、ぐるりを見たら、峠のまん中にやっぱりおった。木の葉っぱの上へ座っておって、頭をクリクリ坊主にされておった。

若者は、すごすごと、しかたなく自分の家へ帰っていったんじゃ。村の者たちは、

「そりゃみぃ。お前もとうとう頭を坊主にされてしもうたが」

と、若者にあって言ったそうじゃ。

ずっと、むかしむかしの山村での話じゃ。

（通観997「髪剃り狐」話者　高富　河原澄江　出典『加茂川町の昔話』）

35　ダンゴ婿（原題・ダンゴの話）

よう仕事をする婿をもろうて、あれはお正月前じゃから、親のとこにもお礼の挨拶に行ったり、それから、仲人さんのうちにも挨拶に行かにゃいけんから、

「あの、おめえはよう仕事をしてくれたりして、うちには大助かりじゃから、あの仲人さんとこへお礼に行って、それから、お母さんのとこへも里帰りをして帰れえ」

いうて、しゅうとめさんが言われて。それで、おみやげを持って仲人さんのうちぃ挨拶に行って、そいから、そのついでに今度ぁ、実家のお母さんのとこへ行って。

仲人さんのとこで、ダンゴをいただき、よう来てくれたいうて、ダンゴを御馳走になって、そのダンゴが、あのもちもちダンゴの煮たのを、ご馳走になったら、おいしかったんで、

「これは何いうもんですか」

言うたら、

「ダンゴじゃ」

いうて言われて。これはまあおいしいからお母さんとこへ言うてダンゴぅしてもろうて食べようと、その婿は、――前の婿いうんです。昔の婿な――前の婿は、ダンゴぅしてもろうて食べたらおいしかったから、お母さんにしてもらおう思うて、忘れちゃあいけんからいうて、

「ダンゴ、ダンゴダンゴ、ダンゴや、ダンゴダンゴダンゴや」

言うて、ダンゴぅ覚えて、行きおったら、ちょっと溝があって、そこを跳び跳び、ちょんと渡ったら、忘れて、そのダンゴいう事を忘れてしもうて、これは何じゃったかな思うて考えて、どうもこれは忘れたけん、まあもう一ぺん跳びかえてみよう思うて、また、元に戻ってひょっこり跳んだら、ひょこっと跳んだら、ひょんごになって、で、今度ぁ、

「ひょんご、ひょんご、ひょんごや。ひょんご、ひょんご、ひょんごや」

いうて、お母さんのとこへ行って、

「お母さん、お母さん、仲人さんのところでから、ひょんごぅ汁にして食わしてもろうたら、おいしかったんで、ひょんごぅ汁して食わしてくれえ」

言うてみたら、

「ひょんごいうもんは知らんがなあ」

言うて、

「ひょんごを知らんいうことがあるもんか」

言うて、そこへあった火吹き竹を持って、お母さんの頭をたてえた。そうしたら、お母さんにこぶが出たんで、

「まあ、ダンゴのようなコブが出たがなあ」

そういうてから言うたら、

「お母さん、その、ひょんごじゃなかった。ダンゴだった」

「ダンゴならダンゴと早よう言うてくれりゃあよかったのに」

いうて、まあ、ダンゴをよけいことして食べさせてもろうて、家に帰った。

（通観1047Ａ「物の名忘れ―団子婿型」　話者　高富河原澄江　出典『加茂川町の昔話』）

36　ぼたもちはどっこいしょ①

子どもが、おばさんの家にお使いに行ってから、帰りがけに、ぼたもちをよばれて帰って。

〈お母さんに、ぼたもちをしてくれえいうのが分からんようになるけん、覚えて帰らにゃあいけんけん〉思うて、帰りょって、溝があってから、

「どっこいしょ」

いうて跳んでから、滑りこけてから、あ、どっこいしょじゃった。

「お母さん、どっこいしょをしてくれえ」

いうてから。

（通観1047Ａ「物の名忘れ―団子婿型」　話者　下土井片山光男）

37　ぼたもちはどっこいしょ②

お母さんが子どもに、

「向こうのおばさんの家へお使いに行ってこえ」

いうて行かした。

ほしたらおばさんがなあ、

「いま、ぼたもちぅしょうるけんなあ、食うて帰れえ」

いうてから、ぼたもちぅ食わしてくれてから、帰るん。

「おいしいぼたもちじゃった。おばさん、こりゃあ、何いうもん。こねえもん食うたことがねえ」

「こりゃあ、ぼたもちいうもんじゃがな」

ほうして帰るのに、忘れちゃあいけんけえ思うて、

「ぼたもち、ぼたもち」

いうてから、言う言う帰りょうたん。ほうしたところが、溝があったもんじゃけえ、その溝の上ぅ、

「どっこいしょ」

いうてから渡ったいうん。ほうしたら、ぼたもちぅ忘れて、

「どっこいしょ、どっこいしょ」

いうて帰ってから、

「お母さん、どっこいしょを作ってくれえ」

いうてから、言うて。

　お母さんが、

「どっこいしょ言やあなんなら」

いうて言うたて。

　それから、そのう、どっこいしょの溝を渡るおりぃどっこいしょいうたんと思うて、引き返して行ったら、そこでから跳べずに、尻餅ぅちいて、子どもが転んで、へえで今度ぁ、

「尻餅、尻餅」

いうて戻ってきた。


（通観1047Ａ「物の名忘れ―団子婿型」　話者　下土井　片山光男）

38　こうこで湯加減

　昔、あんごう息子がおったそうな。嫁さんをもろうて、舅入《しゅうとい》りいうて、嫁さんの里へ泊まりに行くことになったんじゃ。ちいとばあぬけとるもんじゃから、母親が心配して、

「嫁さんの里へ行って、ご飯をよばれたら、最後にお茶が出る。熱かったら、こうこ（たくあん）で混ぜながら冷まし冷まし飲むんで」

と教えられたんじゃと。息子は、

〈熱いものは、こうこで混ぜりゃあええんじゃな〉

と思うたんじゃそうな。

　嫁さんの里に行って、お風呂に入る時にな、湯が熱かったんじゃと。それで息子は、

「湯が熱いから、こうこをひとつください」

と言うたんじゃそうな。

　昔はなあ、自分の茶碗や箸を入れとく、箱膳いうもんがあった。ご飯を食べても、いちいち茶碗を洗わずに、熱いお茶を入れて、ぐるっと冷まし冷まし飲んだら茶碗がきれいになるけん、そのまま箱膳にしまようったもんじゃ。

（通観1053「たくあん風呂」　話者　納地　難波和典）

39　旭川が海

　こっちの方（吉備高原）の人が、

「海ぅ見た事があるか」

言うたら、

「はい」

言う。

「おお、お前、あの海ぅどこで見たんなら」

言うたら、

「水谷（吉備中央町神瀬）を下りて、舟で渡ったあそこが海じゃ」

言うたいうて。

　旭川を渡ったら、山ん中の子どもは、海じゃと思うとったいう。

（通観1077「ここも日本か」　話者　上田西　内藤三治）

40　旅学問①（原題・上洛、下洛）

　あるところに、いい一人息子がおりまして、それでまあ、だんだん大きゅうなって、何いうことないええ息子になって、よう仕事もするし、ですけど、一つ勉強を一人息子じゃから、させにゃいけんから、

「まあ、お前も上方へ行ってから勉強して来い」

いうて、お父さんとお母さんに言われて、

「へえなら、まあ行ってこうか」

いうて旅仕度をして出て行きよりましたら、おんなじように旅の人が、

「もっさん、もっさん（あなたさん、あなたさん）、あんた、どこへ行きなさりゃ？」

いうたら、

「これから上方の方へ勉強に行こう思ようるんじゃ」

いうたら、

「ああ、上洛なさるかい」

ああ、上方いうたら上へあがるいうことは、上洛じゃなあ、いうことを一つ覚えて、そいから又、つぎつぎ行きょうたところが、大勢人が集まってから、

「これはどうしたことですりゃあ」

いうてから、その息子がたずねたら、

「岩石から足滑らして、おなめ牛が倒れてから死にそうになっとるんじゃ」

いうて話してくれて、ああ、死ぬるいうことは、おなめうじ（雌牛）じゃなあ、いうことを覚えて、そっからまた上方の方へ行きょうたら、まあ日がくれて、宿についたら女中さんが、きれいなお膳の上に赤い椀にごはんを盛ってきて、それを出してくれたんで、

「このお椀はきれいながどういう椀なら」

いうたら、

「これは朱椀いうもんじゃ」

赤いもんは、朱椀じゃなあいうことをおぼえて、それからまあごはんを食べて、二階の窓から下を見ゅうたら、子どもが花火をしょうる。花火線香をしょうるから女中さんに、

「あれは何いうもんなら？」

いうたら、

「こりゃあ、花火線香いうて、硝石で出来とるもんじゃ」

「パッパと散って、こりゃあきれいななあ」

いうて、そいからまあ、その夜は、宿で夜をあかして、明けの日に、今度は又、いろいろと京都の町をあちこち見物しょうたら、どんどんどんどんみんな行ったり

来たりしょうるんで、そいで、

「こりゃあ何をしょうられるんなら？」

いうたら、

「あたご山のときりょうに、行ったり来たりしょうるんじゃ」

（あたご山のときりょういうのが、なにか、まじないのおくすりをもらうことでしょう）いうて、そいでまあ、だいぶよう勉強が出来たから帰ろうかな、いうて、こっちへ帰って来ようたら又、旅の人が、

「もっさん、もっさん、あんたどっちぃ行きょうりなさる？」

「わしは、上方の方へ勉強に行って、今帰りょうるところじゃ」

いうたら、

「下洛しょうられるんですか」

まあ、下へおりるいうことは、下洛じゃなあ、と覚えて、へえからまあ、わがうちぅさして帰ったら、お父さんも、お母さんも大よろこびで、

「まあ、無事で帰ったんじゃから柿を取って食べさしてやろう」

いうて、お父さんが柿の木に登ったんです。登って柿を取ろうとしたら、すべって落ちて、けがしたんです。へえでさっそく薬を早よう医者にもらいに行かにゃならんので、その子が手紙を書いて近所の人にことずけたんです。その書いた文句が、

『うちのおやじが柿の木に上洛して柿を取ろうとしたら、下洛して朱椀硝石パッパと散って、おっつけおなめうじになろうもしれませんので、あたご山のときりょうをお願いします』

いうて、いうことを書いて医者に持って行ったら、医者が、

「こりゃあ、どうもなんのことかさっぱり分からんので、まあとりあえずほんなら行って見よう」

いうて、行ったら、お父さんが柿の木から落ちて息たえだえで、虫の息でおって手当をしたということなんです。

（通観1078「旅学問」 話者 高富 河原澄江 出典『加茂川町の昔話』）

41 旅学問②

並外れた頭の持ち主でな、すこうし置いてきた息子がおったんですと。

ある日、近所の人が喧嘩をしょうるのを見た息子が、

「ようやる、ようやる」

いうて賑やかに、はやしたてたもんじゃから、

「そねえなことを言うもんじゃない。喧嘩は、中に入って止めたげなせえ」

言うて怒られたんじゃと。

また別の日に、今度は犬が喧嘩をしょうるのを見た息子は、

〈こりゃあ止めにゃあいけん〉

と思うて、

「喧嘩をやめなせえ」

言うて中に入ったら、犬にかみつかれてしもうた。

それを知った、息子の父親は、

「おまえのような者は、世間を見て来にゃあものにならん。勉強に出て来い」

と、旅に出したんじゃそうな。

息子が行きょったら、托鉢《たくはつ》をするお坊さんに会うたんですと。見ようったら、お坊さんは、

「くまのさん（熊野山）ときりょう（斎料）」

と言うて入れてもらようったそうな。息子は、

〈ははあ、物をもらうのは、〝くまのさん ときりょう〟と言うんじゃな〉

と思うたんじゃと。

それから、川の渡し舟に乗ったら、船頭が、

「お客さんは、上洛《じょうらく》なさるか、下洛《げらく》なさるか」

と聞いたんじゃそうな。

「上洛とはなんですか」

「上洛とは、上《かみ》へのぼることです。下洛とは、下《しも》にく

だることです」

と、船頭が言うたもんじゃから、

「はあはあ、そりゃあどっちでもよろしい。上洛でもしましょうか」

言うた。息子は、

〈上へのぼることを上洛、下におりることを下洛と言うんじゃな〉

と覚えて、

〈ああ、これで二つ利口になった。お父さんが喜ぶぞ〉

というて旅を続けた。

〈そろそろ日も暮れたけん、旅籠《はたご》に宿をとろう〉

と入ったら、赤いお膳《ぜん》に赤いお椀《わん》が出てきた。息子が、

「こりゃあ赤いお膳ですなあ」

言うたら、宿の主人が、

「これをな朱膳朱椀と申します」

と言うた。

〈ははあ、赤いものは、朱膳朱椀というんじゃな。これで三つ利口になった〉

と喜んだ。そうしょうったら、旅籠の晩のご飯にな、お魚が出たそうです。ええお魚が出たけん、

〈身だけ食べてやれ〉

と身を食べたら、頭が残ったそうな。朝になったら女中がな、

「お客さんお客さん、おかずが何にもありませんが、夕べの残りでよろしゅうございますか」

と聞くもんじゃから、

「はあ、何でもよろしい」

言うたらな、夕べ残した魚の頭が出てきたそうな。息子は、

「ははあ、頭のことを、夕べの残りと言うんじゃな」

と覚えたんじゃそうです。

〈そろそろ家に帰ろうか。これだけ覚えたら親父も喜ぶじゃろう〉

と思うて、家に帰ったんじゃと。

父親はたいそう喜んで、秋のことでしたけんなあ、

「柿が赤う熟れとるけん、取っちゃろう」

と、柿を取りに行ったんじゃな。父親が木に登って取りょうったら、柿の木はよう滑るもんじゃから、滑り落ちたんですと。そうしたら頭を切ってなあ、真っ赤な血がパアッと出たんじゃそうな。

「こりゃ大変じゃ」

息子はお医者へ駆けって行って言うたそうな。

「世間のことを勉強に行けえ言うけん行って帰ったら、親父が喜んで柿の木に上洛下洛しまして、夕べの残りがピシャンと割れて、朱膳朱椀がパアッパッと出ました。薬一服くまのさんときりょう」

とやったそうです。今まで覚えてきたことをいっぺんに使うてしもうた。お医者さんは、ポカンとして、

〈何のことやら〉

と思う間に、大変なことになったということじゃ。

〈通観1026A「段々の教訓―火事見舞い型」通観1078「旅学問」　話者　吉川　伊賀日佐子〉

42　短い話

縄をのうちゃあ（なっては）、下へこう落とし、縄をのうたら、こけえ（ここへ・足の下に）踏《ふん》まえとって下へこう落とす。下へは牛がおって、のうちゃあこう落とし、たくっちゃあこう落とし、のうちゃあこう落としして、

「もう大分なえたから、ちょっとなんぼうあるか、測ってみゅう」

いうて、一尋《ひろ》、二尋いうて、縄いうもんは測るんで。そしたら、こう、「ひろっ」ていうたらすんでしもうた。下へ牛がおったのが、モジモジ、モジモジ、食べてしもうたんじゃ。これが短い話……。

〈通観1183「短い話―糯袢の尻からげ」　話者　高富河原澄江　出典『加茂川町の昔話』〉

Ⅱ 伝説

㈠ 木の伝説

1 弘法と芋

弘法大師が行きょうられたら、婆さんが芋ぅ蒸しょうた。

「腹がへったけん一つ恵んでくれんか」

いうて、弘法大師が言うたら、

「こりゃあ、和尚さんみてえなもなぁ食えるもんか。固うて石ぅみてえなんじゃものう」

いうて、くれなんだ。

せえからぁ、そこの芋が石のような芋ばあ出来る。

これも母親が言ようた。


（話者　下土井　片山光男）

2 弘法としだれ栗

せえから弘法大師は、下井原《しもいばら》の方から今度ぁ森上《もりうえ》いう方へ歩くんじゃが、上へ上へ上がったとこですらあな。その山道ぅ上がりょうたら、子どもががやがやいうて話ぅしょうる。がやがや言ようるけん思うてから、見りゃあ、栗《くり》ぅ拾ようる。

「栗がぎょうさん拾えるか。坊さんにもひとつくれんか」

いうてから言うたら、

「そりゃああげらあ」

いうてから、

「ぎょうさん取れるか」

いうたら、

「せえがなあ、木が高えとこじゃけえ、取れんのんじゃ」

いうて、

「そうか、そうか、あのなあ、来年からぁなあ低いとけぇ栗がなるぞ」

言うてえて行かれた。

　栗の木ぁ、普通栗ぁ、下木山《したきやま》ぁ栗の木ぅ切っても二年生にならにゃあ栗がならんのん。そこんとかぁ、一年生でなるん。

　いまぁもう茂って分からんようになっとるけえどなあ、いうようなことを言ようりました。

（話者　下土井　片山光男）

(二)　石、岩の伝説

3　玉藻の霊石

　私方の真向かいにあるから土井神社のことです。こりゃあ、さっき何から書類が出とるかもしれませんけど。

　これは、土井神社いう裏にもっていて、玉藻《たまも》霊石いう不思議な石があるんです。伝えるところによると、これは、文亀年間（一五〇一～四年）の頃に、この土地の豪族であった、土井次郎右衛門という人が、勝山の方から嫁さんを貰う、奥方を迎えられる。その時にその奥方の父親が娘の安泰を願うて、あそこへもてきて、鶴旨山《つるむねやま》言うんですがなあ、鶴旨山へその勝山の分霊石を祀った。ほして、その分霊石を祀ったのは、石だけ祀ってから、今度ぁ嫁に来られた奥方が、社殿を建てて祀ったいうことがあるんですらあ。

　それで、これが永禄年間（一五五八～七〇年）に、勝山が落城するんです。三村家親に攻められて落城する。その時にあの奥方のおふくの方が、子どもを連れて下土井村へ、土井家へおばさんがおるから、そこを頼って落ちてくる。それで、この人、子どもを連れてから落ちてきたんじゃから、将来を何に（安泰に）なるようにいうてから、玉藻宮に一心に祈願しょうた。

　ほしたら、その祈願があらたかにあって、宇喜多直家に認められたいう。直家がちょうど作州征伐の帰りに加茂市に泊まったいう。そして、そこでその話を聞いて、おふくの方と会うたら、とてもべっぴんさんの頭の冴えた女性じゃったから、直家が気に入って、沼の城下へ迎え入れられるようになった、いうようなことがあったんですなあ。

土井神社の玉藻霊石

　へえで、そのことについての話は、それだけなんですけど、玉藻宮いうことについて、私、子どものおりに神楽を観たことがある。普通、神楽には、大蛇《おろち》じゃいう蛇とか、天孫降臨じゃとか何とかいろいろあるけども、その時は玉藻の能いうのを、珍しい神楽を観たことがあるんです。その時に美しい美女が、時の帝《みかど》にまつわりついていてですねえ、帝がそのおかしな病気になって、あのするもんじゃから、安倍晴明いう陰《おん》陽師《みょうじ》に、安倍晴明いうのは、大体、岡山県の人間じゃったんですなあ。どこか、奥の方のなあ。その人に見てもろうたら、その安倍晴明いう陰陽師は、小鳥の鳴き声が分かるいうて。へえで宮中へ行ってから、その直るおりに着飾ったその玉藻の姫を、駕籠に乗せてから連れて行きょうた。その屋根におったすずめが、

「人間いうて何をしょうるんじゃろうかなあ。狐をええ輿に乗せてから、運んで行ったりやこうしょうるがな」

いうて話しょった。せえで、安倍晴明は〈ははあ、狐じゃな〉いうて。そう思うて見れば、口はとんがっとるし、口髭《ひげ》がある。耳がとんがっとるし、目は引き上げたような目をしとる。せえで、ちらちら歩きゃあ、金毛のあるしっぽがちらちら出とるし。へえで狐じゃいう事を見抜いたいう。

せえから、今度ぁ、何をするのに、玄翁《げんのう》和尚いうのに命じて、そりょう征伐する。玄翁和尚いうのが、その玉藻の姫を拝むんですなあ。一心に拝みょうたら、それが悶え苦しんでから狐の姿を現す。それをもとに、なお祈祷をするのに、一心にしょうたら、それは、岩になった。岩になったので、玄翁和尚は数珠を持って、はっしと殴ったいうんです。殴ったら、その岩が、大きな音を立ててから、日本三カ所に飛んだいう。一つは、越後高田、へえから豊後高田、せえから作州高田（現真庭市勝山）で三高田。それが、その高田の玉藻宮の元がそれなんじゃいうことなんです。

へえでまあ、その分霊石を、勝山から姫が来られるから、守り本尊としてあそこへ祀ってある。その後においても、そうしたおふくの方が幸せに宇喜多直家のとこへ嫁いでいかれたりしたいうんで、あそこは、でえれいあらたかないうことで、加茂郷内はもちろん、竹荘の方までもお参りがありょうて栄えたいうことだそうです。へえで私ら子どものおりにゃあ、今でもですが、土井神社言わなんだです。玉藻宮。へえで言いええように、

「玉ん様、玉ん様」

言うたりしょうりましたなあ。

（話者　下土井　片山光男）

4 玉藻霊石と土井神社

下土井の土井神社本殿の裏に玉藻霊石という祠がある。中に横四十五糎　奥行き二十五糎　高さ四十三糎位の、表面複雑な凹凸のある石灰岩らしい霊石が祭られている。

古老より伝え聞いている話では、この土地の豪族土井治郎右衛門という人が、母方の生家である勝山の領主、三浦家の守護神「玉藻明神」から、分霊石を勧請して此処に守護神「玉藻宮」として祭祀した。玉藻宮は霊験あらたかにして、近郷の人達もよく崇拝信仰していた。

明治維新の時「美穂神宮」を合祀し、また下土井村内の小祠を此処に集祀して、社名が「土井能神社」となり、後に「村社土井神社」と改められたということである。

この玉藻宮は加茂郷内でも広く信仰されていた様で、境内入口両側に有る一対の狛犬には、

「津高郡上加茂村　片山泰治秀正　　豊岡村　片山文九良正永　　豊岡村　片山茂三良　　安政五戊午五月」

と銘が入って居り、時の庄屋、大庄屋の寄進によるものであろうか。

また、古文書「虎倉聞書」の一節には、「三浦は土井母方にて御座候　三浦能登は大介より二十七代とやらん申伝候　就而玉藻明神を尊び申候　高田に一社有之　土井治良右衛門も尊び申に付　下土井玉藻と申す祠御座候　土井は主に逆心したる其の因果か　近年殊の外不順に御座候と存に付　せめて玉藻明神を崇拝申候　不勝手には御座候得ども　さして不吉に相不申候と申候」と、記されている。

また古老の話、勝山では三浦家滅亡の後、この霊石が暴れだし、人畜に災厄を及ぼす様になったので、霊石を深く地中に埋め封じて、その上に社を建て祭祀し

ていると言うことである。

（追記）高田三浦氏は戦国騒乱に滅亡し、江戸時代に新たに関東から赴任した三浦氏が、維新まで領主として続いて居た様である。

（出典「片山稿」）

5 玄賓和尚の足形跡

玄賓《げんぴん》和尚が袈裟を掛けられた岩、袈裟掛け岩があるから、上竹の袈裟掛部落の名前になった。

僧都《そうず》というところに玄賓和尚が住まわれた。仮の宿みたような。汲み川もある。

一キロほど高梁の津川の方に出たところに、玄賓和尚の足形跡という岩が二つあった。ちょうど靴の形が、二つ並んだような彫れたような岩がねえ。そこを通って玄賓は高梁のお寺に行かれたんじゃないか。

（話者　上竹　石井良一）

6 袈裟掛け岩①

私ぁ子どもの時にねえ、昔は山伏いうのがおりましたな。その人が、

「この辺に袈裟掛け岩いうのがあるが、それはどれですりゃあ」

言うて、

「これが岩です」

言うて。そこで一時間程拝みょうりました。

「ああ、分かりました、分かりました。ああ、ここへ袈裟を掛けられたいう印が残っとりますが、筋が」

言うて、これが残されとんじゃと言うてねえ。ちょうどこう（このように）岩があると、筋がついとんじゃ。

「ここへ袈裟をかけられた。印が残っとりますが、間違いありません」

いうてな、山伏の人が言うたのを覚えとりますけどな。

（話者　上竹　石井良一）

7 玄賓僧都袈裟掛け岩

袈裟掛いう部落があるんですけえど、玄賓和尚が、袈裟を掛けられた岩があるから、地名を袈裟掛というう名前につけたんじゃないかと思いますけえどな。

汲み川は僧都にある。それから一キロほど高梁へ津川の方に出たところに、玄賓和尚の足形跡いう岩が二つあったんです。ちょうど靴の型が二つ並んだ靴の型が、彫れたような岩がねえ。そこを通って、高梁のお寺へ行かれたんじゃないかという。

狐谷の田んぼの中に大きな岩があって、そこにも二つ同じような足跡があって。それから百メートルほど上じゃったかな、道ばたに一トンぐらいな岩があって、それに二つの靴跡が、ちょうど、こう歩かれたような靴跡の石があった。

足形岩は二カ所あった。玄賓和尚が、通られたいう足跡じゃいうて、子どもの時分に見に行ったことがある。最近ちょっと道が分からんから。

関係があるかどうかわからんけえど。水を飲んだのはチャ川言よったな。今はなくなったですけどな。道路がついて。その側に毘沙門天いうのが祀られとるんですけえど。

玄賓僧都の袈裟掛け岩

（話者　上竹　石井良一）

8　袈裟掛け岩②

上竹《かみたけ》袈裟掛《けさがけ》にある。

奈良時代に僧都という偉い坊さんが、竹之荘へ来る道中、袈裟を掛けたので、この名が生まれた。

現在は、岩の上に灯篭と地神碑がある。


（出典「芝村稿」）

9　玄賓僧都の腰掛け石

昔、玄賓僧都が袈裟を脱いで、石に腰掛けてひと休みしたという。それで腰掛け石という。上竹にあり、高さ一・六五メートル、幅六七センチメートル。

（出典「芝村稿」）

10　矢置石①

吉川千木《よしかわせんぎ》の公会堂の前に、矢置石がある。備中兵乱で毛利と宇喜多が戦った頃のことだ。

小茂田《こもだ》に、宇喜多方の伊賀氏一派の丸山城があって、対面する千木から丸山城を攻めるのに、石に矢をいっぱい置いて、そこから弓矢を放って戦ったと伝わっとる。今でも丸山城は跡が残っており、堀の跡もある。

南正行《みなみまさいき》には、宇喜多方の菅野城という山城もあったらしい。


（話者　吉川　古好進良）

11　矢置石②

吉川千木の小坂荒神の下、道の傍にあります。昔此の岩の上に矢を置いて丸山城と対戦した処だと言い伝えています。略々円形で直径約四尺、高さ約二尺位あり、下方になるほど小さくなっています。

（出典　『吉川誌』）

12　的石

上田《うえだ》東地内に、的石《まといし》いう地名がある。それが、高平から矢をお化気の方へ向けて射たら、大きな石に突き刺さって、それで的石いうことになったいうて、石がある。そこらの地名が、山なんですけど、的石いう地名になったんです。

（話者　円城　山本千惠子）

13　腹切り岩

小森《こもり》には腹切り岩いうのがありましょう。あっこの二川のちょっと上に。お城でから、戦争してから何して負けてから、あっこで腹を切ったかしたんでしょう、川の中に。あっこを二川いうんですらあ。豊岡の方から流れたんと、円城の方から流れて出た川が合うたとこでなあ。豊岡の方へ入っていくんです。

せえで、腹切り岩いうんでしょう。後ろの山が城山ですけえ、その城山から落ちた、負けてから、あっこへ落ちて腹を切ったんじゃ。

（話者　下土井　片山光男）

14　駒石

吉備津彦命が、崇神《すじん》天皇の命で、四道将軍として西国平定の過程で、加夜《かや》国に攻めて来ました。化気宮の辺りに鬼と言う、妖怪だか山賊だか解らない者が、住み付いて、村人に災難を齎《もたら》せていると聞いた吉備津彦命は、軍勢を引き連れ、鬼退治にやって来ました。鬼の大将は、神出鬼没の不思議な術を使い、兵を惑わすので、兵は怯え戦おうとしません。

吉備津彦命は、馬に乗り鬼の正体を松の木陰から窺い、術はまやかしと知ると、近くの大岩に馬の片足を乗せ、キリリと弓を引き放つと矢は、鬼に届かず松の枝に掛かってしまいました。その大岩に、馬の蹄の跡が付き、駒石と呼ばれるようになりました。普通の弓では効果ないと解ると、千鈞《せんきん》の強弓を取り出し、再び引き絞り矢を放ちました。大矢は、見事に鬼を射貫き、鬼は大爆発を起こし、その体は石と化し、二組、計四つに分かれて飛んで行きました。一つは松尾神社に残り、的石と言われます。二つは立石に落ち、立石と呼び、三つは細田公民館近くに落ち、四つは大畑《おおはた》の近くに落ちました。岩と衝突した矢は、壊れバタバタと大きな音を立てながら高平《たかひら》の上空高くをヒラヒラと飛んで行き、三谷と細田の境の矢原に落ちました。大畑では、バタバタと大きな音が聞こえました。目無では、山に遮られ、飛んで行く矢は見えませんでした。

（出典「草地稿」）

15　狸岩と鼓岩

吉備津彦命の部下の鼓彦命《つづみひこのみこと》が鼓を山に置き忘れました。鼓は岩になり、鼓岩と呼ばれ、鼓岩のある山を鼓山（雨坪山）と呼び、その里を鼓田《つづみだ》（岡山市）と言うようになりました。実際には鼓岩は小高山にあります。鼓岩を叩くとポンポンと音がしたそうです。小高山の通称、ドンドン山とも言います。麓に風穴があり、この上の辺りで飛び跳ねると風穴の穴が響き、ドンドンと音がしたそうです。狸岩は広面にあり、岩を叩くとポンポンと音がした。

（出典「草地稿」）

16 地獄岩

下加茂《しもがも》の明神山の北端に奇岩が多くあり、鬼面状の岩が地獄岩で、近くに尼子岩があります。尼子岩は、かつては雨乞い岩と言いました。旱ばつの時、この岩の上で火を焚いて雨乞いしたことがあったようです。地獄岩は「勾配が緩やかで、地獄の責めには役立たない」として、閻魔大王が腹を立て、明神山に投げ捨てたものだそうです。

（出典「草地稿」）

17 星原の星見岩

昔、昔、星が天から八つ、降って来ました。一つは、妙見山。三つは大阪交野《かたの》の妙見宮と星の森と光林寺。五つ目は島根の美濃の星見の里に、後一つは美星だとか高田だとか山口青柳村だとかあちこちの者が、ここに落ちたと言うのですが、真実はどこだか解りません。吉備中央町の星原だと言う説もあります。星は天候の神様と思っていた村人は干ばつの時、星原の星見岩に集まり、火を焚き夜空の北斗七星に雨が降るよう祈願しました。すると雨が降ったそうです。この時の旱ばつで育麦蔵《せみくら》の種籾を村人は借りたそうです。この岩は馬鹿でかい、下の方は大きな隙間になっているのですが、魚がなぜか住み付かないそうです。星見岩は、小森から旦土に向かってトンネルを過ぎたカーブのところ、川のそばにあります。

（出典 「草地稿」）

18 巫女岩

下加茂の坊頭山の頂上付近に大岩が沢山有り、巫女《みこ》が住んでいました。その岩には病を癒す霊力が有る事を知った巫女は、明神山の文覚上人に見せようとして、両山に綱を張って運んでいましたが、余りの重さに大岩ごと宇甘《うかい》川の中に転落し、死んでしまいました。村人はそれを知って、大岩に社を建て、巫女を祀り、病平癒を祈願しました。

（出典 「草地稿」）

19 天神岩

上竹月原《つきばら》、湯上貞造氏横の川の中にあり。干ばつのとき、この岩の上に天神社の神輿を置き、雨乞い祈願をしたので、この名あり。

（出典 「芝村稿」）

20 八幡岩

八幡岩。これは千二百年程前に、そこへ今の山神の、八幡神社の神様が、まずご降臨されて、そこから今の岡住山《おかずみやま》に移られたいう伝説があるんです。今でも岩があります。八幡岩いうて。

大きさは、三メートルぐらい。二段になってます。下が割れて、上がのっかってますけど。今、三本御幣を立ててお祀りしとります。そこが発祥の地じゃいうことで、まずそこに降りられて、そこからお移りになったという言い伝えがあります。

（話者　上竹　石井紀之）

21　呼び岩

和田に呼び岩いうんがある。夫婦岩になっとって、片っ方が呼びゃあ、片っ方が返事ぅする。

（話者　下土井　片山光男）

22　千木乢の呼岩

吉川千木の八反分《はったんぶ》天神に広大なる寺屋敷があり、一寸離れた南方の地蔵乢《ぢぞうのたわ》に庵寺跡がある。ここより向うの千木乢《たわ》の東に呼岩というのがあって、千木辺の人々は死人、法会のある時、此の呼岩の上から八反分の寺僧を招いていたと言い伝えています。

此の呼岩というのは、千木乢の東、大坪にあって三個の岩が重なり合っていたそうです。台石は凡そ一丈二尺角位で、高さ八尺位、中の石は八尺角位で高さ約三尺、一番上のは八尺角位で高さ約七尺で、全体の高さ一丈八尺位で相当高いものです。これに上るには梯子をかけて上らなければなりません。此の上から地蔵乢は手に取るように近く見えますから寺僧を呼ぶのには最もよい位置であります。昔から之れを呼岩と言っていましたが、現在は惜しいことに石を割って破片のみが残っています。現在の人が割ったので石のあったことは実際見たと語っています。

（出典　『吉川誌』）

23　豊野の三つの岩

豊野じゃあ「鳴り岩」に「びくに岩」「八畳岩」の三つしかねえ。

鳴り岩が、神子山にある鳴る岩ですらあ。鳴り岩にゃあ、いわれがあるんですらあ。雨が降りそうになるとワーンワーンワーン鳴る。それが鳴ったら夕立が来るんです。ワーンワーンワーンワーンワーン鳴いたら、「おーい夕立が来るぞう」いうて。せえじゃけえど、まあ昔の人は、ゴロゴロ遠くで鳴りょうりゃあ、その岩が鳴りょうる言うんかも知れませんで。

今度は権現山の「びくに岩」いうのがあるんですけどなあ、こりゃあよう分からん。

せえから椿の八畳岩は、畳の八畳ある大きな岩じゃ。そこに、くぐりの行場があるんですらあ。悪いことをした者ぁなあ、そん中へ入ってもぐれん。くぐり行場には観音様か仏様が祭ってある。くぐりの行をするということは聞いたことがある。

（話者　豊野　石田嘉隆）

24　弘法大師の足跡石

上竹狐谷下の水車の下にあり、高さ一〇〇《センチ》、幅一四〇《センチ》、厚さ八八《センチ》。旧高梁往来の道下で、田んぼの中にある。田んぼは荒れ分かりにくい。仏足とも呼んでいる。

（出典「芝村稿」）

25　鬼の足跡石

　豊野の天福寺に、鬼の足跡いうのがあったけえど、今それがわからんぞのう。鬼の足跡があった。崩《つ》えたけえなあ、下へ落ちてしもうた。

天福寺

　鬼が踏んだ足跡じゃ。三十センチより大きい、こんな大きな足跡じゃったで。岩の上にありますらあ、この大きな足跡がある。
　天福寺の辺には大きな石がよけいにあります。そこらじゅうなあ。その石がぽんと投げただけでは割れんのです。お寺の石だけは。へえじゃけえ残ったんです。割れる石でねえけえ。

（話者　豊野　平松金次）

26　鬼突き岩

　吉備新線（県道72号線）に、小山さんとこをずうっとあっちへ、上がりきったとこにな、鬼突き岩いうのがある。

　昔、娘を、鬼が追いつけてな。娘がこわくて逃げるのに、はんこ（はんてん）をパッとぬいで岩へ掛けて逃げたら、鬼が来てツタッとおちんちんを突き刺したいうて。その岩に穴がこうある。鬼突き岩いう。

　そりゃあ、わしらの年寄りから聞いとんじゃけど、行ってみりゃあ、大きな岩になあ、穴がちょっとある。そういう伝説がある。それを起こして、鬼伝祭《おにでんさい》いうのをやりょうんじゃ。

（話者　細田　溝口一幸）

27　夜泣き石

上竹片山国重の裏にある。

赤児が夜泣きする時、この石のかけらを持ち帰り、寝床の下に入れて寝かせると、夜泣きが止むという。高さ一・七五メートル、幅三・六八メートル。むすび状の石。

（出典　「芝村稿」）

28　八丈岩

神社仏閣は主に山を背に建てられて居るが、和田の素盞嗚神社は山を前にして建てられて居るのも不思議。古老の話では「青木山の西側に八丈岩と呼ぶ大きな岩が有り、その下の穴に竜が住んで居た。その竜が素盞鳴尊に助けを求め『これからは雨を呼ぶ神になって村人の為に尽くす』と言って天に昇って行った。それで素盞鳴尊は何時もその方を見守っているのである。後に八丈岩には竜神様を祭って干ばつの時には雨乞い祈祷をしていた」ということである。

（出典　「片山稿」）

㈢ 水の伝説

29 弘法清水

母親が言ようたんですが、昔、弘法大師が回って来られて、

〈お遍路さんが来られたんじゃけん、お風呂を焚えてあげにゃいけん。お風呂を焚こういうても水がねえ〉

せえで下の方の川から汲んできてから、風呂を焚えてあげたら、喜ばれてから、帰るおりに、

「ほんならなあ、そこの田のとこぅ、わしの足跡を掘ってみい水が出るけえ」

いうてから行かれた。

へえで、あとから足跡をつけてあるけえ、そこを掘ったら水が出だしたいうて。ここは、いかな渇水があっても、水が出るそうな。こめえ（小さい）堀がありまして、きれえな水が出ようります。場所は、美咲町の旧旭町の開原です。


（話者　下土井　片山光男）

30 足洗いの井戸

北にある妙本寺の二世大覚大僧正の入山の際、この井戸で足を洗ったという。

井戸の近くに題目石があり、「南無妙法蓮華経首題三万部成就処」と刻されていて、暦応五年（一三四二年）とあり、大覚大僧正の真蹟といわれる。


（出典「芝村稿」）

31　潮川《しおかわ》

上竹狐谷下の弘法大師の足跡石の近くにある。潮の干満によって、石の下穴から水が出るという。

（出典　「芝村稿」）

32　鷺の巣温泉①

ここの湯場には、温羅《うら》と吉備津彦とが戦《たたこ》うた時に、怪我をした温羅が、ここへ来ちゃあ、あの湯へつかって治して、また戦うたという伝説は聞いとります。

そりゃあ新町の湯本屋というのがあります。鷺《さぎ》の巣温泉。鷺が怪我をしたら、そこで怪我を治しょうたというわれがある。せえでまあいつのまにやら鷺の巣の湯となった。湯じゃあない冷泉ですけどなあ。

そこは、今は田んぼ。湯は出よりますよ、きれいな水が。汲み川（泉）みたいなものがしてある。そりゃあきれいな水が出る。

竹荘になりますなあ。

（話者　豊野　石田嘉隆）

湯本屋

33　鷺の巣温泉②

吉備津彦の伝説の一つは、鷺の巣温泉、冷泉の。吉備津彦が攻めてきて、鷺の巣のあたりに棲んでいる鬼をやっつけた時に、怪我をしてもよみがえってくる。それを調べたら、湯治をしていた。それで、吉備津彦の命は、霊力をつかって、温泉を冷泉にしてしまった、というのが、冷泉伝説ですね。

鬼が、刀がボロボロになってもすぐ鋭利な刀をもちだして、かかってくる。おかしいぞ、と調べてみたら、鬼どもが宇甘川の石を砥石《といし》にして、刀を研いでいた。その岩が砥石岩だったか。圃場整備の時、邪魔だから、その岩を動かした。そしたら、砥石の面がどちらかわからなくなった。これは、新町の近くにある。

吉備津彦命は、化気神社の辺りには鬼が棲んでいるということで、攻めてきて、うかがいの松というところでうかがって、矢を放って、その矢が松にかかったので、矢がかりの松。今は枯れてないです。

矢にあたった妖怪が岩になって飛んでいった。吉備津彦が岩を爆発させて、その岩が残った所を、的石、これは松尾神社にある。飛んでいった岩が落ちて地面にさこった所が立石。それで、矢を射るときに、馬が足がかりにした岩が、駒石。これは化気神社にあります、参道に。

それから、矢が壊れて、ごうごうと音を出す。それが聞こえた所が大鳴。矢が高い所をヒラヒラ飛んだ所が高平。矢が落ちたところが矢柄だというんです。矢が飛んでいくところが見えなかったところが、目無。地元の人に聞くと、岩が四つに壊れたという伝説もあります。壊れた岩の一つは、城山裾の細田公民館の前に、一つはもうちょっと奥の植松のお地蔵さんがあった所に。矢が飛んできて、バタバタ大きな音がした。音がよく聞こえた所が大畑。矢が落ちた所が矢原。あと、的石、駒石、立石、目無については先ほどの通りです。

加夜《かや》の国へ、吉備津彦が攻めてきた時に、作戦が行き詰まって、困ってしまった。というときに、心を鎮めるために、鼓山に登った。鼓山に大きな岩がある。ちょうどこう、半分埋まった大きな岩が二つ並んでいて、真ん中を参道が通っている。その岩の上に立って、作戦をねった。その時の家来に、鼓彦命《つづみひこのみこと》がいて、その人が持っていた鼓を山の中に置き忘れた。その鼓が鼓岩になった。鼓岩があるのが、鼓山、その麓が鼓田だと。吉備津彦が開墾した地が鼓田だと。

（話者　湯山　草地恒太）

34　温泉を封じる

とにかくこの辺の温泉は、吉備津彦命が来て温羅とたたかったというものですわ。温羅が来て傷を治したいう。それは、月原と湯場の温泉ねえ。それが湯本屋、鷺の巣温泉かな。温羅が傷ついても、何回も出て来て戦うんで、なんでかなあいうて調べてみたら、温泉につかって傷を治しては戦いに出とったいう。名湯だったそうです。すべすべした湯でね、いい温泉です。濁っとりゃあせんが、つるつるしとった。

（上竹　芝村哲三　石井紀之）

35　月の原の温泉

豊野の月の原に温泉がありました。吉備津彦命が吉備征伐に来た時、兵士が湯治し、創を治し戦いました。近くの石で剣や槍を研いだそうです。後にこの地に宿屋ができましたが、蚤が多くいて流行らなかったと言われます。

（出典「草地稿」）

36　血洗いの池

加茂大祭に、前は江与味《えよみ》（美咲町）の八幡様も寄っとったんです。昔は江与味の八幡様から、天計《あまはかり》い来るんじゃから。

使者が、

「江与味の八幡が今、出立しました」

言うて来て、

「あ、分かりました。承知しました」

いうて天計が言う。したら、ほんなら今度ぁ天計神社は、こっちのに、豊岡上の八幡宮へ使者を出して、

「今、江与味が出ましたから、天計様もこれから出て行きます」

いう。順々に、申し送りですねえ。時間あわせをするのに。じゃから、どっかひとつが違うたら大変なことになる。八幡様の連絡を受けて、下りてきて、待ち合わせ場所で待ちょうても、なんぼ経っても出とるのにから来んいうことになったんでしょう。どうしたんなら言うたら、言い方か伝えが悪かったんか遅れたんかわからんけど、まあとりあえず、今度こっちゃあそれでも、はあもう次ぃ次ぃ申し送りしとるわけですからなあ。八幡も天計も面子が立たん。真《ま》地《じ》屾《だわ》で喧嘩になり、斬り合いで江与味のもんが七人殺された。その刀を洗ったのが血洗いの池で、殺された人の墓もある。


（話者　豊岡下　城本　将）

37　七人御崎と血洗池

豊岡下の天計神社の前身は、大梵天王宮《だいぼんてんのう》と云い、丹波の国愛宕《あたご》神社分霊し大勝《おおかち》山に奉祀した建築の神といわれる。神社の鳥居のある矢根尾鼻（矢納屋鼻《やのうやはな》）の鳥居には「大梵天宮」の名があり、傍に「愛宕さま」と呼ばれる祠がある。

天計神社と、この鳥居場と、青木にある御休殿の三点は一直線上にあるといわれている。また、天神山頂にあった「天満宮（大勝宮の末社）または天神宮」の四点が一直線上にあるとの説もある。往年の加茂大祭では、天計神社は午前二時の「お立ち」で、けやき造りの八〇貫以上の神輿を八人でかつぎ、必ず矢根尾鼻の大勝さまの鳥居をくぐるのが「きまり」となってい

た。つるべ落しの秋の日とて還御の時刻に御休殿では日はとっぷり暮れて、枯竹の「たいまつ」を燃やしながら、ロープで前を引っ張り、深い水外《みずはず》しのある矢根尾鼻を登っていったものである。

天計神社の火災があったのは、昭和十二年春四月二十九日のことである。出火の原因は、神社下方の民有林の「炭焼きがま」からといわれた。神社の前南斜面を風にあおられた火は馳《か》けあがり、またたく間に神社本殿の屋根にのり移った。その時本殿の分厚い「落し込み」の木製の御扉を石で突き破り、御神体を裏山に遷座した。今思えば印象に残る一大惨事であった。

天計神社に関連のある往古の語り伝えとして、真地屾の七人御崎と血洗い池物語がある。語り伝えられるところによれば、江与味八幡宮が加茂大祭に参集していた昔のことで、江与味八幡宮が加茂総社宮へ神幸の際、真地屾まで来て「大勝宮（天計神社）の行幸は如何に」と尋ねたところ「大勝宮は先刻出行し、も早一里先へ行き給《たも》う」といわれ、この遅延した責任は偏に氏子だと口論の末、同士戦となり七人が死んだ。従って、その死者を此処に埋めて七人御崎として祀ったという。現在も石碑（供養塔）がある。

また、この事件に関係して、この決闘による切傷口や血刀の近くの池で洗ったともいわれ、この池をその後血洗池と呼ぶようになったと語り継がれている。

（出典『古老のはなし』）

38 血の池

江与味八幡宮が加茂大祭に参加していたころ、次のような事件があったという。

「昔、江与味八幡宮の御輿が、加茂総社宮へ向う道のこの峰（加茂川町豊岡と旭町江与味の境、真地屾《まじだわ》）にさしかかった。そして同行するはずの大勝宮《おおかち》（天計《あまはかり》神社の旧称）の様子を聞いたところ、すでに出御で、も早一里位先に行かれたという。一大事。『加茂市場の神事に間に合わぬではないか。延引した責任は氏子だぞ』と口論となり、七人の人が斬殺された。」（加茂川町教育委員会『加茂大祭』）

七人の犠牲者をまつる「七人御前《みさき》」や小祠は豊岡分真地《まじ》地区に現存している。

この事件にまつわる血の池伝説では、傷害沙汰のくだりが次のようになっている。

加茂大祭

「江与味より加茂川町豊岡に越す真地乢に『血の池』と呼ばれる清水溜りがある。昔はこの近くに大きな杉の木が生えていて『真地乢の一本杉』といわれて、『血の池』の目印となっていた。今は、杉の木は落雷か何かで枯れてない。

昔、ここの付近で大喧嘩があった。江与味は加茂郷に属していて、祭礼は加茂市《いち》に参加していた。ところが、ある時の祭礼に、酒が入り過ぎて遅れて行ったために、加茂方と大喧嘩になり血の雨が降り、両方に怪我人が出た。この時の引き上げに際し江与味方は、ここで血刀や傷口を洗ったので、その名が出た。この時以後、江与味の御輿は、加茂の祭りには参加しなくなったということである。」（『旭町の昔物語』）

池は旧道のほとりにあったそうだが、現在、旧道は使用されていないため、荒れ果てて、往時のおもかげがなく、池の所在は確認できない。この付近一帯の岩石は赤茶けており、ここにあった池の水も赤く濁っていたため血の池伝説が生まれたのかも知れない。

余　話　江与味八幡宮は、加茂祭りに参加しなくなって以後、吉村《よしむら》（現落合町）の八幡様と立会祭りを行ったという。場所は吉村宮の前の仮現場《かげん》（江与味四四〇八・一～四四〇八・三、原野二〇歩、水田二畝五歩）で、祭りの儀式は文化文政ごろまで行われ、明治以降昭和十七年ごろまでは、神主だけの立会いになっていたそうだ。その地は現在水田となっている。

（出典『旭町誌　地区誌編』）

39　古野池の人柱

下加茂の古野《この》池は、割合長くて大きな池で。池を造るとき、なんぼう土手を築いても崩れてしまう。そこで生き仏、人柱を立てることになったんです。

人身供養でなあ、そのお婆さんかお嫁さんか「この」いう人が、ここの池を造るのに人身供養で、入って土手をしたらしいです。人柱で生きたのが入って、線香をたてて、煙が出んようになったら、死んどると。

その池を、人柱になった人の名をとって、「古野池」というたのじゃと。

（話者　円城　霍沢江津伍）

40　竜が爪

溝部のカヤノ木渕の上になあ、またおもしろい物があるんじゃあ。

昔、竜が降りたいう、このくらいな（径三十センチ）馬の足形があるんじゃあ。岩に。川の中に。せえでそこの名前は、「竜が爪」いう所の名前になっとる。馬が、地へ着いたようなかっこうに、本当になっちゃあおる。

恩木ダムをする時分に、岡山から、県知事さんがみえてから、

「県知事さん、珍しいもんがあるんじゃが、見に行きなさらんか」

言うたら、

「何なら」

言うから、

「いやあ、ここの奥には竜がおったらしい。竜が降りた足形がある」

「そりゃあ、行て見にゃあおえん」

言うてから、三木知事さんじゃ。

「ほりゃあ、僕も大分色々岡山県内を歩いたけど、竜がおるいうなあ、見初めじゃ、そりゃあ」

言うてから写真を撮って帰りょうたでな。のちに観光バスが次ぃ次ぃ見に来ょうた。

（話者　杉谷　桜本賀順夫）

41　馬ヶ渕の河童

今の、落合ダムの下流、大和の山根から唐人山《とうじんやま》に抜ける谷に馬ヶ谷という所があって、山道沿いに淵があり、馬ヶ渕《ばがふち》とかゴンゴ渕と呼ばれていた。

昔、駄馬を引いて荷物を運ぶ男がおった。ある日、

「今日も良い天気じゃ」

と、野山の里より馬の背に荷を積んで、山根から、昼なお暗い谷川沿いの細道を、砂利に足をとられないように下っていた。谷川にさしかかり、ゴンゴ渕に来ると、渕の中から声が聞こえた。

「まま（飯）をくれよ。ままくれよ」

と、ねだり声をかけたそうな。男は、

「どなたかな。わしは、これから湛井《たたい》の舟着き場（総社市井尻野）まで、荷を運んで行かにゃならん。急ぎの荷物じゃ。弁当は持っとるが、やるわけにゃいかんぞな」

と言うと、川の中から河童が姿を出して、

「それなら、いつ帰る」

と、聞いたそうな。男は、

〈そうさ、少しからかってやろう〉

と悪戯《いたずら》気をおこしたか、

「日暮れになるぞな。帰りに、うまい物をば買って来てやるけいに、それまで楽しみに待っておれ」

と言うと、

「それはうれしいこっちゃ。楽しみに待っとる。嘘は言うなよ。嘘をついたら、痛い目にあうぞな」

と言ったそうな。男は、

「分かった。分かった」

と答えて、馬を引いて行った。

荷を届けて、湛井から谷川をさかのぼって来た男は、片手に駄馬を引いて千鳥足、どぶろく一杯ひっかけて、酔うた酔うたと、よい機嫌でゴンゴ渕にさしかかったそうな。水の中から声高く、

「早う土産をくれんかい。楽しみにしとったぞ」

という、河童のおらぐ（呼ぶ）声がする。男は、

「土産は忘れた。そんな約束は、しとりゃあせんがな」

と言ったとたん、河童は怒って、

「この嘘つき者、約束を守らず、嘘つく者は、こうなるもの」

と、駄馬の足に食らいつき、ドドッとばかりに渕の中に引きずり込んだ。手綱を持っていた男も、共に渕の中に沈んだが、男の運強く、川下へと流された。

命からがら、男は、槇谷川《まきたに》近くの農家に助けられた。

夜が明けて、

「明るいうちなら大丈夫。早う里へ帰ろう」

と、歩いていると、昨夕のゴンゴ渕にさしかかった。

馬ヶ谷は、さして大きな谷ではないが、山が迫って谷は深い。木々の背丈が伸びていて昼なお暗い所だった。恐る恐る近づくと、川岸に馬の轡《くつわ》があったそうな。男は、何と思ったか馬具を拾おうと手綱に手をかけたとたん、ずるずると渕の中へと引きずり込まれたそうな。

男の女房が、夫の帰りがあんまり遅いので近所の人たちと捜しに谷川へ行ったところ、渕の中ほどに、夫の着ていた半纏《はんてん》と轡についた手綱があったそうな。男の姿も馬の体も消えていたとのことだ。以後、この渕は、馬ヶ渕と呼ばれた。


（話者　北　川野　明）

42 蜘蛛ヶ渕

吉川の藤田から唐人山に下りるところに落合いう谷があるんです。そこの谷に、蜘蛛《くも》ヶ渕いう渕があって、そこに大きな蜘蛛がおったという話をお爺さんがしょった。

蜘蛛が下りてきて、お爺さんの左足へ蜘蛛の糸を引っ付ける。また上へあがって行っちゃあ下りてきて、引っ付ける。こりゃあ、なにしょんじゃろうかなあ、この野郎と思うて、お爺ちゃんは、一本ずつ蜘蛛の糸を木の株へ引っ付けたと。下りてくるたんびに引っ付けた。十遍かそこら、しょったと思うたら、蜘蛛が糸をばっ引っ張ったら、切り株が渕の中にドサッと落ちた。えっぽど、引っ張り込まれるとこじゃったと、話しをしょったことがあります。

（話者　吉川　小柳恵一）

43 乙ヶ瀬の鰻

高梁市出口の茶屋から小夜谷《さよだに》川（佐与谷川）に沿うて上ぼること一里余り、渓流滔々と流れ、また時には岩礁の下を潜り、自然の渕となり、その底が分からないくらい深く、常に蒼々と水を湛えている。俗に禰屋《ねや》ヶ渕という渕があり、それより約四丁ばかり上手に猿目《さるめ》橋、さらにその奥に峻崖の下で水勢一際激する所に、約二間四面ぐらいの滝壺あり。底の深いこと限りなく、誰も深さは知らないという乙ヶ瀬《おとがせ》の渕という渕がある。

いつの頃か、ある人が干天打続き、常にない小夜谷川の水も涸れ果て、小さな水溜りも白々と乾き切ったのを見定めて、乙ヶ瀬の渕に来り、この水かえ干して最も逞しい足ほどもある大鰻を取り魚籠に入れて、早や日も暮れかけ、雨さえ降り出したので急ぎ足に下り、

禰《ね》屋《や》ヶ渕辺り迄来かかると、雨はいよいよ降りしきり恐ろしいくらい。ところが、突然怪しき声がして、
「おーい、乙ヶ瀬、乙ヶ瀬、どこへ行くぞ」
と呼びかけられ、すると魚籠の中から、
「悲しや雨を惜んだばかりに鍋が島へ行くんだ。禰屋殿、最はや今生の別れお名残り惜しい」
と話す声。

　これを聞いた彼の男、胆をつぶして、あな恐ろしやと魚籠を投げ捨て逃げ帰り、三日ほどは熱にて打ち臥して寝たそうだ。それ以来、その場所を「桶投げ」と、今に地名にある。

　後、干ばつで此の渕を埋めるたびに大雨が降ること、誠に不思議である。

　寛政元年（一七八九）大村寺の法印、この渕に雨を祈り、里の人々も集まって手に手に渕を埋めた時も一天にわかにかき曇り、大雨しのつくばかりに降り出して、埋めた渕は、たちまち元のように、川筋は玉島までも洪水となったので、此の後は予め川筋には知らせおくようにした。また、この時、雨に濡れた経巻は、今も大村寺に残っている。

　天保十年（一八三九）の夏、干ばつの時、雨を祈って、また渕を埋めたが、さらにその時は効果は顕われず、雨乞いの秘巻を法印が質入れした等の噂する者まで出る始末。

　さりながら、近年まで干ばつの時は、藁をもって竜を作り、あるいは石を埋め、枡を洗い等々様々にしたが、効果ある時もあり、また効果ない時もあり、今は雨乞いの行事も絶えて、辺りの山を伐り倒したれば、その渕の辺に行っても、昔ほど陰森としないが、その辺を偲ぶことはできるであろう。

（出典「芝村稿」）

44 老僧渕

元兼《もとかね》にある観音堂（萩の坊）は、下加茂にある真言宗、宗林寺《しゅうりん》の前身です。ここにあった本堂が移転し、元兼に小堂が残りました。堂内に納められていた本尊は秘仏で、絶対不開帳です。伝説によれば、享保の頃、堂守をしていた住職の老僧は、死ぬ前に一度だけでも本尊を拝みたいと思いながら長年我慢して務めていましたが、いよいよ年を取り余命わずかと悟ると、遂に誘惑に負け禁を犯して本堂の扉を少しだけ開けて拝観した処、本尊は強い光りを発し、老僧の眼を激しく焼き、老僧は盲目になりました。不自由ながらも住職を務めていましたが、この地の大月の渕に身を投げたとか、或いは過って渕に堕ちて死亡したとかいわれていますか、本尊は飛騨の匠作とされる如意輪観音です。

（出典 「草地稿」）

45 雨乞いの渕

粟井谷の江与味との村境にある百々《どうどう》の滝の渕に、雨乞いのとき、藁の蛇を沈めると雨が降る。百々の神様は、蛇が嫌いで、蛇を沈めると、水を出して流そうと雨を降らすという。

（出典 「芝村稿」）

46 杉谷の蛭

杉谷に、あの私の土地ですけど、大きな岩が田んぼの中にあります。そこへ、女の神様が、参りょうられたが、夏じゃったでしょう、暑いから、そのぎし（畦）に座って田んぼに足を入れて涼んだところが、ヒール（蛭《ひる》）が沢山おったのが来て神さまの足に食いついて。

せえから神さんが怒って、ヒールの口をつめるかどうかしたんでしょう、食いつけんように。そうしたら、杉谷のヒールが、今の杉谷のヒールは全然食いつかんようになった。

せえでその隣の部落へ行ったら、もう皆食いついた。その当時は、そのみんな田植えをするいうてもまあ、裸足で、女の人やこうも着物で入りょうると、もう人間が入ったらヒールが波を立てて、田んぼの中を田植えに入ると来ょうりました。でも、杉谷のヒールは、たかるのはたかるけえど、食い付かんから。せえで、まあ、それが次ぃ次ぃ広がって。

杉谷で大きゅうなった娘さんが隣の方の部落へお嫁に行きょうたから、杉谷のヒールが食いつかんから、ヒールは食い付くもんと思うとらんから、嫁に行って田んぼに行ったら、もうすねから下へ、体が見えんぐらいヒールがたかって、へえでもう食いつかれて。せえでから、そりょう見てなんぼうにもこりゃあおれんいうて。せえから慌ててから、かけって家へ戻ってしもうてから、もう行かんいうてから戻ったような実話があるんです。

（話者　杉谷　桜本賀順夫）

〈注〉畦の岩は、幅一メートル×一・五メートル、高さ一メートルほど地上に出ていた。この岩に女の神が舞い下りて来たと伝える。この石には、正月に御幣を立て、紙に包んだ米と餅を供えていた。

47　弘法の蛭の口封じ

加場《かば》の原と上井原の境に、あっちから流れて川が出とるんです。そこんとこに弘法大師が遍路してから、こっちこっち来られたときに、そこで、きれえな水が上から流れてきょうるけえ、ここで休んで行こういうて、川の水でから顔を拭いたりしてからしょうた。

そうしたところが、唇ぃヒール（蛭）が食いちいた。へえで、

「お前は、不都合な奴じゃ。人の血ぅ吸うたりせらりゃせんど」

いうて、ヒールの口ぅ封じた。

　せえで、その川から下へのヒールは吸い着かん。上へのヒールは吸い着く。

　ここから田が、ずうっとざぶ田（湿田）があったんですが。ヒールが、ものすごうおったんです。貴船《きぶね》のヒールいうんですけえどねえ。貴船神社いうんがあるんですが。

（話者　下土井　片山光男）

48　鱗のない魚①

　上《うえ》田《だ》東《ひがし》に、いけだの池という小さな池がありました。その池のそばに昔から「さなぼり松」という大きな松の木があり、その松は村人が虫追いの行事をする松として有名でした。

　ある日、猟師がその松の木にとまっていた大きな鳥を撃ち落としました。そして、その鳥をよく見ると人間の姿に羽根の生えたような珍しい鳥でした。猟師は今まで見たこともない変わった鳥で、気持ちが悪くなり、刀をもってその鳥をずたずたに切り殺しました。そして、血のついた刀をそばのいけだの池の中で洗い落としていると、刀が池の中の魚に当たり、鱗がなくなりました。

　それからというものは、いけだの池の魚やその下流の荒田の谷川にすむ魚にはどれをみても鱗がなく、今でも鱗がない魚が住んでいるといわれている。

（出典「杭田稿」）

49　鱗のない魚②

かがそとイケダと菅谷と、案田《あんだ》のオク池に、鱗のない魚か目のない魚がおるいう。かがその池にも目のない魚がおる、いうて。それは昔、斬り合いをして、逃げてきた侍が死んだから血が流れて、それで目がつぶれたとか。

その池に流れてくる元の所でね。侍が追われたか、戦をしたか、負け戦かなんかで、死んだ人の血が流れて、そのために、荒田の池に鱗がない魚がおる、いうんですわ。

それから、体育館の裏の辺ですけどね、その辺の池には、目のない魚がおるいう話。

（話者　円城地区のみなさん）

荒田の川には、鱗のない魚がいる。鱗がないというか、小さいんじゃ。ありゃあなんとかいう名があるらしいんですけどな。

（話者　円城　齋藤正人）

㈣ 塚の伝説

50 柳迫長兵衛と埋蔵金

柳迫長兵衛《やなぎざこ》は、元禄から享保の人で、理由は知られないが急に富み、公益をはかり、神仏を信仰し、宝永六年九月（一七〇九年）水迫《みざこ》より高原道路の楢井川に五メートル余の石橋を架けて、橋裏に刻んだ歌に、
朝日に輝く夕日に照す三葉椿（ウツギか）の其の下に
と書かれていると伝えられ、橋の架け替え費用を附近に貯埋したと伝えられている。
又、正徳六年（一七一六年）四月に大村寺本堂前の石階三六階を寄進しているが、碑に「奉寄進階　水迫柳迫長兵衛」と記され、二年後の享保三年五月十六日に水鉢を氏神八幡神社に寄進している。享保二十年八月二十日に死亡し、寄進院道泉信士として、墓は今も柳迫屋敷の東に静かに雨雪にうたれている。
柳迫屋敷跡は、石垣も現に保存されている。

（出典『長兵衛がたり』）

51 薬師堂の金鶏

小森の薬師堂のあるあたりの石塔の下に、金の鶏が埋めてあるといわれる。村中の者が掘ってみると、八寸位の薬師如来が出てきて、お堂を作り祀った。

（出典「草地稿」）

52 金の鶏

昔、吉川鳥池《とりいけ》の上、広造田《ひろぞうた》のてっぺんに、寺があってな、そこから西の方を眺めたら、下加茂の下の谷の

乗木《のりき》が一直線に見えよった。寺の敷地には大きな下がり松があって、その木の根元に金の鶏が埋めてあるいうことじゃった。

乗木は、戦の激しいところじゃったけん、見下ろせる眺めのええ所に金の鶏を埋めたんかなあいう話じゃった。子どもの頃には、大人から、

「お前らあ、行って掘ってみい」

言われたりしょった。

（話者　吉川　沼本正貴）

53　金鳥様①

豊野の吉長《よしなが》公会堂の近くに金鳥《きんちょう》様、王子権現社、稲荷大明神の案内の立て札が立っています。案内板には「伝説では、此の地に金の鳥が埋めてあり、正月元日の真夜中金の鳥が鳴きながら東方に向って飛び立つ。その声を聴いた者は長者になると言う。この石塔の前を通る者は三種類の木の枝を供えて行く習慣がある。平成十年三月吉日　やまびこ会」と記しています。

（出典「草地稿」）

54　金鳥様②

田土に自然石で、周辺の者は、金鳥さん言ようるんですけどある。山の中腹でも、集落がだいたい見えるところにしか木がなかったけん。そこの山道の辺にもていて、一メートル少々ぐらいかなあ、比較的、石のないところじゃけん、大きゅう感じるわなあ、道ぼとりに石がある。

その石のところから、正月の元日に、金の鳥が一声鳴いて、飛び立った。それを見た者は、億万長者になれると言われとる。

残念ながら飛び立つのを見た者は未だかつておらんいうことで、億万長者になってないんですけどな。

ただ今でも、その山道を通る時には、拝むとか、木の枝を折ってから、そこへ供えてから通る、ということで、金鳥様いうて祀っとります。

何か埋まっとるもんがありゃあせんかいうて。煙草を作りょった頃じゃから、何十年前になるか知らんが。その頃若い衆が、五、六人行って、つるはしを持って行って、その石をうがそうか、下に何かありゃあせんかいうてやったらしいんじゃ。残念ながら、いごかんのんじゃけん、石が。大きなもんじゃから。せえで、とうとうやめて帰ったんじゃけど。

山の地主にいわんことでやっとるもんで、若い衆が叱られた。

（話者　田土　難波勲夫）

55 金鳥様③

田土《たど》一、七一三番地の山中、小径のそばに小さな自然石の石塔が建っている。伝説では、金の鳥が埋めてあるとか。

正月元日真夜中に金の鳥が鳴きながら東方に向かって飛立、その声を聞いた者は長者になると言い伝えられている。その石塔の前を通る者は三種類の木の枝を供えて通っていた。

（出典　『吉長周辺の歴史』）

56 金の鳥

吉川千木の地蔵乢《ぢぞうのたわ》には美しい宝篋印塔があります。頭部の相輪を欠いでいますが、それでも高さが約二尺八寸あります。前面に地蔵の彫刻があって珍らしいものです。室町中期位と見えます。傍に二個の石祠があり、昔の人は此の塔の下より金の鳥が出入りしたと言い何か宝物があることを物語っています。此処に庵寺のあったことは周囲に柱石が残っているので知られます。

（出典　『吉川誌』）

57　金のクジャク①

和田の素戔嗚神社の前の山を少し登った所に大きな岩が露出している。『この岩は中が石室になって居て、お宮の宝物金の孔雀が二羽入っている』と云う事である。見るとなるほど岩の表面が蓋の様になり深く切れ目が入っていて、何か道具を使うと蓋が開くのではないかと思われる様である。岩の上には別の割れ石等があって、何か祭祈してあったのではないかとも思われる所もあった。

（出典「片山稿」）

58　金のクジャク②

素戔嗚神社は、他の神社と違って前へ山があるんです。前へ高い山が。その山に入ったところに、石ばっかり、岩ばっかりのところがあるんです。それに輪のように、彫りが入っとる。これは蓋じゃけんこれを開けりゃあ、その下にゃあ金のクジャクが埋めてある。私ら子どもの折にゃあ言ようた。

一帯平たい岩があって、蓋のように溝になっとんですねえ。それを開けたら、下に金のクジャクを埋めとると。動物じゃけえ、どねえかわからんけど。正月の元日に鳴くとは言わない。

（話者　下土井　片山光男）

59 上人墓の金の鶏と鶉

豊岡上に上人墓がある。もとの定光寺《じょうこうじ》のそばである。鎌倉右大将の源頼朝《みなもとのよりとも》の伯父《おじ》であるらしい人が、諸国を回り修行し、この地が気に入り、寂静安楽な霊地であると表現し、死に場所に選び住みつき、入滅しました。上人はこの地にたどり着いた時、金の鶏と金の鶉《うずら》を鋳造して、泉の下に埋めたと言い伝えられました。

（出典「草地稿」）

60 宮坂の七人御崎

昔、昔、いつの事か解りませんが、尾原宮坂《おばらみやざこ》に田辺九郎と言う庄屋がいて、大変な分限者（お金持ち）でした。円城寺の宝篋印塔の改修の時には、浜の長者の隼人と、山門から宝篋印塔までの間の道の半分ずつに銭を敷き詰め、寺にどちらが沢山のお金を奉納できるか競争をした程の見栄っ張りでしたが、反面とてもけちん坊でした。「汚く儲け、きれいに使う主義じゃ」と言うのですが、極めて偏見的でした。だから稼いだ財産を誰にも知られないように、田辺屋敷のどこかに隠すように仕舞い込んでいました。もし、知られたら盗られると、考えたからです。誰かに知られたくなくて毎日、隠し場所を変えていましたが、大きな屋敷とは言え限りがあります。いつかは知られるだろうと心配になりました。疑心が暗鬼を呼び、家族の者や奉公の者が「お金のありかを知ったらしい」と思い過ごしました。

そこで、お金を盗られないように、他の所に隠し直そうと考え瓶に詰めました。信頼できる七人の奉公人をこっそり呼び集め、新山宮坂の智利火《ちりび》神社の杜《もり》に、瓶を担がせ運んだのです。杜の「朝日差す、夕日が裏に　綱一本の届きたき、三つ葉うつぎの下」に埋めさせました。埋め終わると九郎は魔が差し、信頼している奉公人が裏切るかも知れないと直感的に思い込みました。刀をいきなり抜き、切りかかり殺し、杜に葬ったのです。七人を切った刀は血糊がベッタリ付いていました。血の付いた刀をその近くの下の池で洗い、次いで上の池ですすいだのです。だから、下の池は、いつも鉄錆色にひどく濁り、上の池は少し赤く濁っているのだと言われます。九郎は、瓶の埋めた場所を書いた備忘録の地図を、田圃の中の的場に埋めました。屋敷から田圃の中の的に矢を射て、人がそこに近寄らないよう見張ったのです。その場所を村人は的場と呼んで、いつ矢が飛んで来るか解らないので、近寄らないようにしました。

（出典　「草地稿」）

61　円城寺の宝物

円城寺の前のが本宮山《ほんぐうざん》正法寺ですわなあ。正法寺が焼けた時分に、寺の宝物が埋まった所を示す歌が残っとります。

朝日かがやく　夕日が裏に
縄一本（二十尋）の　その中の
ミツバウツギの　その下に
小判七甕　朱が七甕

朝日かがやく夕日が裏じゃから、本宮山の弥山から北東になるわけです。

本宮山のそれを埋めたいうとこの、本宮山の弥山からちょっと南に下がったとこに、蓮池があったん。そのひらに大きな五輪塔があったん。そこに埋めてあるんじゃいうて、掘ったもんがおるそうですけえど、掘ってみたら下に一枚岩があって、そっから掘れなんでやめたいうて。

（話者 円城 霍沢江津伍ほか）

62 伊賀主計大明神と宝物①

吉川千木字奥に平松と呼ばれる松がある。高さ約三丈、目通り周囲一丈余りもあって約三百年位経過しているでしょう。近くにある伊賀主計大明神（伊賀氏の守り神）の石の下には宝物が埋めてあると言い伝えています。附近に三、四個の大石があるのを見ると、何か火の釜の跡のようにも思われます。

（出典 『吉川誌』）

63 伊賀主計大明神と宝物②

吉川千木集落の西端の林の中、平松の守奥に有ります。古墳（火の釜）で、石の下に金製の剣や器、宝塔等の宝物が埋められていると言われます。昭和の初め頃、宝物を掘り出そうとすると、異常な数の鳥が集まって来て、不吉な鳴き方をし続けたので、恐ろしくなり、発掘を中止したと言い伝えられます。

大岩が乱雑に並んでおり、古墳を感じさせる状態ではありません。奥側にも巨岩が二個と数個の小岩が有ります。今も伊賀家の守り神として伊賀主計大明神は祀られています。当主は「必ず宝物は埋められていると信じる」と告げました。

（出典 「草地稿」）

64 虎倉城の埋蔵金①

私が親父から聞いとんなあ、素戔鳴神社の鳥居場《とりいば》へ、虎倉《こくら》城が落ちた時に、あそこのお城の金を持って来て七甕《かめ》埋めたんじゃいうたことは聞いたんですけどなあ。私らの親父がお婆さんに連れられていうんですから、大分昔の話になるんでしょうけど。どこへ埋めたんじゃろうか、埋めたしるしに柳の木を植えとるいうんじゃけど、柳の木もねえし、分からんなあいうてから話しょうたいう。

素戔鳴神社の旧鳥居

（話者　下土井　片山光男）

65 虎倉城の埋蔵金②

父の話だが、明治二十二年の頃の事である。「俺が子どもの頃　十ばぁぢゃったろうか、おばぁ（祖母）に連れられて福谷へ行き、福谷のお婆さんと長尾の後ろ新宅へ行く、後ろ新宅のお婆さんとの三人のお婆に付いて、和田の天王様に参った」その頃は竜王谷に道の無い頃なので、下土井から天王様への参拝は、長尾道か、又は大王《たいおう》道かの細い坂道を歩いて参るのであった。福谷のとこから急な坂道を登って長尾を通って和田の福田屋に出る、道が悪いので疲れる。婆さん等は世間話をしながらぼとりぼとり歩いてやっと鳥居場までやって来た。「此処で一休みして行こうや」と草の上に腰を降ろした。

休みながら三人の婆さんの話を聞いていた。

「昔虎倉が落ちた時お城の金を、七瓶背負うてきて、この鳥居場に埋めたそうな。目印に柳の木を植えたということじゃが、今は柳も無くて、何処か見当がつかんなぁ」

などと話して居るのを聞いて、面白い話だなと思った。

「だけどな、その瓶を背負って来た七人の下郎は、生かして置けば、この秘密がばれるからと、何処か連れて行かれて処刑されて、七人ミサキになったということじゃ」「可愛いそうな事をしたもんじゃのう」という婆さん達の話を聞いて恐ろしくなった。

わしの祖母は大王の井坂の喜兵太の長女で、わしの祖父喜曽治の妻。福谷のお婆は喜曽治の姉。後ろ新宅のお婆は井坂の喜兵太二女、三女が丸屋の市十郎の妻であった。

（出典 「片山稿」）

66 金の茶釜①

金《きん》の茶釜いうのがあるんですが、野々倉（真庭市上水田）の藤森さんとこにあったと言よったです。うちの女房は見とんですけえど、私は見てないです。

野々倉の金の茶釜が、そこにあるのは、毛利が攻めてきた時に、あの金の茶釜をなんとかせにゃあいけんいうて、狙うてきたんです。金の茶釜を藤森家へ隠しておったのが、そのままになったんですねえ。

藤森さんいう人は、岡山へ引っ越しをされて、そこの家に家宝で置いとられるそうです。金の茶釜いう名称であって、ピカピカ光る金のそれじゃあないんです。

（話者 上竹 芝村哲三）

67　金の茶釜②

金の茶釜が本宮山の正法寺《しょうぼうじ》にある。正法寺に蓮池というのがあって、そこに金の茶釜が埋まっているという。

（話者　湯山　草地恒太）

68　首塚

昔々の戦国時代に、大勢の人がここで亡くなったので、首の数だけ石を集めて塚をつくって祀ったと聞いている。上竹にある。

（話者　宮地　木村宮子）

69　火の釜①

有漢《うかん》へ越すとこへ、火の釜いようりました。へえから難波さんのとこの、今でも大小まだ形はあると思います。古墳です。

大山さんが噴火したときに火が降ってくるけえ、この中に入って隠れたんじゃいうて、昔の人は言うけどじゃ。

竹荘の大久保、それに下市の高下《こうげ》に火の釜がありますす。それに入っとりゃあ、上から火が降ってくるけえ、火が降るから、それに隠れたんじゃ。火の釜言ようりました。

（話者　豊野　石田嘉隆）

70 火の釜②

上竹多地《たち》、金次《かねつぎ》、俵原《たわらばら》（新田行夫の西の山中）にあり。

（出典「芝村稿」）

71 火の釜③

火の釜が、吉川、上竹俵原、大和、大和 聖《ひじり》坊《ぼう》山にある。いずれも写真で見ると古墳。

（出典「芝村稿」）

72 一心神門

いつの事か分りませんが、三谷の陰地《おんじ》を訪ねて来た僧侶、一心が、干ばつで悩む村人のために、自らを人柱にして、雨乞いを三谷城の聖地で祈祷《きとう》しました。僧侶は、

「鈴の音が消えた時は、わしが死んだ時と思ってください。私が死んだら、この穴に埋めなさい」

と村人に告げ、自らの墓穴を掘り、その底で鈴をジャンジャンと鳴らし祈祷を続けました。遂に鈴が鳴り終わったので、村人は一心を丁寧に葬り、尊い命を讃え、祠を築き、一心の心を崇めました。「一心神門」の供養塔があります。

（出典「草地稿」）

73　一心様

加茂川の三谷に、一心様というお坊さんの墓がある。お婆さんが、

「ここは尊い尊いお坊さんのお墓じゃ」

と言うて聞かせてくれよった。

一心様は、自分でお墓を掘って、その中へ入って、お経を上げながら鉦《かね》をたたきながら死んでいったんじゃそうな。村の人に、

「鉦の音がせんようになったら、蓋をしてください」

と頼んだ。二十一日したら、鉦の音がせんようになったから、蓋をして、上に大きな石を置いて墓にしたんじゃそうな。

お婆さんが、

「まんが悪うなったら、一心様が出とるいうことじゃけん、拝まにゃあいけん」

とか、

「ここを祭らんけん、へんなことが起こる」

と言うて、体のあちこちが痛うなったり、何か悪いことがあったら、一心様を拝みに行きょった。

（話者　豊野　小川朝子）

74　首塚

上竹陣山の俵原に首塚がある。石がごろごろと散乱する。

昔、この地で合戦があり、切り取った敵の首の数だけ石を寄せ並べたという。

近くに、のどの乾きに苦しんだという「飢え坂」という地名の坂もある。

（出典「芝村稿」）

75 五郎兵衛墓

五郎兵衛墓というのは、美原《みはら》というところに、厨子のような形をした墓ですねえ。

美原に干ばつが続いた時に、非常に人の心がすさんで、悪事をはたらいていたところに、修験者が現れて、その方が五郎兵衛という方で、干ばつで、すさんだ気持ちを、慰めようと、

「自分が犠牲になりましょう」

ということで、うんこと生ゴミだけを食べて生活をするということをやったらしいんです。で、雨乞いをして、

「生き埋めにしてください」

と、こう言って、祈祷して葬られたと。

このくらいの墓があります。高さが二メートルくらい。板のようなもので囲まれていますので、おそらく厨子になっているんじゃないかと思われます。入ってみると何か出てくるかもしれませんが。

（話者 湯山 草地恒太）

76 五郎兵衛塚

美原の長瀬岡本家の裏の雑木林の中に、五郎兵衛塚という石室をもつ塚があり、上に石殿を載せてある。この墓は五郎兵衛が自分の発心で生きながら入定した墓といわれ、飲食を断ち、香をたき題目をとなえて往生をとげたという。この人は結構な暮らしのできる人であったが、年をとってから生きているのがわずらわしくいや気をさし、生前に葬式をしてもらって向うの山から見物して満足したという。

（出典 『吉長周辺の歴史』）

77　西入様

飢饉の悲惨な有様をみて、世人を救う決心をして入定した法師がある。井原の真言宗青木山宗林寺跡の墓地にサイニョウさまと俗称する墓がある。一メートル四方ほどの広さの積み上げげた石の上に豊島石の石塔がある。もとは笠塔婆であったらしいが笠の一部だけ残り、つたがまきついている。正面に「雪天禅師」・右側面に「元禄十六癸未二月十五日卒」の銘がある。

地元の人は西入さま（サイニョウまたはサイニュウ）といい、生きながら棺に入り、節をぬいた竹を立て、周囲を石子づめにした。そして中で光明真言を唱えつづけ、灯明の火が消えたら死んだと思ってくれといって入定した。この墓は石室の構造はなく塚のように盛土もない。特別の信仰対象になったとか、流行神になったこともないようで、現在ではほとんど忘却にまかされた状態である。なお県下には入定伝承が相当数判明している。

（出典　『加茂川町の民俗』）

78　入定墓

美原の野原《のはら》いうとこになあ、生きとって、墓をそうして作って、自分の墓ぁ作って、葬式ぅ見て、自分でその穴ん中ぇ入って、

「鉦ぅ叩くけん、鉦ぅ叩きょうるじょうは生きとる思うてくれえ。鉦が止んだら死んだんじゃけん」

いうて、生きて入って、墓へ入って死ぬ。

どっか井原にも、入定墓いうんがあって、それはあまり目立ってしてねえですけど、野原いうとこなあ、大きな塚のようにしてねえ。

へえで、横のひれぇもていて、石のお地蔵様をはめ込んでありっます。そっから入っていったんじゃいうて、

はめ込んであります。上には、お墓を作ってあります。入定墓いうんです。

（話者　下土井　片山光男）

79 聖坊

昔、上竹の村に干ばつが続いたことがあった。百姓は、いままで丹精こめて作りあげた稲が枯れる一歩前に来て悲嘆に暮れていた。

どこの人か、どんな名前かよく分からなかったが、一人の僧侶がこの村に来られた。僧は、この様子を見て、なんとかして百姓を救ってやりたいと思い、百姓たちを集め、

「これから私が竜王山に登り二十日の間雨乞いのお祈りをいたしたい。もし最後の日が来ても雨が降らなかったら、割木に火を付けて焼いてもよい」

と話された。

竜王山には竜王様といって雨の神様を祭ってあった。僧侶は二十日間の願いをかけ高く積まれた割木の上に座ってお祈りを始められた。

五日たっても十日たっても雨は降らず、晴天は続いた。十五日たっても降らない。百姓たちは、悲しんだり腹を立てるやらで大騒ぎであった。いよいよ最後の二十日の日が来た。一心に祈った甲斐もなく、その日はついに雨は降らず、僧侶の言葉通り割木に火が付けられた。僧侶は少しも動かず、割木の上に座っておられた。火は炎と燃え上がり僧侶はついに焼け死んでしまった。その翌日、雨は降ったことだと思う。誰言うとなく偉い僧だという声が聞こえた。現在、竜王山を聖坊と呼んでいるのも、この僧侶が偉かったことから出たのであろう。

（出典　「芝村稿」）

80　塚神様

寛政（一七八九〜一八〇一年）の飢饉のおり、村を訪れた旅の修行僧が、村の惨憺《さんたん》たる不毛に苦しむ村人を見て、哀れに思い、この古墳に穴を掘り、

「我の眷属《けんぞく》は摩利支天王なり。鈴の音が止んだ時は、我が力尽きた時である。我が屍をここに葬り給え。さすれば、空は晴れ、雨が降り、田畑は稔りに溢れるであろう」

と言って穴の中に籠って、鉦や鈴を鳴らし、大般若経を唱え続けました。鈴が止んだので、行者を塚神と呼び、塚神宮と摩利支天王宮を、塚の上に祀ると、長年続いた天候不順は収まり、飢饉が治まりました。

塚神は上田東柏尾《かしお》にある。

（出典　「草地稿」）

81　池の法印さん

お寺の南側に、サンマいうて呼ぶんですけど、字を書けば三昧。それがお寺の墓地なんです。開扉《かいひ》をした住職は、ここの裏の墓へ入る。その他の住職とか寺族はその三昧の墓に入る、いうことになっとるんですけど。

ときどき、ちょっと離れた所にお墓があって、一つに池の法印さんの墓がある。池の僧。

昔、江戸時代の話。雨が降らんで、雨乞いを、本宮山の上の竜神様というところで、よく雨乞いをしよったらしいんです。本宮山の上で火を焚いて雨乞いをしたところ、雨が降って、どうぞこうぞ米が穫れたと。

皆さん大変喜んで、お寺に米をお礼にお供えに運んだんですけども、お寺が貧乏して、庄屋に（または米貸しに）米を借りとったらしいんです。庄屋に、その

法印さんが、

「返さにゃあならんのは当たり前じゃけども、本尊様のお陰で、米が穫れたんじゃから、いっぺんお供えさせてくれえ」

と。じゃけど、

「そねえなことはならん」

いうて、庄屋か米貸しがな、持って帰ったと。その法印さんは怒って、

「この家七代祟れ」

言うて、池に飛び込んで死んだ、という話がある。

じゃから、ここに祀らんで、他の墓へ移したから、ぽつんと池のところへひとつ墓があるいう話です。昔の話。


（話者　円城　天艸眞諦）

82　室納の七人みさき

納地《のうち》の室納《むろのう》の家に、山賊やら落武者やら分からぬ者、七人の無法者が、山家に押し入り、家人に酒、肴《さかな》を用意させた。家人は、内密に村役人に知らせたところ、床の間に横一列に座を設けるよう命ぜられた。地区一番の銃の名人が、猪狩りに使う大弾をもって、横一列に座っている七人の者をめがけて、銃口を定め発射した。弾丸は、七人を射抜き通したとのこと。七人の者は、ことごとく息絶え、裏山に葬られた。

その後、不幸な出来事が、度々生じたとのことだ。葬ったところを七人みさきという。


（話者　北　川野　明）

83　七人鋒《みさき》塚

上竹多地《たち》にある。

天正二年（一五七四）備中松山城主三村元親が毛利、宇喜多両軍の攻撃を受けた備中兵乱の時、当時、竹荘の土豪として三村氏に従属していた田中直重は、一族地侍等数千人を率いて、矢倉畦城に於て、毛利の大軍を迎え討ち、よく戦ったが、天正二年十二月二十七日落城した。

この時、矢倉畦城より落ちのびた守兵のうち七人は、この地において攻撃軍につかまり、乱戦の中に討死したという。

この土地の人々は悲運の武士のために塚を立て、霊をまつったと伝えられている。

現在の塚は、南約五十《メートル》のところにあったものを圃場整備で移転したもの。

（出典「芝村稿」）

84　子守娘の慰霊碑

加茂市場の庄屋は片山家が務めていました。年は十四、十五歳の小森の娘が、子守役で奉公していました。小道を赤子をあやしながら歩いていると、突然、猟師に鳥と間違えられ、射殺されました。庄屋の真《しん》休《きゅう》は酷く娘を悼み、被災地の傍らに供養塔を祀り、加茂総社に参詣する人達に、供養をしてもらおうとしました。

（出典「草地稿」）

㈤ 山、坂の伝説

85 唐人山①

日本じゃあ朝鮮征伐いうて言ようりましたけど、豊臣秀吉が。その時に吉川の人で、その吉川の武将が、朝鮮征伐について行って、唐人を連れて来て、藤田というとこに住まわせて、唐人山へその住まわせた。唐人山で山の監視をしたという。そこへ碑を立って、唐人宗吉という名前の人、墓みてえな、屋根の墓があるんです。

（話者 上竹 芝村哲三）

唐人宗吉の墓

86 唐人山②

豊臣秀吉が朝鮮征伐した時、朝鮮から唐人を連れて帰って住まわせたから唐人山（吉川）という地名がついたんじゃ。唐人山宗吉いう者がおった。亡くなった唐人のお墓があって、五輪の塔のようなものがあった。

（話者 吉川 重森計己）

87　唐人山③

朝鮮征伐の頃に、そっちから、中国人を連れて帰って、そこへ住まわして、焼き物を焼かしたんじゃないんですか。唐人を住まわせたから、唐人山いう名前がついとります。

それは、吉川から槙谷の方へ下りたとたんのところです。唐人山いう地区があるんです。今でも三軒か四軒あります。

中国人で、焼き物を焼かしたと。日本にない技術を持っとったんでしょう。

（話者　吉川　小柳恵一）

88　唐人山④

吉川藤田部落に属する唐人山は文禄年中（一五九二～九六年）、今より凡そ、三百五十年前豊臣秀吉が朝鮮征伐の役に唐人宗吉といふもの、日本の為めによく働きましたので之れを賞し日本に連れ帰り足守の木下公に預けました。然るに慶長元年代官難波某が吉川に来る時伴ふて此の地に至り御林山の番人としましたが、遂に土地の人これらのものの居所を唐人山と呼ぶようになりました。後年木下公の家臣石原小左衛門なるものが来て（徳川十二代将軍家慶の時、今より約百十年前）、宗吉一族の墳墓の荒廃しているのを見、又碑の文字も磨滅して判明せないので不憫に思ひ、其のあとに之れが碑を建てました。碑は礎石をたたみ台石二個を重ね、其の上に方柱塔を立て次の様に記してあります。

表　　　　唐人宗吉墓
向つて右　実高麗人
向つて左　古墳磨滅文字不分
裏　　　　弘化四年丁未三記

尚、傍らに豊島石及糖状石灰岩で造れる高さ二尺余の龕塔が七個程あります。此の地は山間僻陬でありますが大正十年頃迄は子孫が栄えていました。難波安太郎氏の時に至り病の為めに次々と死亡し遂に絶家となりました。然し他より入村するものありて現在の唐人山部落をなしています。

又一説に曰く西荘田行寄難波氏の祖、難波弥左衛門祐本が朝鮮征伐の時渡鮮して勲功を立て帰国の砌、木下公の命によつて唐人宗吉を連れ帰り、此の地に住まはせたものであるとも言つています。

（出典　『吉川誌』）

89　唐人山⑤

吉川西庄田《にししょうだ》の難波氏は、慶長二年（一五九七）二度目の朝鮮征伐（朝鮮出兵）に宇喜多秀家の軍に従い、帰る時木下公の命により唐人宗省恭（一方の大将）を連れ帰り、難波氏の門番とし、寛永二（一六二五）年正月新林の石宗の下に住まわしめました。宗省恭名を宗七と改め、正行藤原の娘松を妻とし、其の子宗吉家を継いで苅尾所次の娘菊を妻とし御林山の番人として別に家を構えましたが、遂に其の地に生を終つたということであります。子孫は明治の中頃迄続きましたが、次々と死に絶え現在其の後を絶ちました。

一説には文禄元年（一五九二）豊臣秀吉征韓の役に日本の為めよく働きたる唐人宗吉を連れ帰り木下公に預けました。慶長元年代官難波某が吉川に来る時伴うて此の地に来り御林山の番人としましたが、土地の人これらのものの居所を唐人山と呼ぶに至りました。

（出典　『吉川誌』）

90　唐人山⑥

吉川には、唐人山と呼ばれる山がある。伝説によると、豊臣秀吉が朝鮮征伐の際、唐人宗吉を連れ帰り、足守木下藩に預け、黒山の御林山の番人として、今の藤田に住んだといわれる。今この地に唐人宗吉墓（弘化四年）なる碑が立てられている。

（出典　「芝村稿」）

91　馬越ゴボウ

吉川の唐人山に高麗宗吉の墓がある。宗吉は、秀吉朝鮮出兵の折、捕虜となり、日本に渡来、以来山番となり暮らしたが、偶々正月の折、時の藩主（足守）に と手土産としてゴボウを持参せしところ、藩主大変喜び馬越《まごし》ゴボウと銘打ち珍重したという。

（出典　「芝村稿」）

92　姥捨て山①

小森からダムの方向に行って、弁蔵のトンネルありますね。トンネルの手前に、あのう旧道を行けば橋がありましょう。トンネルと分かれてすぐ橋が。その突き当りの岩が、姥捨て山だと聞いとります。立ったような岩がありましょう。あそこへ年寄りを負うて行きょったん。そして、落としょうたんじゃろう。

（話者　三谷　草地真喜子）

93 姥捨て山②

豊岡下の正枝《まさえだ》の入り口、仏岩いうんがあります。せえこそ、それも、負うて行ても背負えんようなったのを、そこから、どーんと落てえた。

仏岩から、それを、ちょっと上へあがったら、往生滝いうて。転べえたら往生するけん、往生滝とこういう。往生滝に仏岩がある。仏岩へ行て、負うて行て、落てえた。それでも往生するし。往生滝と仏岩がある。

（話者　豊岡下　城本　将）

94 姥捨て山③

上竹大村粟《あわ》ケ谷より西北、狐谷、大樽谷《おおたるだに》へ向かい約一キロほど行くと、砂止めダムがある。これより北へ三十メートルぐらいのところにある。

昔は六十歳になると男女の区別なく、口減らしのため姥捨山に捨てた。年寄りを背負って捨てたという。

姥捨山は、上と下二か所あり、いずれも石垣状に築いた壇上に自然石が墓石状に立てられている。

（出典　「芝村稿」）

95 地獄谷①

父の話だが、昔々いつ頃のことか。歳老いて役に立たなく成った年寄は『穀潰し』と言って、山に捨てねば成らぬと云う厳しい制度が有ったそうな。

下土井から和田に通じる竜王谷に地獄谷という所がある。谷の大曲がりの険しい岩峡の所である。昔は竜王谷は道も無く鬱蒼と覆い繁って、人も寄せ付け無い渓谷であった。岩峡の谷底には青々と水を湛えた竜王渕が有って、恐ろしくて人も近づか無かったそうな。

岩峡の頂上の所に、狭い平坦な所がある。此処から大王方面へと、下土井方面への細い山道がある。

昔々の何時の頃か、働けなく成った老人を穀潰しとして連れて来て、北側の崖から突き落として居たという。下の竜王渕には竜王が、良い餌じきと待ち構えていたであろうか。言い伝えではあるが、身の毛もよだつような悲惨な話である。

今はその影はなく、渕の土手も崩れ流れて竜王渕も無くなり、広い道路がついてその面影はない。渕の上に竜王宮が祭祀されていたが、明治維新の頃土井神社に合祀されたという。その後、旱ばつには竜王宮を御輿に載せて、この竜王渕に来て雨乞い祈祷をしていたという。

井原にも神子田《みこだ》の裏の谷に地獄谷という所がある。


（出典 「片山稿」）

96 地獄谷②

下土井から和田へ行く道の途中に大曲があるんですなあ。その大曲の頭のとこにあるんですが、

「ここは地獄谷言うんで」

いうて年寄りを捨てとった。なりいとこがあって、大きな首切り岩とかいうて岩があるんです。せえで、前へ向いても急な坂ですし、後ろが絶壁ですらあなあ。ほいで、その頃は、谷が堰き止められてなあ、岩で。大きな渕ができとった。それへ竜がおったんじゃあいうて。年寄りをそこへもっていって捨てる。そのとこから裏へ突き落とす。ほしたら下で竜が待ち受けとってから食ようたいうて。

地獄谷は富永分になる。道が曲っとるので。

その地獄谷いうて、年寄りが要らんようになったら「穀潰しじゃ」いうて捨ちょうた言うんですけど。

97 池の原

田土、池の原は旧備前国と接したむらはずれの辺鄙な土地で、往時は「遺棄埋ヶ原」と呼んでいたとの伝説がある。つまり姨捨《うばすて》の原で遺棄が「いけ」に訛ったのではと云われている。姨捨伝説の地というが、あまりにも悲しい事で、この地方にはそのような事はなかったと思うがどうか。

（出典『吉長周辺の歴史』）

98 すくも山

鬼が豊野のゆり輪田に山から下りて来て相撲を取って遊びました。腹が減ると田の稲穂の米を一粒づつ食べて、籾殻（すくも）を現在のすくも山に山と積み上げました。すくもが腐り土に帰りましたが、余りに多いのでその跡が山となりました。それで、すくも山と呼ぶようになり、すくも山には石がないのだと言われます。すくも山はゆり輪田の矢野川の対岸の山です。

（出典「草地稿」）

（話者　下土井　片山光男）

99 月の輪と山崩れ

私が子どものおりですから、昭和の初め、大正末期か昭和の初めのころです。

そのころに、あのう、ちょうど私ほうの真向かいの山に月の輪が出て、それは柴草山ですなあ。へえで柴草山で、他の木が無えから、はっきりするんです。年に一回か二回、二年に一遍ぐれえ柴草ぁ刈られてきれえにする。へえで、それからぁ、その山に秋口になると、大きな輪が出来る。

へえで、その輪が、みんな、

「なんだろう、なんだろう」

いうて、不思議がりょうた。

道ぅ行くような人も見るような不思議な輪じゃった。

へえで、道ぅ行く人が、

「あれは月の輪いうて、竜の目じゃ」

いうて。

「竜いうもなぁ海ぃ千年、山ぇ千年、そして天へ昇って千年住むんじゃ。へえで山ぇ入っとるときの目が月の輪ですらあなあ、山へ棲んどるときのそれの目じゃ」

いうて。

「へえで、これは千年たったりこうすると、そこが、山が抜けるんじゃ。こちらの方に、定《さだ》の坊いうとこがあるんですが、そこの後ろひらの山に、昔、月の輪があったそうな。せえはそのあと大降りがして大雨が降ったときに、そこの山が崩れて後ろのひらが。その谷ぅ流れた」

いう。


私も、そりゃあ、そこの柴草山じゃってから、下木ぅ刈りょうってから、広えじょう抜け落ちたようになっとりましたがなあ。

へえで、そういうことを、いうて言うししたことがある。


（話者　下土井　片山光男）

100　月の輪

昭和の始め頃の事で有った。下土井、土井神社下の才菊《さいぎ》の西の山、当時は柴刈り山であった。その柴草山（自給肥料用採草地）に秋になると大きな丸い輪が現れる。夏草木の芽が出ると判らなくなる。又秋になるとまたその丸い大きな輪が現れてくる。現地に行くと輪は見えない。不思議な現象で有った。県道を通る人もこれを見て色々と噂した。あれは『大蛇の目』である。大蛇は海に千年、山に千年、天に千年といって、何時か山が大崩れして大蛇が天に登るとか。
またあれは『尽きの輪』と云って、運の尽きを意味する不吉の現れである、等と嫌気な話ばかりである。所有者も気持ち悪くなりその山を安い価額で売り払った。買った者は檜を植えて、今はその輪も見えなく成って話も途絶えてしまった。

（出典 「片山稿」）

101 上竹の飢え坂

上竹から巨瀬《こせ》に越す途中に、飢《かつ》え坂という地名がある。戦いに敗れて一生懸命に逃げて来た人が、腹をすかせて飢えて、そこで死んだと言われている。

（話者 宮地 木村宮子）

102 勝負坂

吉川藤田に藤田八幡様いうのがあって、その真ん前に勝負坂があった。人が走ったり馬が走ったりして勝負をしょった。西刈尾《にしかりお》と藤田との境の尾根づたいには土塁がある。

（話者 吉川 辻田 明）

103 譲屷

黒山に松原八幡宮いうのがあった。吉川八幡宮創建に合わせて、合祀をすることになって、松原八幡宮のご神体が移された。河内田《かわうちだ》と黒山の境に、譲屷《ゆずりだわ》という所があるが、ここで、ご神体を譲り受けたと言われている。

（話者　吉川　辻田　明）

104　御所ヶ畝

上田西の御所ヶ畝っていうのは嵯峨天皇というのが牛窓沖で海賊退治しとったら、頭が痛うなったから、北の方の光を拝んだら治ったと。あの光はどこじゃったんならいうたら、本宮山の龍王宮の灯明じゃったんで、そこへお礼参りをしようというて来たと。

へえで、険しいとこがあって、分からんようになっとったら、白い鹿が出て来て、道案内してくれたという。へえで、はっと開けたとけぇ出た。そっから本宮山がまともに見えたと。

へえで、ほんなら、ここを御座所にしようと。へえで、そこが御所ヶ畝ということで、いわゆる土地台帳にも残った小字名として御所ヶ畝というのが残ってるんで。だからちょうどストックファーム辺りで本宮山を見るとね、すごうかっこよう見えるんです。

牛窓沖にうつった光というのが、正法寺の灯明じゃったという話と、龍王宮の灯明じゃったという話とある。

（話者　上田西　内藤三治）

105　風穴①

風《ふう》神社の隣にどんどん山というのがあるんですが、そこに深さがわからない深い穴があって、天変地異の時に、そこから風がゴーッと出てきて、村を荒らしたと。その時に風神社を祀って、鎮めたという話。

今、砂防ダムがありますが、村人が、ここは砂防ダムを造っちゃあ困るというんで、話し合いによって、風穴《かざあな》だけはかろうじて残っている。それでダムの高さを決めたという。

近くにもっこくが出て、ナメソウという妖怪がいるので、広奥《ひろおく》は水が涸《か》れないといいます。

（話者 湯山 草地恒太）

106 風穴②

広面《ひろも》にはドンドン山に風穴《かざあな》があり、穴から大風が吹き出し里を荒しました。風神社を建て、風の神を祀った所、災いが去りました。

（出典 「草地稿」）

107 大倉屋敷①

大倉屋敷いう大きな屋敷跡があるんです。今、あの、田んぼや畑になっとりますけどねえ。そこに、明治よりちょっと前ぐらい、幕末の頃までに、大きなお寺のような豪華な家が建っとったそうです。

せで、そこは三浦氏いうのがおってねえ。その下に銅山があるんです。その銅山を経営しとった。ほしたところが、どうも次第に出んようになるし、それでまあ、鉱石を水谷に出しょうたんです。円城の向こうの、本宮山の向こうへ。岡山に通ずる港になっとったんでしょう。こっちからは年貢米やこうでもあっこへ出しょうた。

その時にあそこへ鉱石を出しょうた。ある時、大水が出てから、川原へ積んどった鉱石が流れてしもうた。それで、大倉屋敷は潰れたいう。そして、その人はどこへ行ったか分らんのですけえども。

その潰れた後に、家を水谷の酒屋が買うて帰ってから建てた言う。大きなええ家じゃから。ほうしたところが、その酒屋が、水谷へ持て帰るいうたら、やっぱり、鉱石を水谷へ出しょうたから、水谷へ関係があったんじゃないかと思うですけどなあ。

へえで水谷に建っとったら、その酒屋は元日の朝に、旭川へ、若水を迎えに行ったら、杓があまりあまってから旭川に落ちたのが、上ぃ上ぃ流れた。ほしたら、不吉のなんじゃいうて、そこがまた潰れる。

その頃、正法寺が、門前町から全部焼けてしもうたんじゃな。せえで、こねえな不吉な大きな家は建てるとこがねえけえ、円城寺に持ていて建てよう。へえで、現在ある庫裡がその家じゃ、いう言い伝えがあるんですけえど。

（通観72「無限の鐘」参照　話者　下土井　片山光男）

108　大倉屋敷②

下土井の広土《ひろど》の向こうに大倉屋敷という所がある。ここには昔お寺と間違えるような大きな邸宅があって三浦姓の人が住んでいたそうな。勝山の三浦侯の縁者とかで、大層威張っていて、家の前や横の道を通る時には、かぶり物を取って頭を下げて通っていたという。

何時の頃か竜王谷の銅山を手掛けて居た。掘り出した鉱石は水谷に運んで、そこから舟で岡山へ運んでいた。あるとき大洪水で、水谷へ運んでいた鉱石が流れてしまった。かねてから銅の出が悪くなり不振のおりの出来事で、それを機に破産して家屋敷まで人手に渡して、どこかへ出て行ってしまった。

その頃水谷に景気の好い酒屋があった。その酒屋が大倉の家を買い取って、水谷へ運んで建てたそうな。そして正月を迎えた。酒屋には元旦の朝若水汲みに旭川に行った、誤って柄杓を川に落としてしまった。ところが柄杓が上へ上へ流れたそうな。これは不吉の知らせかと案じていた。間もなくこの酒屋も倒産して潰れたそうな。

その頃、円城の正法寺が火災で丸焼けになっていた。酒屋に建てた大蔵の家はまんが悪い家だから、お寺にでも建てたら好いだろうと、また水谷から円城に運んで、円城寺の庫裡として建てたそうである。今でも庫裡の大きな柱や桁には、古いホゾ穴等の傷跡が残っている。

大倉の屋敷跡の石垣は後の所有者が、河川の護岸工事に売って酒代にしたとか、庭石を地神様の台石にしたなどの言い伝えがある。屋敷跡は今は田や畑になっている。

屋敷裏の井戸には今も泉が湧出して居り、裏山には三浦姓の墓が数基残っている。

（通観72「無限の鐘」参照　出典「片山稿」）

109　おふでみさき

備中、野山郷より松山城に通じる道路がある。通称松山街道と言われているその一角に、元屋敷跡と言われる場所がある。墓碑共に、所は、吉備郡大和村西（吉備中央町西）、小字大沢で、現在は岡山道賀陽インターの一区画になっている。

その昔、おふでという男好きのする美人が住んでいた。夫は、牛馬を売り買いする博労を商いにして、田畑を副業とする人だった。夫は、町に市が立つ日には、牛馬の売買のため一日中留守にしていた。

留守を守るおふでは、いたって愛想のいい女子衆にて、知人も多く、茶飲み友達と楽しむ女人だった。数ある男友達の中にも、気の合う男がいても不思議はない。しかし、夫の留守の間の交情となればやはり問題あり。それも度重なれば、人の噂となり、話が独り歩きする。

知らぬは夫ばかりなり、と陰口もいつしか博労仲間の口の端にのぼるようになってくると、ほおっておくわけにはいかなくなった。

市の立つある日、商いに行ったと見せかけ、途中から家に帰り、物陰より様子をうかがっていると、間男が女房をたずねてきた。その日は縁側で茶を一杯飲んだだけで帰ったそうな。夫は、夫婦仲もよく、好いた女房は俺に隠れて浮気などするものかと思いつつも、もう一度確かめたく、日を改めて様子を見ることにした。

　次に市の立つ日、朝出がけに、女房に、

「今日は帰りに山に寄り、立木を一本、根切って来る。遅くなる」

と、馬の背に斧《おの》、鉈《なた》、鋸《のこぎり》を荷負わせて出かけた。虫が知らせたのか、夫はやはり気になり、商売もそこそこに、道具を持って早帰りをした。そうとは知らず、おふでは、好色男に、

「夫は遅い」

と閨《ねや》の内。仲睦まじく時の立つのも忘れたか。

　今まで信じていた女房に裏切られた夫は、

「おふで、何しておる。よくも騙《だま》してくれたな」

と、側におった間男の頭めがけて斧を振り下ろした。おふでは、

「勘弁しておくれ」

と許しを請うたが、頭に血がのぼった夫は片手に持った鉈で切り付けた。おふでが最期に、

「勘弁してと願うたのに、命とるなら殺すがよい。魂《こん》魄《ぱく》この世に留まって恨みをはらしてみせるぞ」

と、息絶えたということだ。

　道路脇、南側に屋敷跡といわれる土地があった。この家の屋敷もいつしか人手に渡り、現在は、岡山道、賀陽インターの敷地の一画に入っている。この土地に手を入れる関係者は、不幸事に見舞われるといわれていた。

（話者　北川野　明）

110　勝負田

勝負田。八幡様の裏にな、勝負田いうのがあるなあ。陣山でやられた時に、逃げるのと追てくるのとチャンバラになって、勝負して、

「逃げるばあしちゃあおえまいが、こりゃあ」

いうて、後ろへ振り返って、勝負した。

（話者　上竹　芝村哲三）

111　鬼のゆり輪田

昔、円形の主基田《すきでん》があって、献上米を作った。そのとき唐箕《とうみ》をしたとこが唐箕田とか。

すくも山というのは、そこで、唐臼をして、すくも山になったと。

子どもの時に聞いたのは、鬼があっこの丸い田んぼで相撲を取ったりして、せえで米をむいで食うてそれのすくもをあっこへ投げたのが、盛り上がった。それですくも山じゃと。

私らが子どもの頃は、鬼のゆり輪田言ようた（揺輪《ゆりわ》は、米と籾とを揺り分けるもの）。せえが現代になって、ありゃあ主基田じゃったいうて言い出したけど、昔は鬼のゆり輪田言ようたのう、わしらぁ子どもの頃にゃあ。

（話者　豊野　石田嘉隆）

〈注〉主基田は大嘗祭《だいじょうさい》に供える新穀を作る田。都より西方の国で、平安時代以後は丹波、備中が交互に行った。

112　さいば神

豊野の椿下《つばきしも》の池の原（田土）の八畳岩に賊が住み着いていました。悪党退治に西波《にしなみ》がやって来ました。池の原に賊をおびき出し戦い、賊の大半を西波は退治しました。この原を、人々は、生贄の原と呼び、現在は池の原と呼ぶようになりました。村人は、西波に感謝し、神として祀った。それが今の椿の「西波神」だと言います。さいなみ神と読む人も居ります。

（出典　「草地稿」）

㈥　祠堂、社寺の伝説

113　吉川八幡宮の開けずの箱

旧吉川村の八幡様には「開《あ》けずの箱」という宝物があります。一体どうしたものなのでしょうか、話は八幡様造営の昔にかえります。

「此の度八幡様造営に当つては此の近在ならぶものなき、お社に致そうと思いまするが」

と、こんな相談があつてからは、俄かに大工も此の辺のはよして、都の大工を呼んで建てさせることになりました。其の時分都には飛騨の工《たくみ》といつて名高い大工さんがありました。釘一本も使わないで家を建てたり、それはそれは大へんな名人でした。此の人を無理に頼んで来てもらうことになりました。都から此処まで来るというのには汽車もなく、自動車もなくテクテクと歩いて来るのですから、中々日数が立ちます。こちらの方では建てるのを急いでいます。けれども、

「有名な大工さんのことだから、お弟子もたくさんあるだろう。心配することはない」

と、皆んな安心して待つていました。

ところが愈々やつて来たのを見ると、何が弟子どころではありません。たつた一人の子どもに道具箱を持たせて、さつさとやつて来たものです。村の人はたまげてしまいました。これではいかぬ、外の大工を頼まねばというので、恐る恐る飛騨の工《たくみ》さんに伺うと、

「いや、それには及びません」

というのです。仕方がないので見ていることにしました。遠い道を歩いて来たのですから、其の日一日はゆつくり休みました。

さて翌《あ》くる日は早く起きて清水で身を清めました。敷地のぐるりは暗い間から京の大工さんを見ようと押し寄せた人で一ぱいです。飛騨の工は出てくると、すぐ其の辺から一抱えもあろうという大木を運んで、木

小屋へはいつてしまいました。鑿《のみ》の音だけは聞えても何をしているのかいつこうわかりません。其の日は暮れてしまいました。

次の日、暗いうちから「ゴーキリゴーキリ、カッツカツツ、コツツコツツ」鋸《のこ》の音、槌の音、鑿の音がやみこなしに聞えて来ました。人々が其の仕事場へ行つたとき、そこに見たこともない小僧さんが、とても目の廻るほど働いているではありませんか。見ている中に人々はあきれてしまいました。物を一口も言わないのです。然し此のことはそう不思議なことではありません。誰でも一心になれば無言になります。目の玉が動かんではありませんか、生き生きとした目なのに魚の目のように一所《ひとところ》だけ見て、またたきもしないのです。「アリヤアリヤ、アリヤリヤアリヤリヤ」見ているうちに益々びつくりすることだらけです。

皆さんもうおわかりでしょう。此の小僧さんこそ、昨日飛騨の工が一日かかつて作つたものなのです。かくして自分の片腕が出来てからは、昼夜兼行ひたすら工事の竣工を急ぎました。名工にどうしてそつがありましょう。約束の日までにはキチンと仕上げてしまいました。やがて祝の酒もりが始まろうとするとき、飛騨の工は白木の大長持をかつがせて神主の前へ出て、さて、

「此の中のものは神意のこもつた尊いものです。ついては末長く神のお側につくべきものと思います。もし万一のことがあつてはと思いますから」

と言つて堅く蓋をし、釘をうつて差出しました。これが今も伝わる「開けずの箱」でございます。皆さん大切に保存いたしましよう。

（出典 『吉川誌』）

114 吉川八幡宮と飛騨の匠

吉川の八幡宮を建てる時に、飛騨の匠が来て建てたんじゃけど、その時に、匠が、囲いの中でカチンコチ

ン音をさせよったけん、何をしょんかなあ思うたら、人形を彫りょった。しばらくたって行ってみたら、その人形が弟子になって、削ったり刻んだりしょった。

　それで、その棟梁が帰る時に、箱を作って、

「この箱は開けたらいけんで。開かずの箱じゃ」

いうて、箱を残して帰った。それは今、神護寺にあるんです。開かずの箱は。今でも。

　飛騨の匠には、弟子がおって、弟子を連れてきてしたんでしょうけど、弟子が柱を刻む時に、間違うて、一寸短く切ってしもうた。で、弟子はノミを口にくわえて、飛び降りて死んだというんです。

吉川八幡宮

　それで、開山塚いうのがあるんです、その向こうに。そこに行ってもらったら、完成の記念に棟梁が掘らせたという塚があるんです。石の。それにはノミとツチを彫ってあったとか。
　民俗資料館がありますがなあ。その南側に開山塚があるんです。
（話者　吉川　小柳恵一）

115　八幡様の開けずの箱

　八幡様を造るのに、木偶《でこ》に魂を入れて、その木偶が夜な夜なに働いて、吉川八幡宮を造ったそうです。そしてその木偶を箱に閉じ込めて、納めてあるんじゃそうです。

「そねえなことは、あるもんか。こりゃあ開けずの箱じゃ」

と疑った千木かどこかのお坊さんが、蓋をとっ

たら、いっぺんに目が見えんようになったという話です。

（話者　吉川　伊賀日佐子）

116　吉川八幡宮の大工の塔

今の吉川の資料館のすぐ隣に、石の塔のようなものがあります。その塔の話を、小学校五年生の時担任だった田中一雄先生に教えてもろうてな、見に行ったことがあるんです。先生が言われるには、吉川八幡様を作った人が、棟梁の飛騨の匠に、

「お宮ができたから見てください」

言うたら、棟梁が見て、

「少し、軒が低いなあ」

と言われたんじゃそうです。男はそれを苦にして、ノミと槌を持って、ふかさこに飛び降りて死んだんじゃそうです。石の塔は、その人を祀ってあると聞いとります。

（話者　吉川　伊賀日佐子）

117　吉川八幡宮

吉川の八幡様は、飛騨の匠が来てあっという間に建てた、と言われとる。吉川誌（『昭和三十一年刊』）には「のこぎり」を使って建てられたように書いてあるが、平成八年から始めた解体修理の際、「うち割りの材」が発見され、「のこぎり」を使わない「うち割り法」を使って建てられていたということが分かった。

それで、室町時代以前の建物だということが明らかになった。今に残るうち割りの材を、しっかり保管するべきだ。

（話者　吉川　重森計己）

118　吉川八幡宮の白狐

八幡様に小さい社があって、その裏に穴がある。その中に白狐おるんじゃと。

「当番祭の波《は》区《く》芸《け》あげの時には、白狐がくるけん、犬もおそれて鳴かんのじゃ」いうて聞きょった。

（話者　吉川　辻田　明）

119　藤田八幡宮

伝説によりますと、辻田庄太郎氏宅の東側平地に八幡宮があつたといいます。恰も其の前方が前場にあたり、真向いを向といつています。更になるほどと思うことは藤田教会堂の中に八幡宮の御仏体木像があつて（江戸末期？）現に毎年十月二十一日に部落の人々は集まつて、お祭りを行つているそうであります。つまり此の八幡宮も長い年月が立つて苅尾の八幡宮に合祀されたものでしょう。

時は五六百年も昔にかえります。八幡宮が合祀される時のことです。部落の人々は愈々神様とのお別れだと言つて大そう淋しい思いをしてお見送りをいたしました。神輿をかつぎ年寄りも子どもも大勢お供して、鋒の屾迄行つた処、神輿がとても重くなつて少しも進みそうにないので、どうしたことかと見送りの人々は不思議に思つて、神輿を休め一同しばらく合掌お祈りをいたしました処、神様は忽ち御機嫌をなおさせられましたので、再び出発いたし西庄田行寄の地迄行き、此処で御神霊をお慰め申上げるため御供物をし、酒食の振れまいがありました。此の時皆んな歌や踊りで賑わしましたので、行寄の地から神輿も芽出度刈尾の八幡宮に納まりました。然し藤田部落の里人どもは何だか心残りがするというので御分霊を祈り毎年お祭りを致し、昔を今に忘れないということであります。

此の外藤田には最近大明神にあつた大岩の間から、一尺角位な金属製の腐蝕した鳥居が出たそうでありますが、大岩は当地方開墾の際割石として使つたそうです。惜しいことを致しました。


（出典『吉川誌』）

120　洪水で流された鴨神社

上加茂《かみがも》に鴨神社いうのがあるんです。今あるとこより向かいの山へあったわけです。戦火で焼けたんか、理由はわからないんですが、下ろして、ご神体を平地へ置いとった時に、洪水で流されて、そのご神体が宇甘西の何神社かな、そこが拾い上げてくれて、お祀りしとったんです。

それを知った鴨神社の総代か宮司かが、

「返してくれえ」

いうことで行って、そこで争いになった。結局は、返してくれたんだったと思います。そんな古い話はあります。

ご神体を置いたとこは、田んぼじゃないかと。大明神屋敷いう名前があるんで。鴨神社がねえ、鴨大明神いうて。


（話者　上加茂　樋口久郎）

121　松原八幡宮

黒山に松原八幡森という所がありました。これは大昔のことです。第十五代応神天皇がかつて吉備国葉田葦守宮に（岡山市足守）行幸あらせられた時、当地黒山の里にも御巡幸になりました。

何分大昔のことでありますから、道は悪しく、草や木の生え茂つている険しい山坂を分け登らせられて、漸く小高い峯にお着きになり、ここで暫くお休みにな

りました。天皇は此の峯に於てお手をかざし四方を御覧になり、おつきの人をかえりみられて、

「此の地は四神相応の地である。我が身を隠し幸魂を遷し留めよう」

と仰せになり、お持ちになつていられました鋒を突き立て、記念に松の木を一本お植えになりました。そうして歳と共に栄えゆくようにとお祈りになつて、都にお還りになりました。其の後幾百年か立つて此の松が見上げるような大木となり、誰言うとなく此の峯を松原八幡森と呼んでいました。

それから五百年程経つて、第五十五代文徳天皇の天安元年（八五七）の夏頃から、此の松原八幡森に八色の光りが輝やくので、黒山の里人どもは皆んな驚き怪しみ、これはただごとではないぞと言つて、不安のうちに占《うかが》い者に見てもらうことになりました。ところが不思議なことに八幡麿の神霊が鎮まり給うためであるとのことで、始めて昔応神天皇が此の地に行幸あらせられた時の幸魂が留まらせ給いしことを知つたのであります。此の時土地の有力者葦田宿禰命の後胤である藤原堅物というものが、首唱者となつて人を八方に出し基金を集め、これを以て此の松原八幡森に小さい社を造り松原八幡宮と称えました。これより里人どもは八幡宮を祀り非常に信仰するようになりました。時恰も第五十六代清和天皇の貞観三年（八六一）の頃であつたと申します。

降つて第七十三代堀河天皇の御時、帝の御耳に達し、特に深く御信仰になり、永長元年（一〇九六）即ち今より八百五十年程前、当地吉河保苅覆山に社地を設け（今の八幡神社の地）社殿を御造営になり、黒山の松原八幡森から八幡宮の御神体を奉遷し祀つたとのことであります。現在黒山の山ノ神に八幡宮の小社があるのは、後世此の伝説を永久に忘れないため建造したものので江戸末期のものであります。

今、黒山と吉川との境に譲屼《ゆずりだわ》という地名がありますが、これは黒山の松原八幡宮の御神体を此処迄持つて来て吉河の地にお譲りになつた所だと言つています。

（出典『吉川誌』）

122 素戔嗚神社

何時の頃か、東の高峰、本宮山に正法寺が有り、西の高峰、青木山（牛頭山）には宗林寺があって仏道繁栄して、東西の高峰に灯明が会いまみえ輝いていた事であろう。

正法寺は大火災で丸焼けになり、円城に引き越し現在の円城寺となり、宗林寺も火災で焼け出されて井原の青木に落ち、元兼の観音院へと移りその後廃寺となったが、又後に下加茂に宗林寺として再興されたということである。牛頭山宗林寺又青木山宗林寺とも云った様である。青木と呼ぶ地名が所々に有り観音堂や石仏があるのはこの宗林寺に関係が有るのではなかろうか。和田の牛頭山宗林寺には牛頭天王を祭祀していたといわれ、後素戔嗚神社と改名されたと云うことである。村人の間では今でも天王様と呼んでいる。

古老より聞いた素戔嗚神社に纏わる不思議な昔話しを少し記して見よう。

昔、吉備津彦尊が吉備の国を統治され、北方の守護神として牛頭《ごず》天王（素戔嗚尊）を祭祀せられたという。それで牛頭天王を祭神とするお宮が和田の素戔嗚神社、落合町の木山神社、蒜山《ひるぜん》の福田神社が有る。それらの宮が皆南北一線上に並んでいるのであると語っていた。不思議なので地図に定規を当てて見るとその三社が一線に並び更に南に鬼ノ城《きのじょう》、備中国分寺がその線上に並ぶのは又不思議な事で、何か謂れがあるので有ろうか。

（出典「片山稿」）

123 一直線上の神社

和田の素戔嗚神社と真庭市の木山神社には、どっちも牛頭天王を祭ってある。せえで、蒜山の福田神社、あれと木山神社と、へえから、素戔嗚神社が、それ一直線におる。誰が測ったんか、どういう謂われがあったんかどうかしらん。

ほしたら、それが鬼ノ城（総社市）へと、備中国分寺の五重塔と一直線になるんじゃなあ。ありゃあ、まあ、ひとつ不思議なですけえどなあ。

（話者　下土井　片山光男）

124　化《け》気《ぎ》神社の社名

昔、越前国敦賀《つるが》気比神社《けひじんじゃ》を、本宮山に勧請しました。神社の名前を伝える使いの者が、社名を記した書面を懐にして、道を急いでいたのですが、途中、運悪く大雨に遭遇しました。使いの者は必死に書面を護ろうとしたのですが、全身ずぶ濡れになってしまいました。本来なら、大事な書類ですから、大雨に遭遇する事を予想し、油紙に包んでおくべきでしたが、自然現象を甘く見て用心しなかったのです。用心を怠った事が悔やまれ、心配になり、書面を見てはならないのですが、封を開いて見ました。すると案の定、書面は雨でひどく濡れてしまい、紙面を見詰めますが、書かれていた社名が判読できませんでした。

使いの者は、これでは、村に帰れば、半殺しの目に合わされるか、運悪ければ殺されると思い、書類を偽造する事にしました。書の達人に偽造を依頼した所、達人は「ひけぐう」に似た名前だったと言う使いの者の言葉を聞いて、比気宮と書きました。使いの者は村に戻り、宮司にうやうやしく書面を手渡しました。宮司は、社名を見て、慌てました。勧請元が、「けひぐう」と知っていたし、書面は達筆で、使いの者の手とはとても思えなかったからです。宮司は、書面をそっと奥に持ち込み、比とか化は似ているので化気宮の間違いだろう。執筆者の間違いをとがめられては気の毒だと考え、秘かに書面を偽造しました。それで、化気宮と言う名前が付けられ、改名されて化気神社と現在は呼ぶのだそうです。

（出典「草地稿」）

125 岩山神社

豊岡上の岩山神社は辺りの大岩を切り取って建てられています。御神体は大岩の磐長姫命《いわながひめのみこと》です。使わしめは、角を持つ白蛇だといわれます。社の手前の四角い汲川に現れるそうです。一生に一度だけ願い事を必ず叶えてくれると言われますが、邪心を持った願い事をすると祟り殺されると言い伝えられます。

（出典「草地稿」）

126 大和神社の白狐

この白狐、若い頃はなかなかいたずら好きだったとか。夜道を提灯下げてお宮の近くを歩いていると、風もないのにろうそくの火が消えるそうな。灯を付けようと、火打ち石を取り出して、付け木に火が付き、提灯を手元に引き寄せただけで、提灯に灯がつく。ボーッと灯が移る、ということが度々あったそうな。

大和神社

ある時、大和神社の神子《みこ》さんが、お宮に夜詣りに行ったそうな。

「悪さをするな。早う灯をともせ」

と言ったら、何事もなかったように、提灯の明かりがついたそうじゃ。

その事を忘れたある闇夜の夜半に、神子さんがお宮の近くを通りがかった時、提灯のろうそくが消えたそうな。辺りは真っ暗闇だったが、神子さんは慌てることなく、

「このような悪さをせずに、姿を現し話をせよ」

と声をかけたところ、辺りが明るくなったと思いきや目の前に真っ白い狐が姿を現した。

「私は、このお宮の森に棲む白狐である。宮守をしていることを知らせたく、若い頃はいたずらをした。昨今は、人忙しく、まれに詣る者がおるのみ」

と、憂いた。そして、

「宮へ詣りし折りは、法華経の一巻を所望したい」

と願ったそうな。それ以後、何事もないと言われている。

（話者　北　川野　明）

127　天計神社と七人御崎

豊岡下の天計《あまはかり》神社の前身は、大梵《だいぼん》天王宮と云い、丹波の国愛宕《あたご》神社分霊し大勝山に奉祀した建築の神と云われる。神社の鳥居のある矢根尾鼻《ばな》の鳥居には「大梵天宮」の名があり、傍に「愛宕さま」と呼ばれる祠がある。

天計神社と、この鳥居場と、青木にある御休殿の三点は一直線上にあると云われている。また、天神山頂にあった「天満宮（大勝の末社）または天神宮」の四点が一直線上にあるとの説もある。往年の加茂大祭では、天計神社は午前二時の「お立ち」で、けやき造りの八〇貫以上の御輿を八人でかつぎ、必ず矢根尾鼻の大勝さまの鳥居をくぐるのが「きまり」となっていた。つるべ落としの秋の日とて還御の時刻に御休殿では日はとっぷり暮れて、枯竹の「たいまつ」を燃やしなが

ら、ロープで前を引張り、深い水外《みずはず》しのある矢根尾鼻を登っていったものである。

天計神社の火災があったのは、昭和十二年春四月二十九日のことである。出火の原因は、神社下方の民有林の「炭焼きがま」からと云われた。神社の前、南斜面を風にあおられた火は馳《か》けあがり、またたく間に神社本殿の屋根にのり移った。その時本殿の分厚い「落とし込み」の木製の御扉を石で突き破り、御神体を裏山に遷座した。今思えば印象に残る一大惨事であった。

天計神社に関連のある往古の語り伝えとして、真地屾の七人御崎と血洗い池物語がある。語り伝えられるところによれば、江与味八幡宮が加茂大祭に参集していた昔のことで、江与味八幡宮が加茂総社宮へ神幸の際、真地屾まで来て「大勝宮の行幸は如何に」と尋ねたところ「大勝宮は先刻出行し、も早や一里先へ行き給《たも》う」といわれ、この遅延した責任は偏に氏子だと口論の末、同士戦となり七人が死んだ。従って、その死者を此処に埋めて七人御崎として祀ったと云う。現在もその石碑（供養塔）がある。

また、この事件に関係して、この決闘による切傷口や血刀を近くの池で洗ったとも云われ、この池をその後血洗池と呼ぶようになったと語り継がれている。

（話者　豊岡下　浮森　毅　出典「広報かもがわ平成四年一月」）

128　提婆宮

提婆宮《だいばぐう》の蓮信《れんしん》さんが、勧告を受けて、弁財天を祀れ、いうことで、弁財天を祀って、提婆宮が出来たんです。二十八匹の白狐を供に連れて来られたと。霊験あらたかで、この円城が栄えたんです。そういう提婆宮伝説があるんです。

この円城寺は、もともと七百十五年に、道の駅の向こうの本宮山《ほんぐうざん》という、海《かい》神社や、龍神様や、山王様が立っとった、その山の上からちょっと南に下りた辺りに、開山されたというんです。縁起に書いてあります。それが七百十五年で、来年千三百年になりますけれど、鎌倉時代にその本宮山の上が、塔頭《たっちゅう》が十六あったのが焼けまして、みな縁起の話ですけど。その時に、もともと正法寺という名前だったのを改名して、改号しまして円城寺として、現在のこの地に再建されたという話なんです。縁起の話なんですけど、その時に、この、蓮信上人というここの住職が、感得を受けて、この地に弁財天を祀れということで、祀られたのが、提婆宮にあります提婆天というお宮なんです。

提婆宮

提婆宮には、いろいろの伝説がありますんですけれど、「加茂の提婆は人をとる」と、昔から言われておりまして、寺域の大きい杉や桧に、丑の刻参りをすると、大変よくおかげがある、というのはおかしいんじゃけれど、おかげがある。呪い釘を打ったら、提婆宮の裏側に小さい祠がありまして、そこに住まわっとるお使いの白狐様が飛び出して、相手をとり殺しに行くと。その時に、提婆宮の回りの塀があるんですけれど、狐様を高く飛ばすのは不遜だから、塀に穴を開けなさいと。今でも塀に穴が開いている、ということがあるんです。

お提婆様で拝んで呪いをかけて、おこもりをして、

「だいぶ相手が弱っとんじゃ。もうちょっと頑張るんじゃ」

いうて、うちに栗を植えとんです、円城寺の裏に。

「その栗を拾わしてくれえ、お供えするけえ」

いうて来られた人がありました。

前は、おこもりをようしょうられました。

それからいろいろな話があって、怖い神様だから、「円城女子（おなご）を嫁にもらうな」とか、加茂（郷）、加茂の提婆と言ってましたから、「加茂の娘を嫁にもらうな」とかいう話があれこれあったらしいです。

「上田円城で縁組みするな。加茂の提婆は人を取る」いうて。そしたら、提婆さんのほうが、「罪のない者を殺しゃあせん」と返声があったらしいですわ。上田とは仲がようなかった。

ですが、提婆様の本地は弁財天ですから、弁天様が天女ですから、女の神様だというイメージがあるんです。それで非常に嫉妬深いというイメージがあるようです。

私ごとに関係あるんですけど、先代から聞いてましたけど、円城寺の住職が嫁取りをするといいことがないとか、嫉妬しておこりんなさると言う話なんですわ。

（話者　円城　沼本宣甫　沼本はじめ　天艸眞諦）

129 大津様

提婆宮拝殿と輿倉との間にある小さいお宮が大津様。あれは、沼本のお爺さんが、ご勧請になったんですよ。馬方をしょって、水谷かな、昔は交通の要所が、馬の背で、水谷へみな運びょったからなあ。帰りに白い着物を着たお爺さんが、

「提婆様へ行きたいんじゃが、乗してくれんか」いうことで乗って、途中まで上がったら、「あそこが提婆様じゃ」いうて言われて、へえから見たら、もう姿は見えんようになっとったんじゃいうて。

霊験あらたかなことじゃけん、拝んで祀ったら、大津様じゃったいうんで、家の近くに祀っとったけど、そりゃあもう移さにゃあいけんいうことで、「提婆様のへりに祀らせてください」いう許可を円城寺で受けて、あそこへ勧請したんじゃいうことを聞いとります

けえどな。

大津様（真庭市余野下）は久世から二里。日木《めき》を通って。昔は私の親父やこうは、若い時に、自転車で行ったり、歩いて行くのは、夜十二時に出て歩いて行った。

この辺の方は、大津様でも狼様（津山市桑上）でも、木山様（真庭市木山）でも、よう昔は参りょうったからなあ。歩いてなあ。


（話者　細田　溝口一幸）

130 キュウモウ狸

キュウモウ狸が、円城細田の娘さんを拐かして、悪さばっかりするから、村の人がなんとかしてくれえいうて、円城寺の住職に頼んだ。

そしたら、円城寺の住職と法力合戦になって、円城寺の住職が勝って、なにやらに押し込めたいうんでしょう。

「これからは皆さんの役に立つよう、もう悪さはしませんで、百姓の神様になります」いうて祀られたのが火雷神社というか魔法宮様じゃというふうな話で聞いとんです。

近くに久保田様というのがありましてねえ、魔法神社とお提婆様は、そういう関係があるのかどうか知らんけど、昔から「両参り」なんですわ。最近の方は、「三参り」なさる。火雷神社と久保田様と提婆様。たいてい「三参り」される。ここへ来られても、久保田様と魔法様を聞いてこられるもの。

久保田様と円城寺と何か関係があるんじゃと思うんですが、お祭りが久保田さんが二十四日ですかな、ここが二十八日。久保田様に雨が降ったら、円城は晴れる、いうて昔はよう言よったなあ。久保田様が晴れたら、提婆様は雨。祭りの日がな。年に二回あります。

久保田様は四月と十月。二十四日が縁日ですけえど、春と秋としょうったんですけえど。円城寺が二十八日。

（話者　円城　天艸眞諦　沼本宣甫）

131　真夜中祭

上田西黒杭の祇園神社（八坂神社）は秋祭りとして九月二十六日、午後九時頃より真夜中祭りをします。京都の八坂神社の神を航路で勧請したが、真夜中であったことから真夜中にお祭りをするこの祭りの由縁です。

（出典「草地稿」）

132　大和神社の秋祭り

昭和四十年頃、それまで十月二十七日から二十八日だった秋の祭りの日を変更し、十一月三日の祝日にしたところ、その年に、村内に家火事、山火事が多発したという。

（話者　北　川野　明）

133　吉川の光林山神護寺

「木の葉がピカピカ光るところがある。そこに社をせよ」

と、光林山神護寺《じんごじ》を造ったと聞いている。

（話者　吉川　伊賀日佐子）

134　正法寺の火事

正法寺《しょうぼうじ》というお寺が焼けたのは、西暦一二〇〇年ごろで、失火で焼けたといわれとる。また、あまりにも灯明の明かりが明るいもんじゃから、旭川の魚が寝んいうて、せえで漁師が来て、火ぅつけたんじゃというような話がある。

（話者　上田西　内藤三治）

135　能引寺

上竹山神《やまがみ》に能引寺《のういんじ》がある。矢倉城主竹井肥後守、落城の時、その息女緑姫が、この寺で自害したと伝える。

（出典　「芝村稿」）

136　金福寺の火のみさき様

吉川の千木にある金福寺《こんぷくじ》は文政年間、火災により焼失しました。文政の大火は人も寝静まつた午前二時頃で、気のついた時には最早手の出しようがなく、消すといふよりは如何にして逃げるかという有様で部落の人々が集まつた時には大半焼け落ち、水の便利は悪しく必死の消防も空しく燃えるに任せるより外なかつたそうであります。

ここに一人の信者は、此の大きなお寺を焼いてしまつて、五百年の由緒あるものを無にしてしまう惜しいものだ、就いては一番大切な本尊阿弥陀様をお救いせねばならないと言つて、命がけで本堂の中に飛び込みましたが、此の時ははや本堂の内部は火の海で本尊は猛火に包まれ、どうすることも出来ません。とやかくしている中に火は遠慮なく自分の体に飛び火して大火傷をいたしました。これではならぬが何も取出すことが出来ないとあつては申訳がない、何かあらんと思いついたは傍らにあつた四天王の中、二体の木像を抱え込んで夢中になつて出ようとしましたが、火傷の痛みに歩行がむつかしく一生懸命となつて、やつと裏山迄出るとパッタリ倒れました。恰も之れを見ていた二三人のものが駈けつけて安全地帯にかつぎ、介抱いたしましたが、火傷の創が重いので衰弱甚だしく、声もかすかに木像の始末を頼んで其のまま息は絶えました。

実に可愛想なことをいたしました。此の尊き犠牲者によつて二体の木像は救い出され、これによつて金福寺の由緒をほぼ推定することが出来るのであります。誠に有りがたいことです。「火のみさき様」というのは此の信者を祀つたものであります。其の後此の木像は前記上の堂内に保存されて来ましたが、あまりお粗末なので誰も目にかけて呉れなかつたものと思われます。

（出典　『吉川誌』）

137　キヅキ様

吉川正行《まさいき》地区の、今のはるみの丘があるところに、キヅキ神社があって、雨乞いの神様として、田植え前に拝みよった。途中衰退したとき、新見の豪族がやって来て、蚕の神様、農業の神様、雨乞いの神様を祀って復活させた。

そこは、赤松がはえとって、痩せ地だったから、松茸がようけはえよった。吉川一の松茸の産地だった。

（話者　吉川　辻田　明）

138　頭の神様

宮地の南谷の道のそばに、石の土台に載った三十センチほどの石仏があって、頭の神様じゃと言われとる。人知れず誰かが参っとる。年寄りが言うには、昔の人が伊勢神宮に何日もかかって歩いて参ったおりに、その石仏を持って帰って祀ったという話。その側には椿の木が植えてある。

（話者　宮地　瀬尾喜志子）

139　乢《たわ》の行者様

上竹猿目《さるめ》にある足の神様は、足の悪い時、願懸けをして、よくなったら履物を供える。

（出典「芝村稿」）

140　神護寺と僧宗光と道光

僧宗光《そうこう》、道光《どうこう》は南北朝の終り後小松天皇の御代の人で、和泉国に生れた名高いお坊さんであります。常に男山八幡宮を崇敬していました。嘉慶《かきょう》二年（一三八八）の或る日諸国行脚を思い立ち各地を遍歴していましたが、たまたま備中国に来り、或る旅宿にて就寝しているうち、昼の疲れに夢うつつともなく枕辺に白髪の老翁あらわれ告げ給うて曰く、

「此処より北方にあたり路幾ばくもなくして瑞雲たなびける山あり、ここに久しく荒れ廃れたる宮居ありければ之れを復興して祀るべし。吾れは男山に住む翁なり」

と宣われたかと思えば、忽ちにして夢がさめました。之れによつて宗光、道光の二法師はこれ正しく霊夢であろう。疑うべきでないと言つて、早速支度をととのへ北方さして急ぎました。行くにしたがい道は次第に悪しくけわしき山路にさしかかり、峰を越え谷を渡り人跡とだえた深山に分け入らせられ、只耳に聞えるものは風の音と猿《ましら》の声のみ、いと淋しく進まるるうちに不思議なことに瑞雲立ち覆い、林間に奇《く》しき光輝き、何処ともなく芳香馥郁として恰も仙境に入りしかと思わるる霊地に登り着かせられたので、神のお告げ間違いなしと、あちらこちらさまよいたるに、果して荒廃したる宮居に行きあたりましたので、土地の者どもをあつめ、かくかくと有りし事情を物語り、之れ捨て置くべきにあらずと、広く寄進を募り、難行苦行に日を

重ね七ヵ年の長さ年月を経て遂に之れを再建し崇め祀られました。之れが即ち吾が八幡宮であります。

以来二僧は日夜国家安全、庶民幸福の祈念を怠らず勤めているうちに、或る時僧宗光は弥勒尊、道光は地蔵尊の金剛仏を自ら鋳造して、八幡宮御神前の両側に安置し長く宮居に留めて、神に仕え国家擁護の神力を得ようと祈り続けました。其の後此の弥勒、地蔵の御尊像は昔から今に至るまで官に変ある時はお腰より上に流汗し、民間に災あるときはお腰より下に流汗し、近くは元文年中に一度、宝暦年中に三度、明和年中に三度流汗し其の度毎に官の命を受けて転禍為福の祈祷を修したとのことであります。よつて之れを汗の御仏《みほとけ》と言い伝えています。宗光、道光は更に神宮寺である神護寺を建立し、八幡宮の別当寺と定め社僧として奉祀することに致しました。弥勒、地蔵の両尊像は今神護寺境内弥勒堂に安置され霊験あらたかなるを以て遠近より参拝者が日々跡をたたないのであります。

（出典 『吉川誌』）

141 お汗の弥勒菩薩

吉川神護寺の話。ある年の、それは秋も深く、この里にもそろそろ冬将軍が訪れようとする朝、いつもの修法《ずほう》（おつとめのこと）のために、弥勒菩薩にみあかしを捧げた修行僧のひとりは、弥勒菩薩のおびただしいお汗に驚き、寺の二人の僧に急ぎこのことを告げました。

みると菩薩のお顔といわず胸といわず、それはそれは玉の汗でありました。多くの参拝者も、みなこの様子にただただ驚きいっているのでした。

両僧は、これはきっとなにかの変事のお告げであるにちがいないと眉をひそめ、いよいよ修法につとめました。

以後、官に変ある時は弥勒菩薩のお腰より上に流汗し、衆に変ある時はお腰より下に流汗し、その度ごとに転禍為福《てんかいふく》（わざわいをてんじてふくとなす）の祈祷をおこなったということです。

よって人々は、これをお汗の弥勒様として言い伝え、二人の僧は弥勒・地蔵両尊の化身《げしん》（神仏が姿を変えてこの世に現れたもの）にちがいないとうわさをしあうのでした。

安政四年、神護寺別当と時の庄屋沼本広右衛門が、幕府の代官所へ正月三十一日、弥勒菩薩が大変なお汗を流しております。吉か凶かわかりませんが、昔からお届けいたしておりますのでお届けいたします。このようなことを書いた「弥勒菩薩流汗の際にお届けする届け書」が記録にあるそうです。

いずれにしても地区のお年寄りの言葉によると、かの日露戦争の時も、大東亜戦争（太平洋戦争）の時も流汗したということです。

（話者　吉川　辻田　明）

142　丸山の摩利支天

大和北、野呂に、中河内、河野家の屋敷跡がある。その裏山（丸山）に、摩利支天堂がある。

もと美作国、津山城主の森忠政が、築城後、祭神として摩利支天を奉祀した。その後、五代目の衆利乱心のため、お城断絶となった。時は天禄十～十二年のころ、あとに残された家臣の多くは、「われらは二君に仕えることなし」と、野に下ったり、山伏になった。

祭神の摩利支天像を背負い、諸国を巡った末、当地、野山郷の中河内、河野家を頼って来たという。

現在、丸山の山頂に桧の二股樹がある。樹令ははっきりしないが、胸高周囲で、主樹が一二三《セン》《チ》、支樹八四《セン》《チ》、樹高は二〇《メー》《トル》ほどの一本樹である。

この二股樹に、摩利支天像を納めた厨子を安置し、奉祀したと伝える。

代々、河野家が祭主となっている。

現存のお堂は、棟札もなく、建立年は不明。屋根は茅葺きだった痕跡があり、何回も修繕、改築も行われてきたようだ。堂の南側に一間×二間の小部屋が造られ、曾祖父・河野増右衛門、祖父・住吉、父・正得などが自炊しながら堂守をしていたという。

明治四年に廃藩置県、九年に廃刀令が出された。そのとき、松山藩の家臣や近隣の侍がこの摩利支天に刀剣や武具を奉納したという。当時、長持一杯あったと伝える。町内の水迫《みざこ》の住人、吉岡家や福田家の先祖も奉納され、松山藩以外の、岡山や妹尾などからも奉納されたと伝える。

しかし、現在は、一振の刀もなく、長持も見当たらない。

明治以来の戦争で、召集された人が刀を持って行ったともいう。

堂内の祭壇には二つの社があり、左側に摩利支天、右側に妙見菩薩が祀られている。また左上の棚には、帝釈天、大梵天、森大明神、右上の棚には、稲荷大明神を祀っている。

現在氏子三十数戸、外氏子を含めると五十戸以上になる。

祭りは、八月二十四日に、子ども主催の夏祭り、十一月二十四日に甘酒祭りが行われる。

なお、堂の平面図は次のとおり。

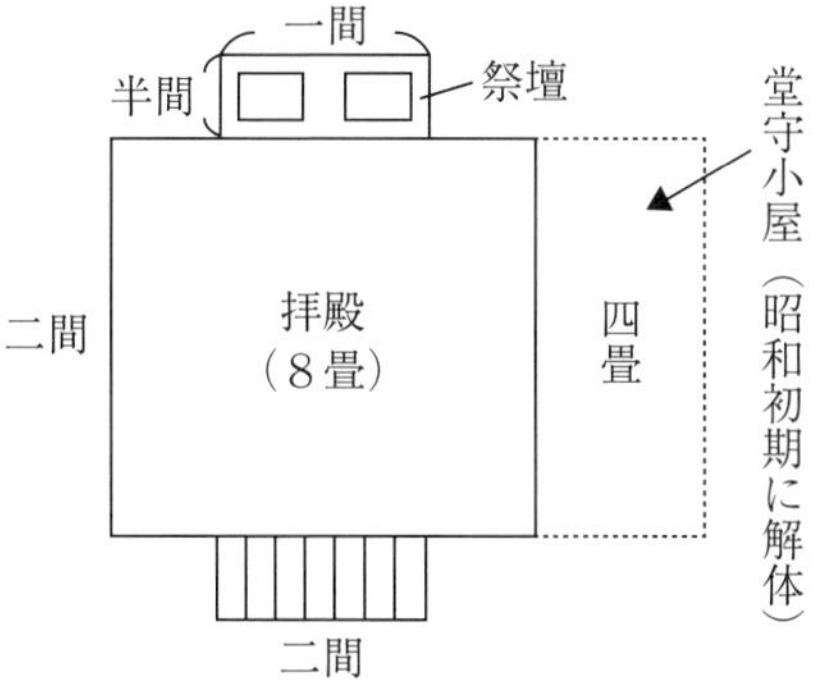

（話者　北　川野　明）

143　三遷の薬師如来

三遷の薬師如来いうのがあるんですわ。というのが三べん、堂屋敷いうとこに行って、ぶっせへ行って、それから大村寺に来たというんですけど。

木野山から堂屋敷いうて、巨瀬との境ですわなあ、首塚なんかがあるとこです。首塚なんかもたくさんの将兵がそこで死んだけん、大村寺の僧侶が弔うたということです。大村寺も一人や二人の坊さんじゃあどうにもならんから、その当時は十二か坊あったいうんですねえ。坊いうても、高梁市のなかの小高下いうとこがありますわねえ、そこにも大村寺の坊が三カ所あるんです。高梁市の中の巨瀬辺にですねえ、前は新坊言よったんですけど、今は呼び名が違いますけど、それが大村寺の分家寺みたいなことになっとったらしいんですけど。大村寺へ向けて大勢の人がお参りしょったんですけど、そういう時代があったりして。

大村寺

その起源についても堂屋敷へ来て、ぶっせへ行って、それから大村寺へ来て、三遷の薬師如来と、言われとんですけどな。もとは木野山にあったというのが。

（話者　上竹　芝村哲三）

144　毘沙門天の旅

昔、上竹袈裟掛の毘沙門天様を、石井家で大切にお堂を建て祀っていました。大変ご利益が有りましたので、村人達もご利益に預かりたくて、お参りに来ました。秋の収穫祭には感謝する人達が酒や肴を持ち寄り、お祭りをする習慣が生まれ、俵に餅を詰めて持って来て餅投げをするようになると、子どもも交えた盛大なお祭りになりました。しかし、堂が古くなり雨漏りがし始めましたので、お堂を修理するまでの間、素麺箱に入れて、保管することにしました。

するとその夜から素麺箱の中に毘沙門天像が見当たらなくなり、村のあちこちの家の屋根裏で、ゴトゴトと音がし出しました。怪奇現象の音のした家の家主は、「石井家の毘沙門天様が訪ねて来られた。お祭りしよう」

と言って、お坊さんを呼んで経を上げました。成金の立派な見越しの松のある家の屋根裏でも音が鳴りました。家主は、「仏が勝手に旅をするものか。馬鹿馬鹿しい。鼠でもいるんだろう」と言って放置しました。

すると主人も奥さんも亡くなりました。

ある日、石井氏がふと気付くと、元の場所に置かれていた素麺箱がコトコト鳴っていて、開けてみると毘沙門天様が戻っていました。お堂を建て直し丁重に祀りました。其の後の石井家は今でも平穏な生活が続いているそうです。

（出典「草地稿」）

145 流れ着く神

三谷大谷の森神社は、大洪水のとき、ご神体がこの地に流れ着いたものを祀ったという。

旧暦一月十三日に行われる粥管祭《かゆくだ》は有名。

（出典「芝村稿」）

146　不動明王

上竹不動越《ふどうごし》の巨岩に不動明王、制吒迦《せいたか》・毘羯羅《こんがら》両童子を刻む。そのため地名を不動越という。聖坊《ひじりぼう》が刻んだと伝える。

（出典　「芝村稿」）

147　浄戒坊の猫

今からおよそ三百年ほど昔、延享元年（一七四四）のこと、上竹に大塚作兵衛という人が、浄戒坊《じょうかいぼう》の近所に住んでいた。

ある日、作兵衛の妻は、月満ちてかわいい赤ん坊を生んだ。二人の喜びは、この上もないほどであった。

ところが、ある夜、子どもの寝ている部屋の方で怪しい物音がしたので、作兵衛は不思議に思って、灯をともして急いで行ってみると、かわいい赤ん坊がいない。大変驚いた作兵衛は、手を尽して探してみたが、どうしても分からない。途方に暮れていた時、近所の人たちは、口々に、

「浄戒坊に古くから飼い慣らされている猫の仕業だ」

「浄戒坊の猫の仕業に違いない」

と言ったので、わが愛児を取られて悲しんでいる作兵衛は、人々の言うに任せて浄戒坊に行き、

「私の子どもを取り殺した猫を渡してください」

と、お坊さんに頼んだ。

しかし、猫が赤ん坊を取り殺したという確かな証拠もないのでお坊さんは、

「長い間かわいがって飼っている猫ですから、たとえ畜生とはいえ、訳もよく分からないのに、お渡しするわけにはまいりません」

と断わり、酒等をすすめて話しているうちに、作兵衛はよい気持ちに酔い、夢ともうつつともなく、うとう

ととしているうちに、浄戒坊の猫が現われ、

「赤ん坊を食い殺したのは、私ではありません。それは、この寺の仏壇の下に、長い年月棲む大鼠です。私も、かねてから、この鼠をかみ殺したいと思っても、なかなか力も強く、私一人の力では到底及びませんから、大西の猫を借ってくだされば、二人で力を合わせて、きっとあの大鼠をかみ殺し、あなたの仇を取ってあげ、心を慰めてあげることができるでしょう」

と言うかと思うと、作兵衛は、はっと夢から覚めた。

　不思議なことがあればあるものだと、さっそく大西に行ってたずねると、なるほど浄戒坊の猫にも劣らぬ年取った立派な猫がいたので、すぐ借りて、浄戒坊に連れて行くと、二匹の猫は、ちょうど友だちどうしのように馴れ合い、じゃれ合っていたが、その夜、ものすごい家鳴り震動がし、大鼠とかみあうありさまが手に取るよう。ついに大鼠をかみ殺し、作兵衛の恨みを晴らし、のちの災いを断つことができたという、誠に珍事件であると、聞く人、みな感心した。


（通観202「絵猫と鼠」参照　出典「芝村稿」）

148　爪なし竜

大和神社の八幡池で水がいっつも無くなるいうことは子どもん時から聞いとりましたけえどね。

大和神社の爪なし竜

大和に、八幡池という池がありましてな。そこの水が農繁期になりますとね、どうも水が減ってしまう。晩になればなんかあるのに、朝になってみようったら空《から》の状態になってる。おかしいなあ、おかしいなあいうて。それが

どうしても、その原因が分からずに、

「誰か夜、番を立ててから探そうじゃないか」

いうことになりました。

　大和神社の拝殿の前に、木彫りの竜がおられますなあ。それが夜な夜な、この池に行って水を飲んでしまう。そのために、朝見ると空になっとるというようなことなんです。どうも、これから田んぼに水がいるようにいうことになると、死活問題になるなあいうことから、

「それなら竜の爪を切ってやろうじゃねえか」

いうことで、みんなで、この竜の爪を切ったというような言い伝えがあるわけで。それで今もその彫った竜にはねえ足に爪が無いんですな。

（話者　西　前田廣雄）

149　素戔嗚神社の竜

　素戔嗚神社の本殿の屋根がありますト下に、下《げ》（下屋）のようなとこがありますらぁなあ。あすけぇもていいて木彫りの竜があげてあったんです。

　その竜が、おやじが言うのに、

「この竜はなあ、昔ぁ素戔嗚神社のぐるりへ、ようけえ桧があるけん、桧皮葺《ひかわぶ》きが来て、夜さり泊まりこんどって桧皮ぁむきょうた。ほしたところが、なんやら夜中に不気味な音がする。せえで、なんじゃろうか思うてのぜえてみても、よう分からんけえど、どうもきょうとえ（おそろしい）音がして、なんやら下ぇ下ぇ降りていくようないうて。

　へえから、明くる日に、その下の方の氏子の人に言うて、みんな寄ってからあがって、氏子の人も、夜うさり見ょうた。

そうしたところが、竜が下りてから出て行く。朝んなりゃあ元んとけぇ戻っとる。

その竜が出てから、悪いことをする、暴りょうる。両谷ぃ出てから暴りょうる。へえで、

「こりゃあ木彫りの竜じゃけえ、胴中ぁ引き切ろう」

胴中ぁ引き切って、

「頭の方を、そけぇ残えて、尻尾と一緒にしときゃあ、また一緒になって、暴りょうもしれんけん、尻尾は木山神社へ納めて」

いうて言うんじゃそうです。

さて、その木山神社にその尻尾があるかどうか、建て替えたからなあ。

だけど、ここも建て替えたんですけど、そういう伝説があるけえ、盗られちゃあいけんけえいうてから、中ぇ入れとるらしい。

木山神社にゃあ、昔は素戔嗚尊のひげを切って投げたら生えたという大きな杉の木じゃとか桧じゃとか、あったという。

で、戦争中に、船を造るのに、木材の供出があった。せえで、そこの木山神社のご神木を召集で出したんです。

素戔嗚尊の顎のひげだったか、どっかのひげを、ぱっと投げたら、それが大きな木に生えたいう伝説のある、ご神木がねえ。


（話者　下土井　片山光男）


〈注〉国の情報局発行の「写真週報」（昭和十八年三月十七日発行）には、木材の供出について、次のように記しています。

「畏くも天皇陛下には、戦時下における木船の重要性を思召され、木船材を御下賜あらせられました。聖慮の程、まことに畏き極みであります。このありがたき聖慮に感泣した政府は、………さらに全国的に木船用木材供出が国民の盛り上る力として行はれてゐる……」「一人息子さへお国へ捧げるときです。戦力を増すためにこの際、

進んで供木に応じませう。勝つためだ、村民の決意は固く岡山県県社木山神社の神木が村民歓呼の声に送られて「応召」しました」などとあり、伐採、運搬など六枚の写真が掲載されている。

伐採される木山神社の神木
（「写真週報」263号　昭和18年3月17日　情報局発行）

150　左甚五郎の竜

蜂谷《はちや》に竜があるんですらあ。お堂があって左甚五郎が彫ったとかいう。蜂谷の何番になりますか。あそこは十六番、十七番、十八番、十八番ぐらいじゃなあ。お大師様には竜がある。額にしてある。左甚五郎の作じゃ、言いますけど、目玉だけ盗まれとる。ガラス玉があったんじゃ。誰か悪いことをするもんがおるんじゃなあ。

（話者　豊野　石田嘉隆）

151　善正院と猪追いの行事

大分昔のことでありますが、此の地方（吉川）は昔から猪が出て作物を荒すので皆困つていたものであります。そこで皆んな申合せて猪を追い封じ込んで五穀豊饒を祈願しようというので、善正院《ぜんしょういん》の和尚さんに頼んで猪追いの祈祷を始めることになりました。もう今から五百年も前のことでありましょう。

時は毎年旧正月九日、柳の木で約一尺位の長さ、親指大の真木二本を作り一つに束ね、別に寺印を押してある紙片に米少量を包み、これを小さい樫の枝葉に括りつけたものを真木に結び（後世に至り八幡宮社僧神護寺住職代つて祈願す）、別に部落の人々も箸位の前同様の真木を作つて寺に持参し御祈念を行います。御祈念終つて後で赤土でこしらえた朱肉様のものに寺の真木の片端をつけ、口で念じながら堂の板塀に大きな音をさせながら代る代る押しつけます（此の大きな音をさせるのは猪を追い払ふ威勢を示す意）。これによつて板塀には多くの赤い型が出来ます。

　此の行事が終つて各自は自分の真木を持ち帰り、自家の歳神棚に供え燈明を点じて本年の厄難消除、五穀豊穣を祈り苗代田に立てます。即ちこれが猪追い、病虫害予防の禁厭《きんえん》（まじない）でありました。実に入念の珍らしい行事であります。然るに惜しいことに大東亜戦争（太平洋戦争）の始まつた時より中絶するに至りました。

（出典　『吉川誌』）

152 清水寺の梵鐘

湯山の龍角山清水寺《せいすいじ》の寺の梵鐘の音は、遠くまで良く届くので、天文十二癸卯《みずのとう》年（一五四三年）六月、虎倉城主、伊賀久隆が戦乱の時の合図の鐘にしようと、あるいは刻の鐘としようとして盗ませ城内に移しました。必要な時に鐘を叩いても音が出ないばかりか、音がしてはならない時に鳴り響くので、久隆は困り果てました。それで虎倉城の近くの浄光寺に預けました。

　しばらくすると、梵鐘に詫び状を添えて送り届けられました。詫び状に「鐘は役に立ちませんでした。清水寺より離そうとすると鳴り出し、離れれば離れるほど、早く大きな音になります。清水寺に向かうと、音が止みます。鐘は清水寺に帰りたがっていると思われるので、返却します」と、書かれていたそうです。

　返却に来た時の様子を山門近くで見ていた村の者に

よると、高曽山《たかそやま》の杉の枝に鐘が当たった時、ゴーンと音がしたそうで、その音を聞いて、鐘を担いでいた者達は、歓喜の声を上げ、「直った。直った、鐘の機嫌が直った」と言ったそうです。

別の話として、役立たずなので滝の口の崖から落とし壊そうとしましたが壊れず、浄光寺に移しました。それを知った神原宗右衛門《こうばらそううえもん》、神原佐京佐《こうばらさきょうざ》が、「もともと清水寺の梵鐘だから返してくれ。」と頼むと、伊賀久隆が快諾し返却に応じました。高曽山《たかそやま》に差し掛かり、松の枝に鐘が当たると鐘が鳴ったのです。人々は驚き、不思議な力を持った稀代の霊鐘だと噂したと言います。

（出典「草地稿」）

153 千光寺の千手観音①

杉谷にある千光寺のご本尊は千手観音で、備前西大寺の観音様を作った残り木で彫ったものと伝えられる。

あるとき、清水寺が、この観音様を盗んで帰って祭った。ところが拝むと、観音様が涙を流し、「千光寺へ帰りたい」と言う。そこで返すことになり、返したのはよいが縁側に投げて去《い》んだという。

（話者　杉谷　桜本賀順夫）

154 千光寺の千手観音②

杉谷の杉谷山千光寺は、元、円城寺の末寺でした。岡山藩の寺院統制の時、廃寺の憂き目を見ました。室町時代の作とされる本尊の千手観音像は真庭の一色の清水寺に移されました。住職の枕元に千手観音が現れて、千光寺に帰りたいと訴えたため、元の千光寺に移されました。

（出典 「草地稿」）

155 首切り地蔵

この竹荘から有漢へ越す方に夜中に越しょうると化け物が出て、刀を使って化け物を切ったわけ。せえでこんだぁ、次に帰る時に見たら、その夜中に化け物を切っとたのが、そのお地蔵さんじゃった。その首が切れとった、転んどった、いうようなことを聞きました。

「私らが聞いとるのは、首切り地蔵。そこを夜中に渡りょうったら、化けもんが出てきて、その武士がじゃなあ切った。せえでまあ切って、北房の水田（現真庭市）の方へ行った訳でしょう。へえから帰りに見たら、お地蔵さんじゃった。首を切っとった。

わしらぁ則安《のりやす》の辺じゃあ年寄りから聞いたのは、首切り地蔵で、あの大平山《おおひらやま》に山伏をしょうた時にあったんじゃという話。

それもどこにあるか知らなんだ。私が昭和二十二年かなあ、農場いうところへ行ったときに吉田さんいう人が、これが首切り地蔵じゃと教えてくれた。

（話者 豊野 平松金次 石田嘉隆）

156 腰折地蔵①

何時の頃か解りませんが、川遊びをしていた少年が、水の犠牲になりました。遺体は無残にも腰の骨が折れ、曲がっていました。村人は不憫に思い、地蔵を立て、悼みました。それで腰折地蔵と呼ぶのです。

腰から下の病にご利益があるとされ、子供の寝小便や腰痛、腰の曲がりの平癒祈願に訪れる人が居りましたが、今はこの赤いべべを着せてくれている腰の曲がったお婆さんしかいなくなりました。地蔵は豊岡下の上大木《かみおおぎ》から湯の瀬に行く途中の川向こうにあります。

（出典「草地稿」）

157　腰折地蔵②

吉川布郡《ふごうり》のコウロギにある腰折地蔵は高さ約二尺あり、横腰部約六寸位で、石垣の高さ約四尺の上に立つてあります。大理石造りで室町初期のものと見られます（約六百年前）。これは初めから腰の折れたお地蔵様で二つ継ぎ合せたものです。

　これには、次の様な珍らしい伝説があります。昔々此の地方に心のやさしいおじいさんと、おばあさんとがあつて大へん正直者でよく働くので、万人から好かれて非常に重宝がられていました。ところがこのおじいさんが、ふとしたことから腰が痛くなつて立つたり座つたり出来なくなりました。おじいさんは大そう困つて、自分の家の中に祀つてあるお地蔵様を一心に信仰いたしました。此のお地蔵さんは昔から腰が折れていたものだそうです。朝晩この前に手をついて三週間の塩物だちを誓い、どうかお助けに私の腰を治して下さい全快しましたら、あなたと同じ連れのお地蔵さんを作って、大勢の人に参詣してもらいますからと毎日祈りつづけました。ところが三週間の満願の日に杖をついて門の処迄出ましたら、運悪く門の石垣をころび落ち、持つていた杖を折つてしまいました。アツと思つて石垣にとりついて立ちましたら、何と不思議なことです。腰の痛みはすつかりよくなつて、杖は入らなくなりました。おじいさんは喜んで早速おばあさんに事情を話し、お地蔵さんにすがつてお礼を申上げました。

　おばあさんも、これは日頃信心していたお蔭があらわれて、杖が入らないようにお助け下さつたのですと、二人其の夜はお燈明を差上げお供物をして祀りました。翌日からも相変らず信仰を続け、近くの石工さんを頼んでお約束した通り、家の中のと同じような腰の折れたお地蔵様を作つて道べりに立て、近所の人に自分のお蔭を受けたお話をして聞かせ、腰痛い人は信仰なさい屹度全快いたしますと世間の人々に宣伝いたしましたら、近い所はもとより遠方から此の話を聞いて参詣するものが多く、はやり仏様、腰折地蔵様と一時は大へんなお参りで、次々とお蔭を受ける人が多くなりました。後には人のお参りで店迄出来たという伝説が伝わつています。

かかる由緒あるお地蔵様ですから、中には家に持ち帰つて一夜位は無くなつたこともあるそうです。あまり腰や顔を撫で回した為めに、長い間に磨滅して今では形がよくわからない位に変つて来ました。まことに有難いお地蔵様だといつて此の地方の人は大喜びです。

(出典 『吉川誌』)

158 袈裟斬り地蔵①

お地蔵さんですと、袈裟《けさ》斬り地蔵があります。賀陽の総社の近くです。

貧しい娘さんがどっかから引っ越してきていた。旅のお坊さんがよこしまな心をもって悪さをしようと、盗賊に装い、娘さんを殺したと。

ところが、村の人は、お坊さんとわけのわからない娘さんと、どっちを信じるかというと、旅の僧侶を信

袈裟斬り地蔵

じるということで、結局は娘さんが、坊さんを殺して金をとろうとして、相打ちになって死んだ。ということで、お坊さんを祀ったと。

ところが、娘の幽霊が出て、幽霊を退治するという豪傑がきて、退治しようと立ち振舞って、ガツンとやったところ、袈裟懸けに切れた。娘の幽霊を切らないで、地蔵さんを切っておった。地蔵さんが切られたんで、坊主が悪かったんだ、ということがわかった。

（話者　湯山　草地恒太）

159 袈裟斬り地蔵②

竹荘の地、今の岡山部品から北へ上がったところに、五体のお地蔵さまが並んどる。昔のお寺の跡らしく一帯から骨がたくさん出てきたと聞いたことがある。

その地蔵の一番端の一体が、肩から腰へかけて斜めにスパッと切られたようになっているのを、すけて（安置して）、お祀りしている。刀で切られたんじゃと聞いたことがあるが、そんなことがあるんか不思議なことじゃ。

（話者　竹荘　鳫尾芳江）

160 袈裟斬り地蔵③

竹荘の岩牟良《いわむら》神社の南にある明光庵に、毎夜、毎夜夜、妖怪が出たと言われます。ある夜に、肥田五郎兵衛が通り掛かると、いつもの様に現れ、五郎兵衛が剣の達人と見知らず、難儀をさせようと道を阻み襲ってきました。五郎兵衛は、一刀のもとに切り殺しました。話を聞いた村人が翌朝見に行くと、袈裟懸けに斬られた地蔵が転んでいました。

（出典「草地稿」）

161 喜平地蔵

大正時代に、発電所を造るために川の工事をして、宇甘渓に発電所があったんですわ。真瀬良《ませら》いうとこから堰止めて、水を引き揚げてたんですが。その工事中にお地蔵様が、川の底から出てきて、お地蔵様を業者が祀って、現在もあります、喜平地蔵といいます。

喜平地蔵

喜平地蔵。喜平さんはどういう人かというと、この辺りの人で、昔、猪が出たり、狸が出たりして、住民が困っとったらしいんですねえ。農作物を荒らされて。そういうことを、皆さんのために助けたということで、その人を祀ってお地蔵さんをつくったんじゃないかと言われています。

それを電力会社の人が、わざわざ大きな石を置いて、今でも祀ってます。現在の宇甘渓に行く途中に、大きな石の上に社があって、その中に祀られている。そこに発電所跡の堰止めの跡が今でも残ってます。堰止めて、水を下流に流して、水力で電力をおこす。その堰止めた辺りの近くに祀ってあります。

（話者　上加茂　樋口久郎）

162　どんどん地蔵

田土と下土井の境、長尾いうとこに、どんどん地蔵様があった。こまい石をつぐねてありましたけどなあ。今は変わっとりますけどな。

子どもの頃は、そこで跳んだりはねたりするとな、少しかすかな音がしょったんですよ。どんどん地蔵様言よった。そのあたりで、跳んだりはねたりすると、どんどん音がしよった。

（話者　田土　藤田親政）

(七)　地名の伝説

163　茶煎ヶ市

茶煎ヶ市は上竹の中の地名です。栄西禅師《えいさいぜんじ》の茶室があったので、この名が付いたらしいと言われます。

（出典「草地稿」）

164　行寄

藤田の八幡宮も、吉川へ合祀したんでしょう。藤田から吉川公民館の下の、行寄《ゆきより》いう家まで来たら、神輿が動かんようになったと。神様がご機嫌をそこねた。そこで神輿を下ろして、お祈りをしたんでしょうねえ。飲んだり食べたりしたんでしょう。で、そこから、また吉川へ合祀したそうです。今でもそこの家の屋号は行寄です。行きがけに寄ったから。
今でも吉川八幡宮のお祭りがあるときには、必ずそこを通ってくるんです。そこで寄って家の前でお酒でお迎えを頂いてから来ます。当番祭りの時。

（話者　吉川　小柳恵一）

165 藤田

藤田は、藤の花が咲いてきれいなとこじゃったから藤田にしたんじゃと聞いたことがある。藤のかずらが多いとこだったんでしょう。
もう一つは、中鉄バスの社長の藤田さんの関係で、そのからみでなったという話をきいたこともありますけど、どうも、藤の花が多かったぐらいじゃあないでしょうか。藤の花が多かったんじゃと、言ようりました。

（話者　吉川　小柳恵一）

166 譲屾

吉川八幡宮の前身いうのが、松原八幡宮いうて黒山いうとこにあったんです。それを合祀したんです、吉川へ。新しく吉川八幡宮いうのを造ったんですねえ、おそらく。その時に、昔は吉川村と黒山村があったんです。黒山村から吉川村へ、合祀するのに、神輿に載せてきたんでしょう。そこで、譲り渡したんですねえ、吉川分に、昔の村境で。そこで譲り渡したから、譲屾《ゆずりだわ》いう地名が今でもあるんです。

（話者　吉川　小柳恵一）

かいたけんいうて、伝説がなあ。

（話者　下土井　片山光男）

167　高平、大畑、矢柄

化気様が、一本足の馬に乗って、弓矢で射たら、矢が、高い所をヒラヒラと。「皆見たか」いうたら、高い所をヒラヒラと通ったけん高平《たかひら》。大畑《おおはた》いうとこは、大きな音がしてバタバタいうて飛んだけん大畑、矢柄《やがら》いうとこは、矢を見たいうんで矢柄いうたりな。今その石が残っとりますが、細田の才の屾に。

（話者　細田　溝口一幸）

168　湯槙の由来

私ほうの嫁が、蒜山《ひるぜん》からきとるんです。中福田（真庭市）いうとこです。姓はなあ、湯槙《ゆまき》。湯に槙の木の槙。後醍醐天皇のお湯を沸かいてから、ええお湯を沸

㈧ 人物、禁忌の伝説

169 後醍醐天皇

真名子《まなご》いうとこの、ダムの堰堤の向こうに部落があったらしいんです。せえで、後醍醐天皇がな、隠岐の島に流されて来られる時分に、今の第一堰堤のあそこの上に立岩いう大きな岩があるんですわ。そこの上に来られて、歌を一つ歌うて帰る。その歌いうんがな、

来てみれば　ここは美作　西来寺《せいらいじ》
涙こぼして　墨染めの松

そねえな辞世を書いてなあ、隠岐の島に流されたらしい。

それが、今は堰堤が出来てなあ、今じゃあそう大きゅう見えんのですけえど、水谷いうとこから、向こうの道をずっと行ったらある、でえれえ岩じゃった。せえが、ダムが出来て、上だけ今残っとる。ちょうど、大きい堰堤の上になります。大きな岩が一つある。その上を伝うて、水谷いうとこへ通う道がある。そんないわれも聞いたことがあります。

（話者　円城　霍沢江津伍）

170 竹内流

竹内《たけのうち》いうたら、でえれえ柔道か剣道家で、他流試合でも来ようたいうてなあ。

せえで来たら、裏にある藪から竹を切ってきてから、そりょう手ですげえて襷《たすき》に掛けて。へえから、ちいと、こりゃあ強えなあ思ようるなあ、そりょう見たらはあもう逃げる。

ちいと強えようなんが来たおりにゃあ、裏の山にあるかづらぁ取って、ちんちんかづらいうて、取って、そりょう襷にしてからしょうたいうて。

へえでまあ、竹内ぁ逃げるほうが奥の手じゃいうて。切り合いじゃあねえ、つかまえたら竹内が勝ったいうて。

それが、だんだんつのってから、みんなほめたりするけん、日下開山《ひのしたかいざん》いう名前をつけたいうてな。

そうしてから、大勢の弟子たちを集めてから威張って歩く。あんまり増長してから。

ほうしたところが、今日は花見ぅするいうてから、大勢してから、花見ぃ行きょうた。

そうしたら道の端でから、爺さんと婆さんが、蕎麦《そば》掻きぅして食ようた。鍋ぅ築いてから、蕎麦掻きぅして。

せえでから、

「日下開山が通りょうるんじゃけえ逃げえ」

いうてから。知らん顔ぅして食ようるけん、へえで、そりょう弟子のもんが行てからすりゃあ、知らん顔ぅして、なぐってくるやつぅ箸で挟んでやっつけてしまう。

へえから、今度ぁ本人が出て来てから、

「不都合な奴じゃ。わしが日下開山いうことを知らんか」

いうて言うた。

「そがんもなぁ知らん」

いうもんじゃけえ、切りつけたら、鍋蓋《なべぶた》ぁ持って、ぱぁっと受けてしもうた。

へえで、こりゃすげえ人じゃいうて、

「けえからぁ何もせんけん、これえてくれえ」

いうて、へえから、「日下開山」を「木下開山」にしたとか。

せえから、ある日、その人が岡山見物に行て、岡山へ用があるけえいうて。岡山の町ぅ歩きょうた。ほしたら近所の人と出会うてから、

「お前も来とるんか」

いうてから、

「けえから帰ろう思ようるんじゃ」

「ほんなら、先生が空ぁ飛んで帰るけえ」

「早えけえ、わしも一緒に連れて帰ってくれえ」

せえから、なんやら杖とか何とかぇまたがってから、「お前、腰ぅ放すなよ。へえから目ぅ開けたらいけんぞ。目ぅ開けたら、そけぇ降ろすんじゃけえ」いうてから、帰るん。空ぁ飛んでから、どけぇ帰りょんか分からん。

下でから賑やかに加茂市祭ぅしょった、トントコトントコ。賑やかななあ思うて、ほっとそこぅ目ぅ開けた。ほしたら、そこへ降ろされてしもうた。へえで、先生は飛んでいんでしもうた。祭ぅしてから、とぼとぼ家まで歩いて帰った。

（話者　下土井　片山光男）

171　さんぼ太郎

さんぼ太郎いうか、さんぶ太郎いう大男がおって、那岐山のてっぺんへ腰を掛けて飯を食べたと。へえで、その食べた後、箸をつき立った。それから芽が出たのが菩提寺の銀杏なんじゃと。

へえで、中に石があったから、プッと吹き出して飛ばしたのが、広戸の大岩なんじゃと。

せえから、歩き始めて三歩歩いたその足跡が、ちぐはぐに奈義山の下に池がある、その池なんじゃと、わしのばあさんが言うたのを覚えとんですけえど。

ばあさんいうのは、わしの父親の母親。「つま」っていう名で、「おつまばあさん」言よったんやけどねえ。内藤つま。奈義町の人で、たぶんねえ、明治二年生まれじゃと思う。

（話者　上田西　内藤三治）

172　水谷の酒屋

水谷の酒屋さんがなぜ潰れたかいうたら、あの水谷で酒屋さんをする時に、拝んでもろうたら、

「大丈夫です。旭川の水が逆に流れん限り栄えます」

いうて言われて、

「そりゃあ一生懸命頑張らにゃあいけん」

いうてやりょうたら、ある日、女中さんが、

「あのすいません。川で洗い物をしょうったら杓を落としちゃって、流されてしもうたんです」

いうて。で、はたっと気がついて、

「その杓はどっちぃ流れた」

聞いたら、

「上ぃ上ぃ流れてしまいました」

言う。

「そりゃあ大変じゃ」

言うて
「みんな黙っとれえよ。わしゃあ酒屋ぁ廃めるけんな」

言うて、金を分けて廃業したと。

その旭川の水というのはねえ、ずうっと流れていきょうると、渕は逆に流れる部分があるんですわねえ。

〈通観72「無間の鐘」参照　話者　上田西　内藤三治〉

173　キュウリを作らない①

私の実家はキュウリを作られんの。おじいさんが、

「きゅうりを作ったら、まんが悪いんじゃ」

言うけん、

「作ったらどうなるん」

と、問うたもんじゃけど、分からんかった。

学校で、きゅうりの作り方を習うたから作ろうと思うて、植えてみたんじゃけど、

〈まんが悪うなって、病気になったらいけんなあ〉

と思うたら、やっぱり気持ち悪うなって、苗を引き抜いたのを覚えとる。

実家では、代々かわっても、キュウリは作らん。うちら周りには、キュウリを作られん家は他には無うて、うちだけじゃった。

後になって、後山根《うしろやまね》にも一軒、キュウリを作られん家があると分かった。

（話者　竹荘　石井正子）

174 キュウリを作らない②

江戸時代に、日照りが続いて困ってしもうて、雨乞いをするときに、ある家では、

「うちでは、今後一切キュウリを作らんから、雨を降らせてください」

いうて願を懸けたと聞いている。

キュウリを輪切りにしたときの切り口の模様が、徳川の三つ葉葵《あおい》のご紋に似ているからだとか、そんな話を聞いたことがある。

（話者　豊野地区のみなさん）

175 キュウリを作らない③

キュウリを作られん話。豊野の山中さんいうお宅なんですが、そこでは代々キュウリを作ってはいけないいうて、聞きました。そこの家では、キュウリは絶対作れないと聞いたことがあります。なんでかはわからないって聞いています。

（話者　上竹　鈴木園子）

176 餅なし正月

餅を食べない家というのがありますわなあ。円城の伊賀さんいう家なんですが、畑ケ鳴《はたごなる》の伊賀さんじゃ。虎倉《こくら》城の城主、伊賀久隆の流れなんですけどな、正月に餅を食よったときに、攻められて負けたから、それ

以降一切餅は食わんいう。

（話者　円城　天艸眞諦）

Ⅲ　村話

㈠ 狐狸の話

1 狐話―青畳は池①

大和宮地のおじさんがな、油揚げをな、売って歩きょっちゃったんじゃ、年寄りで。まふごいうて、竹のかごを天秤棒の両側に掛けて。その人が、ななつ道にさしかかったらなあ、

「こっちじゃがな、道ぁ」

いうて聞こえたようなけん思うて、下りて行ったいうんじゃ。下りて行ったところがなあ、せえがとてもきれいな畳が敷いてあったんじゃと。ええ匂いのする真っ青な畳じゃったいうんじゃ。おじさんがな、まふごを下ろしてなあ、

「こりゃあ、畳の上がええわあ」

いうて、畳に上がろうと思うて、片足入ったら、池じゃったんが分かったというんじゃ。こりゃあ狐にだまされたなあ思うたんじゃと。それが、ななつ道には、狐が出るいうて、もっぱら評判じゃったけえ、知ってはおっちゃったんで。じゃが、

「こっち来え、こっち来え」

言うけん下へ下りた、というたんじゃと。

おじさんは、まふごをかたいで、自分の家に帰って見たら、まふごに残っとった油揚げがみな、のうなっとった言よった。

「わしゃあ、狐にだまされてのう、油揚げをみな取られた」

いうて、私に聞かせてくれた。そういうことが昔はありょったんで。

（話者　田土　武村菊美）

2　狐話―青畳は池②

晩に起きて、小便に起きてしょうったら、今度ぁ入れんようになって。向こうへ向こうへ行てしもうて、青畳を敷いたようなところへ、向こうへ行きょうったら、池ん中へ入っていたとかいうような話ぅ聞いたことがあります。

（話者　岨谷　妹尾康平）

3　狐話―青畳は池③

亜世田《あじいだ》いう所があるんじゃ。その亜世田いうとこの次ぃ提婆様があるん。そこへ行くには、亜世田を通らにゃあおえん。そこに池が三つあるん。提婆様のお祭りに行くのに、そこを通れば亜世田の池というのがあって、そこを通って祭りへ行くんじゃから。

暗うなって帰ってくると、ものすげえ、でえれえべっぴんさんが、青畳の上で、

「どうもこっちの方へいらっしゃい。あっちぃ入ってつかあさい」

いうたら、ご馳走が出てきて、その気で、そけぇ入ったら、池ぇドボンと入っとったという。その話はよう聞いた。

（話者　豊岡下　城本　将）

4　狐話―青畳は川

私のお爺さんは、加茂川じゃあないですけえど、舞高（美咲町）いうて旦土《だんど》の上です。そこの親戚へ行くのに、晩に、渡しの舟のおじさんに、

「今晩どうしても遅うなっても、もどって来るけん、頼むけんなあ」

いうて。へえから行て、帰ったところが、誠にきれいな青畳を敷いて、きれいなとこに、

「こっちぃおいでんせえ、おいでんせえ」

いうて招いた。ところが、こねえなところに、そんなとこがあるわきゃあないと思うて、ペタッと座って、火打ち石を打って、煙草を一服吸うたら、川が流りょうるとこが映って、

「おーい、おーい」

いうて声をかけて、渡してもろうた。そういう話もあります。そりゃあ狐でしょうなあ。


（話者　細田　溝口一幸）

5　狐話―ぐるぐる回る①

伯父が、明治の頃ですが、若えもんが十人ばあ集まってから、石塔運びを頼まれたいうて。七夕様の七日の日に、

「椿の石屋から、尾原へ石塔を運んでくれえ」

いうて。そりゃあ、椿から尾原に運ぶには、その当時道路がないから、天王山、青木屾を越して行くんが、一番近道じゃったいうて。それを担《かた》いで行くのに、

「七日は七夕の日じゃから休日じゃから、朝早う行って、ほっといてから（運ぶだけして）休もうで」

いうて、夜の夜中に出かけて行って、尾原へ運んだいうて。そしたら青木屾のなかで、狐に化かされてから、ひとところをぐるぐる、ぐるぐる担ぎまわっとった。えろうて（しんどくて）、どうならんから、

「ちょっと一服しょうや」

いうて、煙草の火をつけたら分かってから、もう昼の日中じゃったいうて。せえから、急いで行って、ようよう晩までに、尾原に石塔を届けて戻ったいうてから。

「一日ばからしいことを。休みどこじゃあ、ありゃせなんだ」

いうて話しとったのを聞いとります。伯父が十七，八の頃じゃいうから、明治二十年頃でしょうなあ。下土

井の若いもんが十人ばあ集まって、その石塔を運んだいうのが。大きな石塔を運んだらしいんですけど、みんな青木屾の中ぁ一日石塔をかたいで。

（話者　下土井　片山光男）

6　狐話―ぐるぐる回る②

昭和二十年代で、二十二、三年のこと、有漢の犬山城、そこに白狐がおるいうことで。その城主の魂かなんかが狐に化けたんじゃいうて言われるんじゃけども。その狐が騙すんいう。

　そのあたりゅう歩きょうる人が、何回も騙されて、城山の周りを、くるくるくるくる同じ所を回らさりょうて。夜が明けて、百姓が田んぼに行くのに出会うて、

「お前何しょんなら」

いうようなことが、よっけいあったんじゃけど、何人もその話は聞いとるじゃろう。

（話者　笹目　入沢正夫）

7　狐話―ぐるぐる回る③

　Aのおじさんは、化かされて家へ帰ろう思うても、迷うてから、三谷へ帰れんで、うろうろうろうろひとつとこを、しょったいうて。

　それはもう五十年も、私が小さい時じゃから六十年も、その上も前の事でしょうなあ。

　山ん中でなしに、この大通り（県道三七一号）をずっと下《しも》へ出たら、湯の瀬いうとこがあって、そこから私らあは、ちょっと山ん中へ入る部落なんです。それでそこへ帰るのに、湯の瀬から、三谷いうとこへ帰るのに帰れん。よう帰らずにうろうろうろうろひとつとこしょったとか。

（話者　三谷　草地真喜子）

8 狐話―歩き回る

昔なあ、おじさんに聞いたんじゃけどなあ。

よそへ用事に行って、帰りが夜になってしもうた。暗うなって、あっちこっち歩き回ったけえど、何でか道が分からん。とうとう家まで帰れず、朝、夜が明けてみたら、山ん中へ座りこんどった。狐に化かされたんじゃろういうことになった。


（話者 和田 土居安子）

9 狐話―道を隠す①

私の親父が話しておった話なんですけえど。

明治の三十年前後のことなんですけどねえ、うちの親父が、行商をしておったころにですねえ。巨瀬から、こっちへ、いまぁいい道が出来とるけど、昔ぁ、ちょっと雨が降りゃあ、もうがたがたするような道じゃったんですらあ。

午王《ごう》谷で、晩に商売し帰りょうたところが、毎日ぐれえ、そこを通るのに、どういうもんか、おかしいところへ入ってしもうたいうて。どうも道ぁ違《ちご》うたんじゃろうかなあ思うて、こがんとこじゃあなかったがなあ思うて、気が付いてぱっと見たら見えんから、こりゃあなあ、獣とか狐に騙さりょったんじゃあねんかということで、煙草をあつかわにゃあいけん。

へえでキセルですけえねえ、それでポーッとやったら、パーッと周囲が明るくなって。ありゃ、こりゃあ、こがんとこじゃあなかったが、道がねえでと思うて、こっちゅう下りてみりゃあえんじゃあねんか思うて、下りたところが、その上がりがけの道が。ああここで迷うたと思うて。

その時、やっぱり、こりゃあ狐に騙されたんじゃあねえかなあいうような話なんじゃあ。

10　狐話―道を隠す②

（話者　上竹　芝村哲三）

私も騙されたことがあるんです。昭和五、六年ごろ、私が小学校の四年生の時分に、大村寺へ甘茶をもらいにいって、午後四時頃に山道を帰りょうたんです。そうしたらね、矢萩のちょうど裏の辺に、狐谷に下りる方の菅野株のこめえ（小さい）社があったんじゃ。摩利支天様と、大国主の命を祀った。だいたい三尺ぐれえの道じゃったんですけえど、行きのうは（行くときは）ずっと通って、帰りに七割方ほど帰って、右にずっと曲がれば矢萩の裏へ帰るところが、全然その道が見えんようになってしもうたんです。

せえでその下に、摩利支天様いうこまい社があって、その前に下りる道しか見えんのです。へえでも確かに、ここが右に曲がって進みゃあ矢萩の方へずっと行く、家の後れぇ帰るから、確かに林になってしもうて見えんのです、道が。へえで、ここを下りたら、狐谷に下りるから、地図は覚えとるから。道がねえんですから他に。へえで一生懸命下りょうたら、山の中へごそごそ、ごそごそになってしまってねえ。一生懸命、下へ下りるんじゃから。

へえで、とうとう狐谷の水車いう米を搗くのがあったんです。その側《そべ》ぇ下りたんです。やれやれ思うて。そこに下りたら道が分かるから。

何でそういうことになったんじゃろうかいうたら、狐が肩へとまって、尻尾で目隠しをして、道を隠して、そういう風にするんじゃという話を聞いとったけえ。

林になってしもうて道が見えんのですから。来る時分に通って来たんじゃから、帰る時分にも絶対あると思うてねえ、へえで、ひとりぼっちですから。早うせにゃあ、日が暮れる思うてねえ、子どもの時じゃから。せえでも日が暮れる前に家ぇ帰ったのを覚えとります。

（話者　上竹　石井良一）

11　狐話―道を隠す③

うちの親父は巨瀬から養子に来とったんじゃ。へえで、たびたび巨瀬へ、夜行って夜帰りょったんじゃ。そうしたら帰りのうに、その道が見えんようになってしもうて、もう動《いご》けんようになってしもうたいうて。

こりゃあ狐に騙されたいうて。動いたら、とんでもねえとけぇ行くから、もう夜が明けるまで、そけぇ座って待ちょうたいう話を聞きました。

（話者　上竹　石井良一）

12　狐話―道を隠す④

戦争中の話じゃ。

西村から揚げを買うて帰りょうったら、道が分からんようなって、そこで揚げを取られて、せえで、しばらくしょうったら帰り道が分かったという話をしょうられた事がある。狐に取られたんじゃいうて。

そのお爺さんが、頬かむりしてじゃなあ、頬かむりしたんじゃけえど、前が開いとる、後ろも開いとんじゃ。こうやってひゅっと、特別な頬かむりをしょうちゃった人じゃ。

せえで、たっつけいうズボンがあるでしょう。後ろの股の。あれを白のたっつけはいて、せえから上へ着物を着て、帯をして、せえで着物だけ後ろから、尻からげをするいうんかな。

そういうような格好の人じゃった。わたしらも覚えとる。珍しかった。

（話者　岨谷　先山信夫）

13　狐話―道が三本に①

私も、その経験あるんです。私方は、新山ほほえみセンターから一キロ離れたうちなんです。すぐ近くに神戸から親戚の者が疎開して帰っとったんです。

昔の文化パン焼き器というのがあって、それを借りに行って話しょうたら夜になったんです。それを持って、歩いて、一本桜があって、そこの手前まで戻ったら、何かあの後ろ頭の辺がすうっとするようにあって、後ろへ手をやってみたら頭の髪がそれこそ一本立ちいうことはないけど栗のいがみたいになって。

こりゃあ、気持ちが悪《わり》いなあ、早う帰らにゃあおえん思うてましたら、その道がこうように三本見えだして。ありゃあ、どの道を歩いて行ったらええんか分からんようになって、だんだん気持ちが悪うなって。せえでまあ、真ん中を行ったら間違いないんじゃろうと思よったけど、何か足が止まって、もう、動《いげ》えたらいけん思うて座りょうりました。

せえで、大きい声をせにゃあおえん思うて、大きい声が出まして、向かいの所に、だいぶ離れとりますけど、松田さんいううちがありまして、そこに僕の友だちがおったんです。しょうちゃんいうんですけど。

「しょうちゃーん」

いうて大きい声ぅしょうたら、出てきてくれて、

「どうしたんなら」

いうて、

「ちょっと道が分からんようになって困りょんじゃ」

いうたら、しょうちゃんがやって来てくれましてなあ、

「狐が騙したんじゃろう。油がついとるけん、そりゃあ分からんぞ」

いうて。

せえで座りょうたところが、道の真ん中じゃ思ようたんじゃけど、端《はな》の方へ座りょうりました。せえから、しょうちゃんが、

「ほんなら、送って行ってやらあ」

いうて、しょうちゃんが家まで送ってきてくれて、家のとこまで帰ったら、何となしにすうっと普通に戻ったような気がしましたけどなあ。

　パン焼き器の油をなめに狐が来たのじゃろう。


　それから、何年か経ってから、法印さんいうんか、そういな人が、拝んでみてくれて、

「あんたぁ、何年か先にこうこうで、こういう事があったろうが」

「そりゃあ、ありました」

いうたら、

「あんた、ありゃあ、狐がついてきとったんじゃ」

いうてから。

　せえでまあ、うちのおふくろが、母親が塩を持って表へ行ってから外へ、

「お清めじゃ」

いうて何してくれましたです。せえからぁ、どうもなかったんですけど、そういう狐が騙したんじゃねえかと、思うんですけえど。


（話者　尾原　渡辺　登）

14　狐話―道が三本に②

　家に帰りょったら、道が二つも三つもあって、

「こっちけえ、こっちけえ」

いうて、女の人が言うから、ついて行ったら沼へ落ちたとか。じいさんが言うたりしょったです。自分が酔っ払うて、道を間違えたから、そう言よったんじゃと思うんですけどな。狐に化かされたんじゃと。


（話者　吉川　小柳惠一）

15　狐話―道を迷わす

昔は病気になるとな、とにかく医学が進歩しとりませんけん、組合中が揃うて、晩方に「揃い参り」いうことをしょった。みんな組合の人が集まって。お宮さんへ、お百度を踏むいうてな。

「さあ参ろう、さあ参ろう」

言うてな、榊の葉を百枚数えて持って、一回参ったら一枚置いて、さげっぽ、さげっぽで、後ずさりをして、こんだぁまた、

「さあ参ろう、さあ参ろう」

言うて、皆が参ったな。

私のお爺さんは、行商で、組合の人とは時間が遅れたそうです。遅れたけど参らにゃあいけんけんいうんで、後から参ったら、先に参った組合の人が、お灯明上げて火がついとって、法印さんが幣を担いで、じっとへたりょうられたけん、

「皆、いつ頃行かれたんかな」

いうて尋ねたら、

「うーん」

とこう言うて返事をしただけで、回答がなかったけえど、まあ行かにゃあいけん思うて。

確かに正面の表へ出て下りたつもりが、池がある方角へ出とって、その当時は木がうっそうと茂っとったからなあ。どうもこりゃあ違うような思うて、座って火打ち石を打って、煙草を一服吸うて、よう眺めたら、違う方向へ出とった。狐に化かされとった。

へえで、東ぃ行って、そしたら途中で、組合の人はもう参って帰りょうられたけど、松尾神社へ一人で参って帰った。

昔は大勢に拝んでもろうたり、皆さんでお祈りしたりな。戦争中でも、「日参旗」いうことをして、婦人会が毎日交代でなあ、お参りしょうりましたが。

（話者　細田　溝口一幸）

16 狐話―自転車が動かない

私も、単純な話なんですけど、小学校の一年か二年の頃に、八つ上の姉がおるんですけど、自転車で歯医者に連れて行ってもらうのに、なんぼうこいでも前へ進まんのんじゃいうて。その時は聞いてないんで、家へ帰って、父親に話ぅしたら、

「そりゃあ、狐に化かされたんかもしれんなあ」

言うて。何年か経って聞いたのをうすうす記憶にあるんですよ。

歯医者に、自転車で連れていってもらう、それこそ新山の尾原いうとこの、石井の歯医者さんなんですけどなあ。昭和三十三、四年頃でしょうか。

自転車が動かんようになったのは、豊岡の小出さんとこから奥が、集落が二キロほどないんです。その真ん中辺だったと思います。今でいうと、豊岡上。ちょうど、小井手、井堰があるとこらへんだと思います。尾原との境です。いま東屋《あずまや》がある、ちょっと手前です。

（話者　井原　綱島恭治）

17 狐話―馬が動かない

もう昔じゃけん。戦争が終わってから昭和二十三年頃かな。私の家に、農業用に馬を飼《こ》うとったんです。馬を飼うてねえ、その時に誰に頼まれたか、渋柿を高梁へ持って行ってくれえいうて。昔は車がないから、荷車の二輪車に積んで、馬に引っ張らして、今の楢井坂いうとこを下りて行って。それから、まあ帰りがちょっと遅くなったもんでなあ、薄暗うなったなあ言うて、―その柿のころじゃから、日が大分短うなりますからなあ―それで帰りょうって、何でもないのに馬がぱっと止まって、カッコばっかするんですよ。おかしいなあ思ようると、ザザザザ、ザザザザ音がするん

ですなあ。なんじゃろうかなあと思うて。初めは、こう神経を尖らして聞きょうったんですけど、だんだん気持ちが悪うなってきてな、馬もだあっと座ってしもうて。馬ぁ割と臆病な動物ですから。それからこりゃあおかしいなあ、どうしたんかなあと思ようると、やっとその音が止まって、そこの場所が明るくなった気持ちがしたんですよ。そうしょったら馬も普通に歩くようになりましてな。帰って来て、狐に騙されたいうんかなあと思いました。

（話者　西　前田廣雄）

18　狐話―牛が動かない

田土の地区の椿のほうへ出る道に、三つ池があるんじゃ。下がきりやま池、中池、上池があるんじゃ。いつだったか、中の池に人が入って死んだんじゃと。そこを、牛を引いて通ったおじさんが言うたんには、

「中池で狐が出たわえ。牛が止まって歩かんようになった」

と言よった。昔の話じゃけんなあ。

（話者　田土　武村菊美）

〈注〉池で死んだ人が、ミサキになって、牛に取り憑こうとしたとも考えられる。

19　狐話―山の奥に入る

昭和三十年頃、母から聞いた話じゃけど、上竹の大村寺のお上人さんがおらんようになって、探しょったら、山の奥の方からぼうっとして帰ってきて、

「ありゃあ狐にばかされたんで」

いう話を聞いたことがある。

（話者　宮地　木村宮子）

20 狐話―ついて来る

溝部の方から帰って来よったら、カサカサ、カサカサ音がして、振り返ると、きれいなおねえさんが、さっさ、さっさついて来よった。
〈ありゃ、どうしたんじゃろうか〉
と思うて、またふり返ると、おらんようになった。ああ狐だったんじゃ、いうて言よった。

（話者　高谷　杉原昌子）

21 狐話―道案内する

分からんもんが案内をしてくれた。へえで火を焚いたら、おらんようになった。火をとにかく恐りょったらしいですなあ。今聞いているのに、畑ヶ鳴と本宮の間になあ、寂しいようなとこがあるんですが。そこらぁ帰りょうる時分にゃあ分からんのが、動物がなんやら分からんけど教えてくれる。狐じゃろうと。なんやら分からん。影を見せんいうんじゃから。

福渡から円城へ帰るのに、一服しょうりゃあ、そこまで来て、教えてくれて、おらんようになってしまうん。

ここからここへ、どうじゃいうことが、分からんらしいですなあ。そがんことがあったらしいでな。今のようにはない、全部歩きじゃから。せえで、山ん中の道でなあ、なんぼ一メートル少々のもんかなあ、幅が。昔の道でなあ、

歩いて帰りょうると、道が見えなくなるらしいですなあ。そりゃあ、化気神社いうてこの先にあるんですわあ。私の親父が化気神社の氏子なんです。柿山になあ、かわらぶんご（河原文吾か）さんいうて、今おられんのですけど、発句の先生がおられた。せえで、私の親父が門下生で、歌を歌うて作りょったらしいんです。名ももろうて。今から五十年以上前だから。

かわらぶんごさんいう人が先生で、その人から聞いたやつを、私らにまあ、おとぎ話いうことで聞かせてくりょうたんです。

22　狐話―油揚げを取る
（原題・きつねにばかされた話）

（話者　円城　霍沢江津伍）

わたしのおじがもう死んでいますんですけど、そりゃあほんとの話らしんですが。狐がよう出よったんですそうな。

作州の栃原（美咲町）いう所に、ずっと山へ上がる道がありましてな。今はもう道がついて、最初っからきれいになっていますんですけれど。その当座は席駄《せった》履いて通うような所だったんです。それでも雨の降る日やこうに栃原まで買物に行かんと、山の上の方なんです家がな。せえで、そこまで買物に行かんと何も買物が出来ませんので。

晩がたの買物に行って帰りょったんです。そしたところが雨が降りだして、もうしょうがねえ、揚げを二、三枚懐《ふところ》へ入れて帰りょった。そしたところが、何か後ろからパタパタパタパタパタついて来る様な気がするんです。

どうも気がするからと思うて後ろを向いて見ても誰もおるような風はない。又帰りょうるとまたパタパタパタパタ足音がする。こりゃあおかしいと思うて、じいっと立ち止まりゃ、向こうもちゃんと立ち止まってついて来んようになる。で、おかしいな思うて、それからまあ、大分しばらく、ずっと上がって。大分、峠を越したと思うた頃、うしろから近所のおじさんじゃったか若い人じゃったたか、

「百さん…」

百いう名でしてな、そのおじが、

「百さん、百さん、あんた揚げを買うとるんじゃなえか」

とこう言うから、

「うん、わしゃあ揚げを買うて懐に入れとる。どうかしたんか」

「ああそうかそうか」

とまた後ろについて、今度ぁ帰って来るそうです。

でまあ、しばらく一緒にゴトゴト話をして帰ったんです。

それから帰ってから揚げを買うて来たから思うて、懐から出そうと思やあ、何にもないそうです。こりゃあおかしいな、ありゃあ狐じゃったかな、そんなら、狐が出るいうことは聞いとったけど、確かにせえでも、近所の誰やらさんじゃったから、まあそれでも、あそこへ行って聞いてみよう思うて、聞いたら分かるからとそこへ行って聞いたんです。

「夕べあんたと一緒に栃原から帰りょったろう。あんたじゃったじゃろう」

いうたら、

「わしゃあ、どこへも行きゃせんで。このうちにおった」

いうてな。

「ああ、そうか。そんならそりゃあ、狐じゃったんじゃな。揚げをじつは買うたのに帰ってみたらなかった」

いうてのう。

そりゃあ、本当の話じゃったいう話です。

おじがそんだら（そのような）話をしょうりました。

（話者　高富　河原澄江　出典『加茂川町の昔話』）

23 狐話―魚を取る

狐に騙されていう話はいろいろあるけど。

子どもの時分に親父について、うちの奥の真庭市になるんですけえど、上山いうとこへ、牛に物を負わして行って、帰りに店屋で、さんまかいわしか、魚ぁ三、四本買うてから、牛の背なに括り付けて。荷を負うもの、それへ、あの昔じゃから、今のように袋はないから、藁で作った苞《つと》の中に入れて、牛の背なに括りつけて戻りょうたら、ちょうど真庭と加茂川との境のところに戻ったら、牛が後ろへ向いてから、ブウーッいうてから、でえれえ怒って跳び上がったから。

　せえから親父が牛を叱りょうたら、ちょっとしたら牛もすすすすっと動《いご》いてから、せえから帰ってから見たら、その魚がちっともねえですらあ。

「ああ、こりゃあ牛が跳び上がって怒ったが、あの時分に狐が取ったんじゃろう」

いうてから帰って言ようりましたけん。

よう、取らりょうるもんがおった、昔は。

　昭和十年頃ですかなあ。小学校の一年生。十一年に学校に入ったんじゃけえ。ついて行きょうたのは、学校へは行きょうたじゃろうかなあ。

　昼は忙しいから、夜、店へ買い物に行きますらあなあ。そしたら、魚とか、揚げ、ああいう物を買うて戻りょうたら、絶対に取らりょうたいう。じゃけん、ああいう物を買いに行く時だけは、魚やいわしやさばを買いに行く時分にゃあ、ついて行きょうた。夜行ったらもう、絶対取られるそうな。苞へ入れて、へえからさいたろういうて紐のついた藁でくるんだ入れ物が、昔の弁当入れたり山へ行ったりするのにしょうたものがありますらあなあ。それへ入れて帰りょうたんじゃけど、どうも、手をつっこんだような。あれを取るんじゃったら二本の足で立ってから、両足をその何にひっかけなんだら取れんはずなんじゃが。戻ってみりゃあありゃあせん。揚げも魚もありゃあせんし、「また、やられた」いうて言ようたいう。


（話者　杉谷　桜本賀順夫）

24　狐話—ローソクを取る①

　提灯とぼして、夜よそへ行かにゃあならんいうたら、提灯か、ニコニコいうて向こうだけ明かるのがありましょう、あれで行きょうた。狐いうもんは、ろうそくが好きなんじゃろうなあ、ろうそくを取りに来るんじゃなあ。それで、取られてから見えんようになるもんじゃやけん。

へえで、

「誰か知らん、山の中で大きな声をしょうる者がおるぞ」

言うて行って見りゃあ、

「狐に騙されてから、どうも、どこもかしこも分からんようになったんじゃ」

言う。せえで、

「どねんなったんなら」

言うたら、

「どねんもねえんじゃ。ローソクがのうなって、ぱあっと灯ぅ狐が取って逃げてしもうたんじゃが。ねえんでちっとも分からんようになってしもうから、どっちへ行きょうるんやら、どっちへ行ってええんやら分からんようになったんじゃ」

言うてから。

山ん中へ入ってから、「おーい、おーい」いうて言ようたいう話をよう聞きますけえど。

（話者　杉谷　桜本賀順夫）

25 狐話─ローソクを取る②

これは、豆狐いうんですけど。備中のほうの話じゃけど、豆狐が提灯（ローソク）を取る、歩きょうたら提灯を取る――昔は提灯じゃから、今みたいにライトがあったり、車があったりする時代でないから――。

そうじゃなあ、それも昭和二十年ぐらえかなあ。確かに暗《くう》ろうなるんです、提灯の灯が。見えんぐれえ。見えんこたぁねえけど、一キロくらいの間が、見えんようになるんです。全然でもねえけど。それを過ぎたら、また明るうなるんです。

そりゃあ、備中の方です。有漢の方です。

（話者　笹目　入沢正夫）

26　狐話―提灯を消す①

実はねぇ賀陽荘いうて、特別養護老人ホームなんですけどねえ、あそこの入り口あたりで狐がよう化かしとった。

松山街道の途中ですぐ近くに天神様があるんですねえ。そのすぐ前にですね、上《かみ》ん茶屋と、それから下《しも》ん茶屋があった。その入り口が今の賀陽荘の入り口になっとんですけえど、その辺ではもう狐がしょっちゅう出ておった。豊野辺から晩に帰りょうると、提灯の灯が消される。狐が騙すんじゃいうことをいうて。天神岩いう大きな岩が、川の真ん中にあるんですよ。それに白狐が座りょうたいうて。

天神岩は川の中にあって、洪水のとき川があふれて、どうにもならんようなんでした。私が兵隊に行っとる間の留守じゃったんじゃろうか壊されて取り除かれました。

（話者　上竹　芝村哲三）

27　狐話―提灯を消す②

私が小学校二、三年生の頃、おじさんが言よった話。うちの家は、屋号が「醤油屋」いうて、お爺さんは醤油を造りょった。お爺さんが、醤油を牛に負わせて、加茂市場の方へ配達に行った。帰りに日が暮れてしもうた。牛に掛けとった提灯の灯がぱっと消されてしもうて。ありゃあ狐が消したんじゃろういう話じゃ。

（話者　高谷　高見茂子）

28 狐話―風呂は野つぼ

これは屋根屋が狐にだまされた話。

「今日は、どこそこの大きな新しい家の屋根をふくんじゃけん」

いうて、朝早うから出て行ってから、遅うまでかかって、仕上がったけえいうて、御馳走をよばれて戻った。へえで、夜も遅えもんじゃから、提灯の火ぅつけて帰りょったら、途中で提灯の火が消えて。

へえで行く道ぅ迷うてから、山ん中ぇ行ってから、帰れんようになった。ほしたところが、その向こうの方に明かりが見ようるけん、それぇ頼って行った。行てみたら、婆さんが、一人なんかしょうるん。

「こんばんは、こんばんは。いま道ぃ迷うてから困りょうるんじゃけえ、ちょっと火ぅ貸してつかあさらんか」

いうたら、

「そりゃあ、お困んさろう。なんじゃが、はあ遅えけえ、風呂ぇでも入っとってつかあせえ。ほしたら、ぼたもちねえと作りますけえ」

いうて、へえで、いうて、親切に言うもんじゃけえ、昼の疲れで汗まみれになっとるけえ、風呂ぇ入ったんです。ええ風呂でから、なんともいえなんだ。へえで上がってから、

「まあ、ぼたもちが出来たけえ、おあがんせえ。しっかり食べてつかあせえ」

いうてから、しっかりよばれて、へえから、

「まあ、へえでも帰らにゃあ、はあ夜が明けるようになるけえ」

いうてからしたら、帰るのに、帰りに、

「婆さんが待ちょうてんなら、こりょう持ていんであげてつかあせえ」

いうてから、ぼたもちぅ包んだものぅ持たしてくれた。

せえで、家の方では、婆さんは、晩に遅うなっても帰ってこんけえ、どうしたもんじゃろう思うて、心配《しんぺえ》

にもあるし、腹も立つし、どっかの女《おなご》にでも引っ張られとるんじゃあねえか思うて、何しょうた。

　ほしたら、朝、夜明けになってから、ひょっこり戻ってきて、

「やれやれ、いま帰ったで」

帰ったら、ぶちまえちゃろう（叩いてやろう）思うて、かど箒ぅ（外庭を掃く箒を）持ってから待ちょうた。ほうしたところが、ねきぃ（そばに）来たら、それが臭うて臭うてから、へえから見りゃあ肥《こえ》（糞尿）まぶれになって。へえから、何ですりゃあ、婆さんに、

「こりょうやるけえ。土産ぅもろうたけえ」

いうて婆さんに。

　婆さんが、そりょう開えてみたら、芋（里芋）の葉ぇもていいて、牛、馬糞ぅいっぺえ詰めてあったいうて。へえから婆さんは、怒ろうにも怒れりゃあせずするけえ、川へ引っ張って行ってから、洗うてからしたんじゃけえど。

　その屋根屋は、当分ほけた（ぼけた）ようになってしもうとったいう、話です。

　母親がしてくりょうた。

（話者　下土井　片山光男）

29　狐話―寝室は肥溜

三納谷《みのうだに》の保《たもつ》は、狐が若者に化ける所を見ました。狐は可愛い娘の家を狙っているのです。保は家の者に狐が来る事を教えると、招き入れられ接待され、婿になれと言われました。保がその気になり、娘の寝室を覗くと、大勢の人に笑われました。正気を取り戻すと、野壷の肥溜めを覗いていたのです。

（出典「草地稿」）

30 狐話―女が招く

うちの方から椿（豊野の地名）へ越すとこがあるんです。そこを、うちの部落（拵谷《かせだに》）へ戻りょうったら、狐が化かしたいうて聞きょうりました。実のお姉さんに化けて、

「ええもんあげましょう」

いうたんで、ついて行った。気が付いたらここじゃいうのが分かった。化かされたいうのは騙して連れて歩く。

夜道に騙されて、きれいな人がなあ、

「こっちぃ来えこっちぃ来え。風呂へ入れえ」

いうので、入ったら野つぼじゃってから。その頃気が付いたら、こりゃあ騙されたんじゃ。


（話者　豊野　平松金次）

31 狐話―ねずみのてんぷら

昔、小森天津神社にある久保田様に、鼠のてんぷらが供えてあった事が有りました。村人は「立派なてんぷらが供えてあるものだ」と思って、近付いてみると、鼠のてんぷらでした。一緒にいた参詣者が、気持ち悪がり捨ててしまいました。その参詣者は、夜の帰り道、狐に化かされ、肥壷の温泉に浸かり、馬の尿の酒を飲まされ、鼠のてんぷらの御馳走を食べさせられました。「美味しい。美味しい」と言って、食べたそうです。

（出典「草地稿」）

32　狐話―竹筒を握る

これはねえ、やっぱし午王谷《ごう》で、これも狐に騙された話なんですけどなあ。

父親の友達が、午王谷から戻りょたところが、べっぴんさんが、

「あのう、私、淋しいけん連れて行ってくれえ」

と。

「あんた、どこへ帰るんなら」

言うて、

「竹荘へ帰る」

「ほんなら一緒に連れにしてやろう」

言うて帰っていったら、途中で、

「ああ、おしっこが出てえ」

いうて、そのべっぴんが言いでえて。へえから、

「私の方見ちゃあいけんで」

と言って、手だきゃあ離さねえで、一緒になっとって。

あのおかしい思うたら、べっぴんじゃあねえ、持っとるなあ竹ん筒からなあ、水が出ょうるのを、その持っとるんじゃ。べっぴんさんは、おらんようになってしもうた。


（話者　上竹　芝村哲三）

33　狐話―小便の音は川の音

昔、男が、落合から帰ろうと鹿田《かった》坂を上がりょったら、道に迷うて困ってしもうた。そうしたら、向こうの方から、おいでおいでをする人がおるけん、

〈こりゃあ助かった〉

と、ついて行ったんじゃと。そしたら、その人が、

「ちょっと用を足してくる」

言うた。それで、後ろの方でチョロチョロと音がするから待ちょったんじゃな。じっと待っとってもちっと

も帰って来んから、振り返ってみたら、小さな川があって水がチョロチョロ流れていて、男の姿はなかったんじゃと。そんな話。

（話者　新山　金森素江　河原美智子）

34　狐話―狐の首は榊

本宮山の話は、昔は、上田東に大月さんいう人がおられたのが、法印の修行するために本宮山へ上がって、火の物絶ちで、炊いた物を食べずに、一ヶ月なら一ヶ月の行をせられた。

一生懸命拝んで、夜も炊いた物を食べずに修行しょったら、とてもきれいな、べっぴんさんが出てきたけん、

「これねえなところに、そねえなべっぴんがおるわきゃあない」

言うてから首を引っ捕まえて、根限りねじ回した。せえから朝、夜が明けてみたら、榊《さかき》のこういうような（太い）木をな、ねじ切っとった。それも聞いとります。

（話者　細田　溝口一幸）

35　狐話―ざわめきがする

私がなあ、こめえ時分から魚ぁ取るんが好きなんじゃ。せえで、東村になあ、六万防《ろくまんぼう》の大池いうんがある。それも、今の大和の八幡様の池ぐれえあるんですわ。せえでな、私が晩げに田んぼへ水ぅ見ぃ行て帰りょうったら、そこの池んとこで、ガタガタ、ガタガタ人が大勢おるように聞こえたん。せえで、わたし、魚好きなもんじゃから、魚ぁ釣りょうる思うて、その池へ行ったんじゃ。誰もおらん。

十七、八歳頃、若い時分になあ。これが狐に騙されたいうことじゃ。

（話者　岨谷　先山信夫）

36　狐話―木を切る音がする

田村いうてな、宮地の昔の小学校の下の田んぼでな、野芝居が出来ょうったんじゃ。小屋掛けをしてなあ。

夜に、お父さんとお母さんと妹と私と四人、芝居を見に行って帰りょったん。ななつ道いうところにさしかかって、へえから下《くだ》りに向けてうちの家の方へ帰るんじゃ。帰ろう思うて、ななつ道から下《お》りよったらな、人が木を切る音がするんじゃ。カッチン、カッチン、カッチン、カッチンいうて。ななつ道に上がったらとたんに、その音がしだしてな。そうしたらお父さんがな、

「後ろを振り向くな。狐がでとるけん。前をさっさと向いて下りい」

言うたのを覚えとるけどな。後ろを振り向いたら様子が変わるんじゃろうかなあ。


（話者　田土　武村菊美）

37　狐の嫁入りの灯①

狐の嫁入りじゃいうて、夜うちらの向こうの方の山へ、高い所に、ずうっと提灯を並べたような灯が見えるいうことで。

「ありゃ、狐の嫁入りじゃあ」

いうて、

「出て見い」

いうてから、よう言ようりましたけど。僕等が出たら、それが見えんのですけどなあ。親が見たら、

「あっこへあの灯がずううと回っとるがな。あれが狐の嫁入りじゃ」

いうて言うんですけど。そのことがあるんかどうか分かりませんが、私の目にゃあどうも見えなんだ。

学校へ行くか、行かんかぐれえな時ですけえなあ。

親が見たら、

「あっこぅ来てみい、ずうっと並んどるがな」いうて言うんですけど、

「どこへ」

言うて、僕が見たんじゃあ、その見えんのです。

（話者　尾原　渡辺　登）

38　狐の嫁入りの灯②

狐の嫁入りかどうか知らんけえど、あのうちょうど栗の木の腐ったやつが夜光るんと、ちょうどああいう光が。燐が燃えるいうんか。

色は、青白いいうたら、どういうんかなあ、栗の木の芯だけになったようなのが山にようあるがあ。青いようなのが。あれあれ、ああいう光。それを狐がくわえて行列すんじゃいうて、それが嫁入りじゃいうて言うんじゃけど。ちょっと分らんけど、確かに青白い灯が動きます。そりゃあ、狐がくわえて走りょうたから、かなり早いスピードで動きます。

栗の木の芯は青白う光る。そりゃあ、燐が燃えるんじゃいう話じゃけども。夜見たら、そりゃあ今でも青白う光ります。栗の木の燐は。芯いうてもそりゃあ、腐ったやつじゃから。山へ倒れたままで、芯だけになった腐ったやつが、ちょうど青白いように光る。それをくわえて遊びょんじゃいうことを聞いたけど。それが、狐の嫁入りじゃ。

（話者　笹目　入沢正夫）

39　狐の嫁入り

狐の嫁入り行列見たいうようなこたぁねえけどな。雨が降りゃ狐の嫁入りいうこたぁ言ようった。

それはやっぱりなんでしょうなあ。これも昔からの言い伝えで、私のお婆さんも、その前の祖父母もですなあ、そういうことを、

「ああまた狐の嫁入りじゃあ。もう邪魔雨じゃのう」
いわゆる今ぁ邪魔雨いうもんでしょうなあ。

（話者　西　前田廣雄）

40　狐火①

私が青年の頃にちょっと、狐火じゃあねえかと思うものを見たことがあるんです。

むかし、どさ回りの役者がやって来とったわけです。へえで村の青年団やこうで、そりょう頼んで、野小屋を建って芝居をするん。

その時に、私が青年のころじゃって、その役者を、前にしょうるところへ、夜、迎えに行かにゃあいけん。吉川の藤田いうとこで芝居をしょうるん。せえで、そりょう迎えに行くのに、ちょうど夜中に行かにゃあ、早うから行って待ちょうても、じっと見ょうたんじゃあいけんから、十二時ぐらいに、五人ほどの青年が自転車で、そりょう迎えに行ったんです。へえでまあ、荷物を積むのにゃあ、トラックがやってきてくれるんですけえど。

その時に、神原《こうばら》いうとこがありますんですけど。湯山から吉川へ行くのに、下《さ》ケ《が》原《はら》いうとこがあるんです。大岩いうとこがあって、へえから下ヶ原いう、家のねえ、狭い谷ですなあ。そこを行きょうたら、夜中のことじゃけえ、自転車でニコニコ（照明器）を前ぇ明かりゅうつけて行きょうたんです。そしたら、大岩を過ぎたら、家がなくなって、そこに橋があったんですなあ。夜中の、真夜中のに、その橋の向こうひら（側）で火が燃えとる。何で、このごろ、このへんで、今の時間にそんなとこれぇ火が燃えとんじゃろうか。

ちょうど、その夜は、今にも雨が降りそうなような天気が悪《わり》い時じゃけえ。

「おーい、あんなところでから火が燃えとるで」いって言ようたら、今度《こんだ》ぁ橋の反対側でも、火がパッパッパアと移って来て、

「おーい、なんか出たぞう」

いうて。へえで、急《いせ》えでから、なんか気持ちが悪うなって。

そこらは道が悪うて、坂道で、自転車へ乗って上がれんのですらあ。へえで、みんなで、五人のもんが一生懸命自転車ぁ押してから、大きな声でから、歌ぁうとうたりするする迎えに行きょうたんです。

ほったら、今度ぁ少し田んぼがあるところの向こうひらに、火が燃えているんです。

「おい、あっこにも火が燃ようるで」

いうてから、後を見たら、後ろの火は、もう消えてから見えなくなって。へえで向こうひらのに。

「おい、また、あの火が燃ようるで。どうして夜中に火が燃ようるじゃろうか」

いうて、行けば、その火がだんだんだんだん向こうへ付《つ》いて行くんです。

へえから、恐ろしゅうなってから、あっこらんなったら、道路がちぃとなだらかになったけん、自転車に乗って、大声をして、一生懸命、八丁畷《なわて》へ、吉川の八幡様の方へ行ったんです。

行ってから、向こうへ行き着くころから雨が本降りになりまして、帰りが困ったなあ思ようたんじゃけえど、役者の荷物ぅ積んで、自転車ぁその上ぇ載してから、シートの下ぇもぐりこんで帰ったからよかったんですけえど。

狐にだまされたいうことでしょうか、と思うんですが。

十九歳か二十歳のころでしょうか。昭和十六年の太平洋戦争が始まる前でしょうか。

せえで、村での芝居興業やこうはさせんいうて、やかましゅうなったころで。青年としては、農村娯楽として年に一回ぐれえはしてもえかろうがいうことで、年に一回ずつするようになっとったんです。

（話者　下土井　片山光男）

41　狐火②

　昔の道で上竹荘小学校から、高梁の木野山へ向かう道の途中に狐谷いう所がある。

　終戦後すぐのころ、私の一番上の姉が、学校へ行くのに、家から毎日歩いて木野山まで通よった。まだ暗いうちから家を出ると、道中が寂しいもんじゃから、姉妹たちが送って行きょった。上竹荘小学校から西に行き、いまの岡山道の下を通り、八川《やがわ》に出る道だ。狐谷の辺まで来ると、川向こうを狐火がともって、ずうっとついてきて、八川の辺まできたらプッと消えるんですと。

（話者　宮地　木村宮子）

42　狐火③

　大正の初めごろ、下加茂の安井家の三人が狐火を見た話である。母と姉と三人、円城黒杭の河原文太郎が毎年護摩をたいて、大般若経の転読をする法要に行った。そして大きな木札を背負うて日暮れに帰りかけた。鍋谷（下加茂）までもどると、提灯の火が消える。つけるとまた消える。狐がろうそくを取るのだなと話していた。梅原まで出ると向うの山へ青白い玉がフワフワと動いてゆくのが見える。不気味な気持ではなかった。狐が火をともすというのが、あれだなあと思った。倉庫町（現役場敷地）の田のあたりへくると、こんどは川下右岸の田中というところの貴布祢《きぶね》様へ火が見えた。三人とも見たのである。これは今日お参りをしたから、神様が送って来て下さったものであろうと話したことであった。

43 宙狐

溝部の裏山に宙狐《ちゅうこ》が住んでいたと言われます。夜も更け、人が寝静まった頃、人気のない墓地や山の裾野に連なるように赤い火や、青い火の提燈が点ったり、滅したり、増えたり、減ったりしたそうです。狐が尻尾を火打石のように打ち合わせて狐火玉《きつねびだま》を起こすのだとされます。

死人が多く出た年に、宙狐が多く舞うと言います。高く山の上まで舞い上がる物は特別に天狐と呼ぶそうですが、同じ妖怪だとされます。

（出典「草地稿」）

（出典『加茂川町の民俗』）

44 火葬場の狐

焼き場があったのは、長住屾言《ちょうずんだわ》よった。それが部落より一キロずつぐらい家から離れた、その所にあって、昔は木が茂って、あの怖いほど寂《さみ》しかったのう。

へえで狐が出るいう話。昔は露天の焼き場があったん。どういうてええかな。十アールぐらい、あの木の無い草原で、その真ん中で火葬ぅしょうたん。そういなこともあって一番寂しいところでした。狐が出て化かすという。

（話者　宮地　堀口浅美）

45 猿目の狐

大和と上竹の境の猿目は、山が急で谷が深い。木が生い茂って暗いし、道も狭いしで、「化かす狐が出るぞ。一人で行くところじゃあないぞ」言うて、皆とにかく恐れとった。

（話者　宮地　木村宮子）

46 狐を恐れて髪が一本立ちに

私がさっき言よったのは、嫁入りした頃じゃけん、二十二歳の頃のことです。狸や狐に化かされるいう話は、その時も聞いてましたけど、ものすご怖い時にゃあ、髪が一本立ちになるいうのを、聞いとったんですよ。それが、私が、寂しい時にそうなったことがあるんです。髪の一本一本がグーッと立つんですよ。本当に立つんじゃないんですよ。精神的にそうなるんでしょう。

それは、私が嫁に来たとき、お姑さんの実家に、挨拶に行かにゃあいけんいうて、行くんですよ。昔は車もなんもないでしょう。それで、四キロか五キロある所を、歩いて行くんですが、嫁に来たばっかりじゃからもう、きれいに着飾って、紋付き羽織を着て、それで昔は、表付きの下駄を履いて行くんですよ。

それが、山坂、こんな道を、それだけ歩いて行って、それに行くためには朝起きて、お赤飯を二重箱ぐらいして、そりょう持って行くんですよ。嫁が持って行くんです。よう持って行ったと思うんです。

行く時はそうして行って、お昼よばれて、挨拶すんで、帰りです。もう薄暗くなって、家を出たんですよ。そうしたら、二人で歩いて帰るのに、そういう話聞いとったもんじゃから、そのお重箱には、お返しのなんかが入っとるわけですよ。昔は狐に取られるいうことがあったでしょう。

そういうことを思うとったからでしょう、取られてないんですけど、帰りに次第に薄暗うなって、お姑さんの後を、やっぱり重箱持って、歩いて帰りょうるから。それでやっぱり、狐が出んかとか、恐ろしいことが頭にあるから、そうなったんじゃと思うんです。もうほんとあの時は、髪の一本一本がウーッと上に持ち上げられるような、精神状態なんです。

（話者　円城　山本千恵子）

47　半分の尾の狐

弘法大師が小森にやって来て、宿をとりました。宿に来た旅人が、

「この辺に、長い尻尾のよく化ける白狐がよく出て来て、盛んに人を騙すので、誰か退治してくれないかな」

と、話しました。

弘法大師は、この話を聞いて、狐退治を引き受けて、山に入りました。狐が出て来て、騙そうとするのを見破って、尻尾を錫杖で叩きました。その拍子に尻尾は半分切れ、狐は霊力を失い、尻尾が半分になり、普通の狐になりました。

（出典「草地稿」）

48　狐が憑く①

三本松を通る時には、気をつけんといけんいうことを、年寄りが言ようりました。それで、「ペーツクペーツク　チー」とかなあ、てえつきもん（取り憑きもん）がするいうのが、狐に化かされるとか、てえつくもんがするいうて。

三谷でもあのAお爺さん。よう狐にてえつかれるせえから、うちの上《かみ》の家のBおじさん。そうしたら狐がついて来るんですって。

せえでAお爺さんの場合は、昔は草履を履いて歩きょうったもんですから、帰ってきたら、その様子がおかしいんで、家の人が、

「ああ、また狐がてえちいたなあ」

いうて。家の人が、草履に線香で火をつけるんですって。そしたら、おじいさんのてえつきもんが、のうなって、いうて話を聞いとります。

それともう一軒のBさん。うちの近所なんですけえど、そこのは、お婆さんが、さんどうら（桟俵《さんだわら》）いうて、稲藁で径三十センチほどに丸く編んで。それになんかお札を、竹に挟んで、その上にさんどうらをかぶせて、うちの田んぼとBさんの家の畑との境へ持てきて立てる。そしたらてえつきもんがのうなるいうて。狐を送っていくわけ。


（話者　三谷　草地真喜子）

49　狐が憑く②

子どもの頃の話じゃ。家は、湯の瀬温泉から十五分ほど歩いて入った所。近くによう狐に憑《つ》かれるおじさんがおった。おじさんが、山仕事から帰って来たときに、狐が後ろをついて来るんじゃと。

「来たなあ、来たなあ」

言よったら、手ぬぐいで頬被りをしたおじさんの様子が変わって、布団をかぶってじいっとして、物を言わんようになるんじゃと。家のもんは、

「狐が憑いた」

言うて、唐辛子に火を付けて煙でいぶすんじゃな。それから、

「いねえ（帰れ）、いねえ」

言いながら、梅の木の枝で、おじさんをピシャピシャ、ピシャピシャ叩くんじゃ。そうしょったら、おじさんが、

「なんか食べさせえ」

言うもんじゃから、〈狐が言わせようるんじゃ〉と思うて、おむすびをこしらえて、おじさんに食べさせたりしょった。ひっついとる狐が食べとうて言わせるんじゃろうな。

食べたらおじさんから離れようった。それで、

「やれやれ、離れた離れた」

言よったら、一週間か十日ほどしたら、また狐がついてもどりよったもんじゃ。

狐が憑くのは、そのおじさんだけじゃったから、頼りたかったんじゃろうかなあ。ほんまにええおじさんじゃったけど、狐が取り憑いたら、顔が全然違よった。


（話者　豊野　小川朝子）

50　狐が憑く③

尾原の刈山に、狐に憑かれた娘の言い伝えがあります。矢喰宮《やくいぐう》（重岡神社）の大屋敷の周りをフラフラと歩く姿を良く見かけたそうです。顔立ちは優れ、色白で、スラリとした立ち姿と貞操感の強い事で若い男達の羨望の眼差を集めていました。

ところが、ある日、行方不明になりました。皆で探しましたが見つかりませんでした。翌日帰った時には、衣服は乱れ、顔と言わず、足と言わず、擦り傷と泥だらけで、気が抜けたように阿呆面になり何も話さなくなりました。村人は、

「誰かにいたずらされ、激しく抵抗したが、防ぎ切れず、その恐ろしさで気が触れたのだろう」

と噂しました。

祈祷師に掛ると狐憑きだと言いました。二年間、あ

らゆる手立てを尽くしましたが治る事はありませんでした。妊娠し狐顔の男の子を生みましたが、育たず半年でなくなりました。村人は「狐の子だった」と噂しました。一年程して怨《おん》犠《ぎ》川《がわ》（恩木川）に、無残な姿を浮かべていたそうです。

（出典「草地稿」）

51　木野山狐が憑く

明治の三十年代頃ですね、うちの親父が話しておったことなんで、うちの親父が経験したことなんですけえど。

実は、木野山に狐が、木野山狐がおった。それがよう人に取り憑くんですねえ。

ある家に娘さんが体が悪くなって、病床におったんですが、その娘さんへ取り憑いたんですね。こりゃあ大変じゃということで、その当時の元気な人に、まあ四人来てくれえと。娘が木野山の狐に取り憑かれたんじゃと。ひょんなことばっかし言うとるからと相談があって、その家へ四人集まって。

娘に話をすると、ひょんなことがばっかし言うんでですねえ。こりゃあもう、とにかく体が取り憑かれとるけえ、娘じゃけど、お前は狐じゃからいうことでな、いぶり殺すいうことになった。

「お前は木野山の狐じゃけん、ちょこちょここの辺に来て。もう今日は、とにかくいぶり殺してしもうちゃる」

いうことで、全部戸を閉めしもうて。そしたら、

「そがんことをしてくれな」

いうて、娘が言うんですね。

「そりゃあおえん、お前がこっから出て行かん限りはいぶり殺す」

皆して戸を閉めとったんじゃけえ。そしたら、おしまいにゃあ往生して、

「とにかく、木野山へ帰るけん、わしゃあ木野山から

来とるんじゃけん、いぶり殺すんだけはこらえてくれえ」

いうて、娘が言いだいて。

「けど、お前は嘘ばあつくけん、ひとつ証文を書けえ」

言うて、せえで、紙を出して、硯を出して、証文を書かした。戸を閉めしもうとるけん逃げ場がねえ。

「そこだけ戸を開けといてくれえ」

いうて、ちょっと戸を開けとったん。

「ほんなら、はよ書け」

言うて証文を出したら、ぱっと硯に手を入れて、紙の上へ、手形いうか爪の形を、ぱっとついたいうて。狐の足が、それが証明で。その時に、

「ほなら」

いうて言うたら、戸を開けとる戸口が、どどーんいうて音がした。

その前に、

「ほんなら帰るけんなあ。ちょっと帰りがけに、向こうに石垣の高い家があるけん、そこへちょっと寄って帰らあ」

いうて。そこのお婆さんが、はあ、こうなっとって（弱っとって）。

「いけんいけん、それへ寄ったらもうおえん」

いうてまあ、問答をして。したら、

「もうわかった」

いうて、その判を押して、ガタガタいうて。

せえで、その娘さんはまもなく亡くなられた。

高梁に木野山駅いうのがあって、あそこに高い山があって、あそこから狐がよう来ょったいうんですがあ。当時はもう、狐いうたら、木野山の狐ばあをいよったらしいんですねえ。


（話者　上竹　芝村哲三）

〈注〉木野山様は、高梁市津川町今津に祀られる。ミサキは狼である。明治十二年と明治三十五年のコレラ大流行のとき、全県各地に勧請された。この話では狼が狐となっているが、ミサキとしての共通性があるからだろうか。

52　狐がたたる

お化粧のセールスをしていた人が、自動車で帰っとったら、狐が前にとっとっとと出てきて当たった。狐が足を痛めて草の中へ。結局狐をいじめたことになったんでしょう。

そしたら突然原因不明の病気になって、熱がずうっと。いかにお医者さんが解熱剤を出しても、きかなんだいうて。

大和の祈祷師をしょった人に拝んでもろうたら、狐が祟《たた》っとるいうて言われて。狐の祟りいうてほんとにあるんかなあと。

拝んでもらようったな、地震もきてないのに体が動き出すんよ。何かが憑いたみたいに。祈祷師に、

「狐に傷つけた所へ揚げを持って行って、狐に謝って帰れ」

言われて。それをしたら、ぴたっと熱が下がった。

（話者　上竹　石井恵子）

53　憑いた狐を落とす

先代の時に、狐憑きの方が、

「狐を落としてくれえ」

いうて円城寺にみえたことがありました。女の人で、私は参加できませんけど、声が聞こえて、

「コンコン」

いうて跳ね回られて。親族の人や家族の人が連れて来られて、

「落としてください」

いうてお願いをして、住職と、お提婆様へ行ってご祈祷して、もどってきたら普通になっとられたのは、憶えとります。私が四十歳代だったから、三十年も前でしょうか。

あの頃はまだしきりに、遠方の信者さんが来らりょうりました。

「過去に呪いを受けたから、解いてください」

とか、

「これを叶えてもらったら、金の鶏を奉納しますから」

いうて、その子孫の方がいまだに、もう九十近いんですが、お正月にはお札を受けに来られます。

（話者　円城　天艸松子）

54 憑いた狐を猫が追い払う

病気をして、食わんからいうて、狐がとり憑いとんじゃあないかいうことで、木野山様にお参りをして、お札をもらって、そのお札を持って帰りょったら、うちで飼よった猫が、天井裏にばあっとかけあがっていった。憑いとった狐がおらんようになったいうて。

そえから猫は狼の代理をするいうて、爺さんから聞いたことがある。

（話者　上竹　石井良一）

〈注〉木野山様のお札には、狼の絵が描かれている。

55 オヤッテイ様①

大八幡神社いうのに二股の大きな杉があった。その杉の洞があるんですけえど。そこへねえ、オヤッテイ様いう、狐でもない狼でもない犬でもない、そういう生き物が神の使いだったらしいですわ。昔の言い伝えではね。

そえで、氏子の皆さんが病気になった時は、丑三つ時を過ぎて三時頃お参りされるんです。そえで、願い事を言うたりしてですね、神前で言うと、オヤッテイ様が、どこからともなく出られて、さあっとその拝んでらっしゃる祈願者のまわりをかけてスウッといなくなる。いうことで、ちょうど何日かたったら病気が治ったりね、願いがかなったいうような、昔の言い伝えがあるんです。狐でもない狼でもない犬でもない、そういうのを、うちの祖母から聞いたことがあります。

わたしもね、一回遭遇したことがあるんですけどねえ。神社を拝んでおると、本殿の奥の方へ、うっすらと青色の光が、一瞬光ったことがあるんですよ。こりゃあ何かなあいうてねえ。子どもの頃ですよ。

そえで、そういうようなことが、あったから、ああやっぱり何かあるんかなあいうて。オヤッテイ様いうて、白い動物の、犬でもない狼でもない、狐でもない、そういうのが住んでおると今でも言い伝えがあるんですよ。

子どもの頃はびっくりしたことがあります。

オヤッテイ様が時々、神社へ参るとねえ、どこからともなく出てきて、周囲を導いてくれると、そういう話は聞いた。

56 オヤッテイ様②

（話者　上竹　石井紀之）

善覚様は、お使いが狐。

私らの祖父が豊野神社の善覚様の向こうの田んぼを作りょうて、そこから帰りに、晩が遅うなって帰りょったら、白狐が出てきてなあ、オヤッテイ様いうんじゃ。

「クワックワッ、クワッ」

でえれえ、せえだ（鳴いた）いうて。

「なんのご不浄があるんでしょうか。ご不浄がありましたらお許しください」

言うてから拝んだ。

そうして家に帰ったら、しばらくしたら大病気、生きるか死ぬか。あれが何と病気になるお知らせじゃった。そう言うたことがあります。へえでまあ治ったんですけえどなあ。

（話者　豊野　石田嘉隆）

57　狸に化かされる①

大和の野山、つかおから藤田に越すとこで、よう狸に化かされたというのを聞いたことがある。

（話者　吉川　沼本正貴）

58　狸に化かされる②

岩蔵が松茸狩りに行くと、足をくじいて歩けない若い娘に化けた狸に騙《だま》され、遠い所まで負ぶって送らされました。目的地に近づくと娘は狸に戻り逃げて行きました。

（出典「草地稿」）

〈注〉昔、三谷の年寄りが納涼大会といって、墓地で百物語（怪談）をした。その時、こんな話も出たという。

59　古庵狸

吉川西庄田から小茂田に越す所に、古庵《ふるわん》いうところがある。そこは木がうっそうと茂って薄暗く気味が悪い所。道も狭いし曲がりくねっとる。

「古庵狸に化かされるぞ。早ういねえ」

言よった。

加茂川の竹部の肉屋が、高梁で仕入れて、いぬるのに、

「荷を取られちゃあいけんから、ひと晩寝さしてくれえ」

いうて寝て帰りょった。

（話者　吉川　沼本正貴）

60　狸の運動会

昔、豊岡小学校に子狸が迷い出て来ました。子ども達がいじめていると、妹尾《せのお》先生が出て来て、「昔、豊岡の森に子ども好きの狸がいて、村の子ども達を見ていました。ある運動会の日に、豊岡小学校の運動会の道具が足りなかった時に、誰かが、こっそり道具を寄付してくれました。運動会が終わると、物置場の中で綱引きの綱に半分化けた疲れ果てた狸が寝ていました。こんな優しい狸さんもいます。きっとその狸の子どもでしょう。可愛がってあげましょう」と言って聞かせてくれました。

（出典「草地稿」）

61　狸と相撲取り

宮相撲が盛んであった頃、粟井谷の狸が人を騙し金儲けをしていました。道に迷った相撲取りを相撲の親方に化け、持ち金をだまし取ろうとしましたが、大飯喰らいの上、無一文だったので大損をしました。大損した狸は腹を立て、相撲取りに無茶な修業をさせ、いじめ抜こうとしました。しかし、糞真面目な相撲取りは、熱心に鍛錬し、強い相撲取りになって、お礼に来ました。

（出典「草地稿」）

62　猿が憑く

それは昭和の初め頃のことである。私は子どもの頃のことでとても怖かった。△△家の嫁さんに『猿が取り憑いた』という話でもっぱらであった。△△家には足の立たない姑婆さんが、何時も座敷で頑張っていた。嫁さんは子どもが生まれてまだ間もない頃、風呂場で洗濯をしていた。突然、嫁さんが婆さんのところへ来て、何か分らない無茶なことを言って荒れだした。しばらく大声で婆さんの悪口など言って荒れていたが、その場に大いびきをかいて寝てしまった。しばらくすると、また起き上がって、頭を掻いたり体を掻いたりして、大声で荒れ出して、手の付けようが無かった。

これは何かおかしい、御祈祷でもしてみたらと、今井の法印師に祈祷してもらった。嫁さんが喋り出した。

「ワシは年取った古い猿じゃ。昔、高尾の方の爺さんを池に引張り込んでやったこともあったが、それから広島の方に行とった。またこの頃こっちに戻ってきた。どこぞ寄るところは無いかと捜していたら、この家にごたごたやっていたので御厄介になった」

と言って、布団に潜り込んで寝てしまった。また起き上がって、

「お婆さん、これからぁわしの思うようにするけんな。ご馳走食わしてよ」

など言って、また寝てしまう。

『これは老獪《ろうかい》な猿の仕業』

ということになって、猿落としの祈祷することになった。今井法印の真剣な祈祷に悶え苦しんで、

「そう攻められてはこの家にもおられん。帰るからぼた餅を作ってくれ。それから源さん送ってくれ」

真夜中の丑三つ時に送ったそうな。山上様の下の県道の路上に枝を張り出した松の木があった。明くる朝、学校に行くときに、その松の枝の上に、桟俵に御幣が立っているような気持ちの悪い物が載っていた。みな

気持ちが悪く怖いようなので、その下は避けて道の端の方を走って通うていた。

その後、ある晩のこと、大王の井坂の小父さんが立ち寄って、

「その上《かみ》でバスが動かなくなった。この裏の道を歩いて帰ろうと思うので、提灯を貸してもらえんか」

と家に寄った。金川から来る中鉄バスが動かなくなったのであった。乗客が降りて「ヨイサヨイサ」と、いわし屋の三差路まで押して行った。明かりを付けてバスの中を見ると、御幣を立てた桟俵が乗っていた。それは松枝の上の桟俵であったそうな。何時、どうやってこのバスの中に入って来たのであろうか。今井師を頼んで、その桟俵を取り除いてもらったところが、バスは何の故障もなく動き出したそうな。世にも不思議なことがあるものだと、みな驚いていたという。

ところが一応快くなっていた△△の嫁さんが、またおかしくなって喋り出したそうな。

「やれやれ帰ろう思って送ってもらったが、もう少し御厄介になろうと思って戻ってきた」

などと大声で喋って、大いびきをかいて寝ていた。こりゃあ、またあの猿が帰ってきたな。今度は大勢集まって二夜三日の大祈祷をした。

「こう攻め立てられてはおれん。帰るからぼた餅をぎょうさん作ってくれ。わしには子どもが大勢おるけん」

「その子はどこにおるんなら」

「学校の上の空き家で待っとるがな」

その頃、小学校の上に藁を積んだ小さな空き家があった、その前の柚子の木に子猿が登ったりして遊んでいるという話があったりした。その頃、恐ろしいような不思議な、その猿の話で持ちきりであった。その家にも猿送りをして、次第に平穏を取り戻していた。その後猿話は一応一段落した。

それから七~八年後に、また猿の出来事が起こった。横山様の御発光が少し下火になった頃であった。隣のお花婆さんが、横山様で線香やろうそくを売っていた。

娘の清ちゃんが貫ちゃんと恋をしていたが、婆さんが許してくれないので、駆け落ちして出て行った。婆さんはくよくよ思いながら一人で商いしていた。ところが、突然腹がにがり出した。隣店の米さんが背負って家に連れ帰って来た。近所の者も心配して集まった。婆さんはゲェゲェと黒い物を吐いて、高いびきをかいて寝込んでしまった。

時どき目を開けて、訳の分からんことを喋っては、また眠ってしまう。また突然起き上がって大声で何か喋ってまた寝てしまう。高尾の近藤医師を呼んで診察してもらった。

「あんたぁ誰なら、ああ、女の医者か。あんたにゃあ分かりゃあせん。帰れ帰れ」

と言って唾を吐きかけたりした。どうしたらよいのか、手がつけられなくて皆困っていた。そこへ清ちゃんが、貫ちゃんと二人で帰ってきた。これはおかしいと相談の上、祈祷師に拝んで見てもらうことになった。細田に甚さんという拝み屋があった。もう日が暮れていたが、貫ちゃんが雨の降る中を自転車に灯りを付けて、甚さん家に出かけていった。しばらくすると、今まで寝ていた婆さんが、急に起き上がって、

「今な、うちの婿さんが釜の口の池のところを行きょうたので、灯を消して自転車をちょっと押してやったら、ヤネ溝にはまって困りょうらあ」

そばにいた者が、

「付いて行ったんか」

「自転車の荷台乗っていった。坂道がしんどかったようじゃった」

と言って、また寝てしまった。

「えらいことを言うとるぞ」

と皆で話していた。しばらくすると貫ちゃんが、泥まみれになって帰って来た。

「ヤレヤレひどい目に合った。釜の口でニコニコの灯が消えて、ヤネ溝にはまるし雨は降るし、真っ暗で何にも分からん。手探りで道路をはって、やっと高さん家にたどり着いた。灯を借りて甚さんところへ行った」

先ほど婆さんが喋っていたのと同じである。何か怖いような不思議な出来事であった。

「お前は一体何者なら」

「ワシはな、七年程前に、その上の家に来ていた猿じゃ。久世の方へ行っておったが、また帰ってきた。ここにゴタゴタやっていたのでお世話になった」

と言って、頭や体をボリボリ掻いたりして、本当に猿のようであったそうな。寝床には猿の毛が沢山落ちていたとか。近所の大人達が話しているのを聞いて、怖くて夜は外へ出られなかった。母が家に来たら困るからと、家の出入り口に狼の絵を描いた木野山神社の御札を貼ったり、家族皆には肌守りを持たせたりした。

当時はその取り憑き猿の話で、持ちきり、もっぱらの評判であった。母に、

「猿といっても姿が見えんのは何でだろう」

と聞くと、

「それは古い古いひひ猿が忍術を使っているんだ」

隣には法者師を頼んで、二夜三日の魔性祓いの御祈祷をして清め、婆さんも落ち着いて次第に良くなって、その後は何も起こらず、猿話も次第に薄れていった。

（出典「片山稿」）

63 送り狼①

送り狼は、どんなもないんですけど。法事やこうに行って戻りょうりゃ、後ろから、その狼が送ってくるいうて。帰ったおりに、

「ご苦労さん」

言うて塩をまいてやりゃあ、塩が好きじゃけん帰る、いうことを言ようたです。遠方へ行ったら帰ってくるのに。

へえからまあ、特に、その葬式やこうにいて帰った時でしょう。へえで、塩をまいて、

「ご苦労さん」

言やあ、狼は塩をねぶって帰る、いうことを言ようた。

へえで、あれは今はせんでしょうけど、葬式をしてから、みんなが、送って行って、みんな戻った時に、庭の口にもっていって、箕がありますらあなあ、あれぇ塩を入れてえてから、お清めをして入りょうた。

狼は守って来てくりょうるんじゃけん、こけたら（転んだら）起こそう思うてから、ついでに食うで、いうて言ようた。

（話者　下土井　片山光男）

〈注〉狼の腹の皮は薄いので、針一本でも裂けるといわれる。そのため、狼に襲われた時には、頭上に刃物を何でも立てておくとよい。

64　送り狼②

狼が出よって、水谷道《みずたにみち》を上がってくると、後ろから飛び越し、前で、こう前へ飛び越しだんだんだんだん、縮まってくるから、刀ぁ抜いてこうやって（頭の上に立てて）屈《かご》んどきゃあ、腹が裂かれて大丈夫じゃあ、いう話を子どもの頃聞いたことがある。

（話者　円城　天艸眞諦）

65　狼の恩返し

貢《みつぐ》村の女が森に山菜採りに出かけました。すると、獣の骨が口に刺され、狼が苦しんでいました。女と目が合うと、助けて欲しそうな眼でしたので、骨を抜いてやり、お弁当を置いて村に帰りました。数日後の朝早く、女が物音に気付いて玄関に出て見ると立派な山鳥が置いて有りました。

（通観390「狼の徳利」参照　出典「草地稿」）

㈡　大蛇の話

66　大和山の大蛇

大和山にはオロチ（大蛇）が住んどる、と昔から言われとる。色は黒く、胴回りは一尺（三〇センチ）を超え、長さは一丈（三メートル）余りもある、でえらい（たいそう）大きなオロチじゃそうな。口を開けば、子どもは一口で丸のみされるほどで、悪さはせんが、ウサギやタヌキなどの動物を食べるそうな。というのも、オロチの糞に動物の毛が混じっているのを山人が見たということじゃ。

オロチが室納の大池に水を飲みに下りる時には、草がなぎ倒され、通り道が出来ていた。くちなわ（蛇）は、山に千年、海に千年棲むと竜になるという。今は、大和山山腹で、静に修行しとるそうじゃ。

大和山の南面で山頂より少し下がったところに五〜六メートルもあるような大岩があり、その前には蛇穴と言われる凹地がある。この大岩を黒竜王様として奉祀している民人もいたということだ。

（話者　北　川野　明）

67　おおなるの大蛇

私の父が私に言うたのが、黒土と豊野との境に、秋葉さんの下におおなるいうところがあるんですが。その柴草を刈りょったら、

「おおなるへは、一人では行くな」

言よった。腕ぐらいの丸の、間中《まなか》（半間、九十センチ）ぐらいの蛇じゃったじゃろうか、いう話から、伝わったいうんですけえど。

私も父からそういうことを聞いとったもんじゃけえ、前田さんが九十二ですから、その人が家におられるか

ら、聞いたんです。そしたところが、前田さんが、

「そりゃあ、わしの母親じゃ」

その人のお母さんが、蛇に出会うて、三日患うたと。

前田さんが言われるんですけどな。


（話者 黒土 宮井 昇）

68 古野池の大蛇①

下加茂に古野《この》池という池があり、その昔はこのあたりは国有林の深い山に囲まれ、暗い静かな池だった。村人は池のそばを通るのも淋しいところで、昼間も一人では通れないぐらい気持の悪い池として知られていました。

ある日、村人がその池のそばを通っていると池の向こう岸からこちらの岸に大きな丸太が浮かんでおり、さらに通っている道にまで横たわっていた。

村人はこんな大きな丸太が、こんなところにあったかなと不思議に思い、近づいてよく見ると、それはそれは大きな大蛇だった。村人は恐ろしさの余り一目散に村に帰り、そのことを村人に話すと、村人は手に手に鍬や鎌を持って、おそるおそる大蛇のいたところに近づいてみました。しかし、そこにはもう大蛇の姿はなく、あたり一面の草や木の中に大蛇の通った痕があるだけであった。

それからというものは、古野池は村人の一番恐ろしい池として有名になったそうです。今は立派な県道のほとりであるが、何か薄気味悪い池でもある。


（出典「杭田稿」）

69 古野池の大蛇②

下加茂の古野《この》池の土手が、割合長い池ですけど、大きな池でなあ。

うちの親父が言よったですけど、そこの池の蛇が向

こうの山の蛇に会いに行きょった。池の土手の中を、草を一尺ぐれえ分けて、大蛇がザーッと行きょうた。大きなんがおったんで、いうて。

その大蛇いうもんが、宇甘渓《うかん》の上にな、昔からの水路があるんです。電気を動かす。その水路の上の電柱に掛かっとった。大勢見ぃ行ったもんですわ。死んどってなあ。ごついもんじゃったそうですで。それだけでも、見ぃ行くもんが、だいぶおったらしいでな。

（話者　円城　霍沢江津伍）

70　貢の大蛇

上田東貢村の女が山に入ると大蛇を踏みつけました。大蛇は怒り、毒気を女に吹き掛けました。女は病になり二週間寝込みました。起きられるようになったのですが、虚弱体質になりました。

貢村の男が、台風が去った月の無い夜中、田の様子を見に出かけました。突然、提燈の火が消え、辺りの様子が解らなくなり、田にはまりました。この辺りの田は深く、泥が膝辺りまで届きました。泥に足を取られ、無我夢中で田より出ようとして、あずり回り終《つい》に溺れ死にました。朝になって男を探しに来た家族はまるで大蛇が這いずり回ったような跡の果てに、男の屍を見る事になりました。

（出典「草地稿」）

71　大きな蛇

高梁の中井で、私の父親が昔は炭焼きで生計立てとったもんですから、大きな山を買うて、そこへ家族で行って、山へ小屋ぁ建てて生活しながら炭ぅ焼きょったんです。

そしたら、野兎が山の上から走って通ったから、じっ

と、

「あーっ」

いうて見ょったら、蛇の、一升瓶ぐらいなのが後を追いつけて出たんよ。

高梁の方の山では、そういうのがおって、せえで大水が出た時に、ピーッピーッいうて、その蛇が川を下るとか。それで夜、笛を吹くなと、かずらを裂くなと。そうしたら、蛇が来るというて、父親はよう言ようりました。


（話者　三谷　草地真喜子）

〈注〉がずらを裂くと、ピーッピーッという蛇の鳴き声と同じ音がする。

72　自動車に鎌首を上げる蛇

私は、もう、十年前ぐれえですけえど、高富になあ、家内の実家の近くですけえど、おばさんのとこへ行きょうりましたら、茅を刈ってあったところにな、本当の蛇の、このぐれえでしたけど、背が真っ黒で、腹は真黄いで。

それがなあ、車で行きょったんですけど、逃げんのです。パッとこう鎌首ぅ上げてなあ、絶対逃げなんだ。気持ちが悪うて。下りて叩く気にゃあなりませなんだ。そりゃあもう二メートル以上はありましたなあ。


（話者　細田　溝口一幸）

73　大蛇に飲まれる①

木挽きが山へ行ってから、木を切りょうたら、大きな大蛇《おおぐちなわ》が出てきてから、木挽きを呑んでしもうたいうて。

へえから、女房が怒ってから、

「ようし、敵をとっちゃる」

いうてから、薄鎌を研いでから行てから、へえで今度ぁ、

「早う食うてくれえ」

いうてから食うなり、鎌を口ぃ引っかけてから、へえで飲み次第、じょろじょろじょろじょろ口が裂けて敵をとったいう。それも母親が話をしてくれた。きょうてえなあ言うて。

じゃけど、そりゃあ度胸のええおなごじゃったわえ。

（話者　下土井　片山光男）

74　大蛇に飲まれる②

豊野の神子《みこ》山の鳴り岩がある所には、蛇がおった。芳《よし》ヶ谷いう谷。

ある子どもがなあ、蛇に呑まれて、

「こりゃあ、小松を持っとけえ。離すんじゃねえぞ」

言うてから、草ぁ刈りょうたおやじさんが、何か棒切れで背なぁ叩てえたら、蛇がその子を呑まんと放えて逃げたいうのを。

大きな蛇がおって、せえでまあ秋に草刈りに行ったら、子どもを蛇が呑みでえたいうて。へえで何とかいう子どもに、

「小松を持っとけえ、手を離すんじゃあねえぞ。木を持っとけえ。そこの木を固う持っとけえ、離《はね》えたら呑まれてしまう、持っとけえ」

言うて。せえで、急えで草刈りぅしょうたおやじさん

が行て、蛇の背中をどーんと何かで叩えたら痛かったけえ、蛇が呑まんと逃げたいうて。

あっこにゃあ、大きな蛇がおるんじゃいうて、昔から言ようったが、権現山や神子山にゃあ蛇がおるいうて。天福寺の上もおったらしい。

蛇がおるけえなあ、一人で山へ行かりゃあせん。蛇がおったところは、草が生えんいうのを昔の人は言わりょうた。

明治三十年に水害があったそうです。その時に、蛇が丸太棒の長いのと同じようになって川を流れ出たのいうのを、よう昔の人は言ようりました。

豊野矢野川の上流、天福寺の下の方の川。そのとき、溝のような川だったのが、幅四メートルの広い川になった。

じゃから権現山に行ってもなあ、神子山へ行ってもら、大きい蛇がおるけえ、一人で行かりゃあへんいうてから、もう最近まで言ようりましたで。

（話者　豊野　石田嘉隆）

75　蛇の臭い

私が聞いたのは、檀家さんで、水谷（神瀬《かんせ》）の、ダムを入ったところに、黒瀬いう部落があるでしょう。黒瀬部落の黒瀬さんいう家の古い方がうちに来た折に、私に、その話だけを聞かせてくれたんですけど。

黒瀬部落に橋があって、そこへ大きな蛇がのたったら（横たわっていたら）、当分何もその回りにゃあ行かないし、臭いが生臭い。その話を聞かせてくれたことがある。

（話者　円城　天艸松子）

76　蛇の鱗取り

昔は、大蛇の鱗はな、鎧《よろい》に出来ょった。松尾神社の辺りでも、蛇取りが蛇の呼び笛をピーと吹くと、集まってきよって、籠の中に入る。そうしてナイフを持って、鱗をはがす。鱗を取るのに、夜来て、籠を置いたけど、余りに蛇が小さかったけん、取らなんだと、いうことを聞いとります。

（話者　細田　溝口一幸）

77　酒屋の主の蛇①

大水害にな。酒屋にゃあ主いうてな、蛇がおったらしいな。

金川の酒を売りょうる信号のとこの酒屋さんのお婆さん、あっこで聞いたらな、大水が出た折に、西川（美咲町）の方の安藤の酒屋さんの倉も流れた折に、蛇も流されて、掛かっとったんで、大蛇が。その蛇が主で、酒屋はまんが悪うなってしもうた。

で、その酒屋にゃあ主がおるんじゃいうて。そりゃあ、酒を売りょうるお婆さんがな、話して聞かせてくださった。もうずっと前ですけどな。金川の信号のとこに、酒売りがあった。

（話者　細田　溝口一幸）

78　酒屋の主の蛇②

家に主がおるいうて、青大将がおる。ネズミトリの大きいのはおる。怖いようなんがおる。あれを主じゃ言ようた。いまでも主じゃ言ようる。昔はたくさんおりょうた。棟梁《とうりょう》のところではツバメが巣をせん。食われるけ。

主は殺したらいけん言ようた。でも殺しょうる人もおった。

酒屋には大きなのがおって、床の下へ餌をおいてやりょうるいうことを聞いたことがある。その後、酒屋をやめて、下へ下りてきた。

昔の旧道の辺にあった。今も家が残っとる。毎日かどうかわからんが、餌をやられるんじゃと聞いたことがある。

そこへ私の父は小作料を持って行きょうた。それで、そういう話を聞いた。

（話者　田土　武村菊美）

79　地蔵滝の蛇

葛籠《つづら》カズラいうてな、今は、金網のとおし（篩《ふるい》）ですけえど、昔は大きなとおしは、カズラで編んでな。細長いカズラが、水谷の方にゃあたくさんあります。今でもあるかもしれませんけどな。それを干しといて網に編んでな、とおしを作りょった。せえで、籾をおろしたりな、しょったんですが。

そりょう取りぃ行とったら、水谷の谷で、「お前、今度来たらとり殺すぞ」言うて。地蔵滝いうてありましょう、ああいうとこで言うたんで、せえから行かんようになった。大蛇じゃと思う。

そえから、地蔵渕いうて、滝があってな、キュウ、キュウ、キュウ、キュウ、回ようるもんがおってなあ、それが蛇で。そういういわれがあったりなあする。

（話者　細田　溝口一幸）

80　馬が大蛇で立ち止まる

私のお爺さんが、馬方をしょった頃には、大高下《おこげ》いうとこがあるが、そこを行くのに馬がたっと立ち止まってな。馬は、チャランチャランいう鈴を、恐れんために付けとるらしいです、音がするものを。

そうすると、チャッと立ち止まったから、どうしたんか思うて見たら、大きな蛇が兎を追うてな、さあーっと走ったそうです。バチバチ、バチバチ、笹やこうが、寝てしもうとった。

せえで、兎は、毒をかけられたんか、帰りに見たら、榊の元にじいっとうずくまっとった。馬が行たけん、蛇は、よう兎を取らずに逃げた。それは確かに私のお爺さんから、聞いとります。


（話者　細田　溝口一幸）

81　袈裟掛の蛇女房①

昔、竹荘という村の庄屋の女房、山伏と良い仲となり、亭主に知られないように、逢瀬を重ねていた。山伏が死んで後、幽霊になりても彼女との逢瀬を続けているうち、夫に見つけられた。夫は女房をひどく辱めたので、そのまま女房気が狂い、恐ろしく狂い出したので、牢舎へ入れて置いた。ところが次第に身体に変化をきたし、髪の毛は針金のようになり、眼はきらきらと光り、口は耳まで裂けて、時がたつにつれて角も生えて蛇身となり、座敷いっぱいにとぐろを巻いて、鎌首を上げて、亭主をぐっとにらみつけ、

「近くに大きい池があるので、これに行く。この池に行くについては鉦や太鼓で囃してほしい。もし違背する時は、この郷中祟りをして、人はもちろん取り殺し、土地は池にしてわが住み処となす。言う通りにしてくれれば何ら障りはしない」

土地の人たちも、気もそぞろ畏れをなして一刻も早く池へ送ったがよいということになり、備中笠岡東雲寺の住持に依頼し、六月二十八日に彼女を池に送るよう準備した。近所の人たち大勢見物に行こうと申し合わせいたり。やがて、当二十八日には、大雨が降るわ降るわ、一刻ほどは目も開けられない土砂降りであっ

た。これも珍しい。

（出典 「芝村稿」）

82 袈裟掛の蛇女房②

昔、上竹の袈裟掛に徳兵衛という分限者がいました。山で出会った美しい娘に恋し、お嫁にしました。働き者で、気立ても良く、村で評判の鴛鴦《おしどり》夫婦でした。徳兵衛は清潔好きでしたので、世間体ではお嫁さんもそれに合わせていましたが、次第に生臭い物を好むようになり、水に浸る事が増え、夜な夜な奇行が目立つようになりました。流石の徳兵衛も気持ち悪がり、夜は煙草の貯蔵庫を改造した座敷牢に閉じ込めました。嫁は怒り狂い正体を見せました。大蛇でした。

（出典 「草地稿」）

83 トウビョウ①

井原に、私のおばの家があるんです。そこの裏にな、道路工事をするのに、掘り切るのに、掘った土を下井原の方へ持て行って捨てよったんです。そしたらそん中から、古銭がぎょうさん出てきてなあ、皆拾うたんじゃそうですわ。へえから、そりょう持っとったら、なんか屋根から落ちたり、木の枝が落ちかかったりしてから、皆あやまちをしたいうて。

「こりゃあ不吉なもんじゃけん、恐ろしいけん、あっこから出たんじゃけん、あっこに持って行ってとめて（埋めて）もらおうや」

いうて、皆持って来たんじゃいうてな。

私ぁ、それがどねえなもんか思うて、行ってみたんですが、古銭が団子になっとんです。一文銭みたいなんが。へえで、たたき割ったら中はきれいなんですけど。へえで、行ってみりゃあ、トウビョウ様を祀ってある、そっから出た。

「埋めてくれえ」

いうけんいうて、埋めよう思うて掘りゃあまだ、スコップでやりゃあ、そこにザゴザゴいうて出る。

その上になあ、二、三本木を残して、誰も手を出さなんだですが。

「あそこはどうしてなら」

言うたら、

「トウビョウ様がおるけん、手を出されん」

いうて。自然に生えとるのを、二、三本残して、それを刈らんのんですなあ。

倉城《くらしろ》には大きなひぐらしの木があって、その下にトウビョウ様いうのが祀ってある。見たことはないけど、首玉をかけた赤い蛇じゃいうて聞いたことがある。

わしゃあ、下木を刈ったことがあるんで、

「どうしてここを刈らんのなら」

言うたら、

「トウビョウ様がおるけん、ばちがあたるけん。手を出さりゃあせん」

いうて。

（話者　井原　綱島恭治）

84 トウビョウ②

トウビョウ様いうたら、祀ってあるんじゃけどなあ、石ガマがあるとこで。うちには養子（婿）をもろうとるんですけえど、トウビョウ様とか何とか全然知らんけん、来たばあじゃってなあ、知らなんだけんなあ、邪魔になるけんいうて柿の木を切って、かぶせとったんじゃが、石ガマへ。私がおらん間に、それをしとってな。

なんでか、おかしい夢を見たなあ、何じゃろうかなあ、真っ白いのが飛びかかってきてなあ、寝ようったら、夢で。せえで、あとからなあ、トウビョウ様の、首玉をかけたのが、ゾロゾロ、ゾロゾロ、ようけほうて出てなあ。気持ちが悪いけん、私はひゃあ言うたんじゃけど、若いもんは寝とるけん、聞こえんのんじゃ。

せえで、その話を寝て起きてすりゃあ、なんであがえな夢を見たじゃろうか。あそこら辺を、きれいにせにゃあいけんいうて言われとるとこが、どがんかなっとるじゃろうか思うてな。

そえでも、何事もありゃあすめえ思うて、二、三日してから行って見たら、ガマが見えんのんじゃが。石ガマの上に柿の木の葉っぱがいっぱい、切ったのが、みな載せてある。へえで、うみて（発酵して）なあ、蒸気が上がるようになっとった。葉っぱからなあ。それがいけんなんだんじゃろうかなあ、ああこれじゃこれじゃ思うて、お清めをしてもらわにゃあいけんなあ思うて見る人にみてもろうたらなあ、

「これは清めたげにゃあいけんで、あそこは」

言うけん。せえから、清めてから、あれから何年もたつけど、いっぺんも夢に見ん。小さな白い蛇じゃったで。飛びかかってきたで。昔、首玉をかけとった。白いような、汚れたような首玉じゃった。

（話者　田土　武村菊美）

85 トウビョウ③

大和宮地の話。私らが学校へ行きょうった時の話じゃけど。神様の木かなんか、榎いう木があってな。もう邪魔になるんで、陰切りに切らにゃあいけんいうて組合がいうて。あれを切っちゃあ困るいうて、地主さんが言うて。

せえでも、ものすごい大きいんじゃあ。畑の中にあってな。せえでな、仕方なしに、――陰切りにせにゃあいけん時代があったんよ（太平洋戦争中）――、その時に切ったらなあ、もうトウビョウ様がなあ、その持ち主の家に、もう布団を積んどる下に出てくる、敷き布団の下にも出てくる。もう本当になあ、どうしょ

うかいうほど蛇が出てなあ。トウビョウ様みたいなんじゃないか思うんじゃけど。

私にゃあ、同級生がおってな、私に、

「困るんじゃ。うちにはどこへ行っても蛇がいっぱい出てくるんじゃ。寝るとこがないほど、ほうてくるけんなあ、気持ちが悪い」

いうて、まだ何年生の頃じゃったかなあ、学校へ行きょったからなあ話してくれた。実話じゃ。宮地の中の谷です。

（話者　田土　武村菊美）

86　住職が白蛇を見ると死ぬ

それから、円城寺で、お使いの白蛇様を、巳《みぃ》様、巳様言うんですけどねえ。白蛇様を住職が見ると、近いうちに死ぬと。十年程前に私、上の子が生まれたときに見たんですけど、まだピンピンしてますから、大丈夫のようです。

たまたま、白子で一年だけ出たことがあるんですわ。上の子ができたときで、しばらくはあまり気持ちようなかったですけど。十年生きとりゃあ大丈夫でしょう。まあそんな、こわい話がだんだんあるようです。

（話者　円城　天艸眞諦）

87　大和山の竜神

大和山《おおわさん》東面にあたる、納地の舞地《まいち》に住む竜神が機嫌をそこねると、瀬戸内の玉野の海を荒らして悪さをするので、麓へ下ろしたということだ。その竜のうろこが、妙本寺にある。

（話者　北　川野　明）

㈢　妖怪の話

88　浜子渕のごんご

かっぱじゃあなしに、ごんごいう。豊岡上の八幡様の向こうの浜子の渕です。あそこの水は冷たいんじゃなあ。そえなとこに、ごんごが出る言よった。足を引っ張られる。おぼれるから行くなと言っていた。

子どもやこうに、

「キュウリを食うて、水浴びぃ行くな。ごんごが尻子を抜くぞ」

ごんごは、キュウリが好きなそうじゃ。

ごんごとかっぱが同じような。かっぱとサンショウウオが同じような。

（話者　富永　林　弘　　井原　綱島恭治）

89　カヤの木渕のごんご

私ら子どもの頃に言ようたけどなあ。大池とかでなあ、ごんごは尻ごを抜く言ようたが。

キュウリを食べて川へ水浴《ぁ》びぃ行ったらいけんぞいうて言ようた。

溝部の恩木のダムをしとる周りにゃあ、ごんごがおるけえ、あっこへ行って浴びられりゃあせんぞ。尻ごを抜くいうて。カヤの木渕に行って水を浴びられんぞいうて言ようた。カヤの木でも生えとったんでしょう。けど僕等ぁ、遅うにゃあ、そこへ一番広いから行って泳ぎょうたけど、誰も尻ごを抜かれりゃあへなんだ。戻って言やあ叱られるけど、帰って言わりゃあせんけど。どこへ行とったんなら言うたら、

「川で遊んだんじゃ」

いうて。

（話者　杉谷　桜本賀順夫）

90　大井手のごんご

尾原の大井手にはごんごがおり、子どもが水遊びに行くときには、「キュウリを食べて川に行くな」と言われた。

（話者　尾原　黒瀬英明）

91　青木の渕のごんご

昔な、早う川から上がれえいうことで、そう言ようたんかもしれんでな。

「ごんごが引っ張るで」

いうてなあ。

青木《あおぎ》の渕、古瀬の渕にごんごがおるいう。青木の渕いうなあ、もうここ（豊岡いきいきプラザ）のすぐそこへある。青木の渕も古瀬の渕も、どっちにしても、あの深いとこですわの。今は青木やこうは、大小あったけえど。古瀬の渕やこう、もう全然のうなってしもうたもんな。

青木の渕

古瀬の渕には、昔は大きな石があって、その周りがちょっと深かったんです。
そういう渕では、事故か投身（入水）か、そこらへんはよう分からんですけえど、大抵二、三人は死んどりますわの。へえじゃから、よけえ、ごんごが引っ張るんじゃいうて。ごんごいうのが、その人の亡霊じゃ

あな。

（話者　豊岡下　城本　将）

92　鐘ノ穴のごんご

かんのあなという穴があります。鐘ノ穴と書きます。これが、三谷川に沿って、だいたいコソコソ岩から三百メートルくらい離れとんですかね。その鐘ノ穴は非常に深くて、河童が棲んでいたということで、我々子どもは驚かされておりました。

その河童は、大坪いうとこで、よく遊んでた。その鐘ノ穴はちょうど半坪くらいの大きさの四角い穴で、だいたい深さが百メートルくらいあるそうです。干ばつのときやこうは、水を汲んで田を潤すので、三谷は干ばつで苦しんだことがない、と。

銅山の穴があって、縦坑がだいたい百メートルくらい、横坑が二百メートルくらい。ちなみに、あそこは銅山として試掘したんです。銅は出てきませんでした。出てきたのが蝋石です。子どもの頃は蝋石が村中にゴロゴロして、ケンパの丸を描いたり、陣地を描いたり。

縦坑百メートルで、危ないですから近寄るなということで河童が出ると。

河童はごんごといいます。ごんごというのは、この辺ではおばけという意味に使います。

（話者　湯山　草地恒太）

93　三谷の河童

三谷の大坪に相撲好きの河童がいて、子どもが水遊びすると、水の中に引きずりこみ、尻小玉を取りました。住処《すみか》は鐘ノ穴と言う底なしの小さい池でした。頭のお皿の水が減ると力が出なくなり、おならの臭いを嗅ぐと死ぬと言われています。好物はキュウリです。鐘ノ穴は、昔の銅山の試掘穴です。

（出典　「草地稿」）

94　ごごう渕のごんごう

行森川の上流、小森と高富との境に低いながらも「ごごう滝」という滝があり、その渕を「ごごう渕」と言います。「ごんごう」が訛って「ごごう」と言うようになりました。とても親切なごんごう（異国語を話す人、化け物、河童《かっぱ》）が住んでいて、険しい柿山街道を旅する人に、美味しい水でもてなすと言われます。

行森川の上流に渕が有り、柿山街道からゴウゴウと音が聞こえます。河童（ごんごう）が水を掻き混ぜる音だと言う。柿山街道を行く人に臆病風を吹かせ、道を違わぬよう知らせていると言います。

（出典　「草地稿」）

95　小豆すり①

下土井の山上《さんじょう》様のお大師堂。そこを通ると、昔は寂しかったんでしょうな。そこを通ると、後から小豆をするいうてな。

「早う帰らにゃあきょうとい（恐ろしい）。小豆をする」いうて。そこには川は流れとりません、山の奥にあるんじゃから。上のひらにお大師堂があって、その下を昔の大山道が通っとんです。そこを通ると、ザクザクザクザクいうて音がするんです。

（話者　下土井　片山光男）

96 小豆すり②

小学校低学年のころのことじゃ。あたりが真っ暗になるくらいの大きな赤い藪椿の木があって、その下で遊びょったら、

「早う帰らにゃあ、椿の下に小豆すりがおってから、ゴリゴリ、ゴリゴリいうて、足を引っ張るけん、早う帰れよ」

と、大人から言われようった。みんなで、

「小豆すりいうて、どんなもんじゃろうか。タヌキじゃろうか。イタチじゃろうか」

言うて、見に行ったんじゃけど、姿は見んかった。その日を境に、とんで帰るようになった。


（話者 宮地 木村宮子）

97 小豆すり③

小豆すりいう。小豆をする、言うんでしょう。小豆を洗うのに、こするんです。あの音が、下を通りょうると、ガジャアジャ、ガジャアジャいうて、サラサラサラサラいう音がする言ようたいうて。

（話者 下土井 片山光男）

98 小豆洗い①

新山の辺の山へ行く飛び石があったところですね。酔っ払いが浅いとこで溺れて死んだ。供養塔らしいものが道路脇にあるんですが、調べてないので供養塔かどうかわかりません。村の人はその時の供養塔だというんですけど。

小豆を洗うようにザクザクという。それにつられて落ちて死んだ。川に入っていって、いい気持ちになって。お母さんに抱かれたような気分になって沈んだという話なんですけど。

（話者　湯山　草地恒太）

99　小豆洗い②

尾原に小豆洗いの名のつく豊岡川の流れが有り、小豆洗いという乙女のような妖怪が棲んでいます。夜中その近くを通ると、ザクザクと小豆を洗うような音が聞こえます。音を訪ねて近づくと、小豆洗いの音は消え、快いせせらぎの音になり、聞き惚れていると流れにはまり溺死します。

尾原の大酒飲みが酔っぱらって川にはまり、溺れ死にました。川は浅く、水かさは膝より下でしたので、河童に引かれたとか、小豆洗いに引かれた等と噂されました。

（出典「草地稿」）

100　小豆とぎ

下尾原の井原との境の辺に小豆とぎの話があった。ちょうどここから二キロほど南にいったとこ、あの

小豆とぎのいる豊岡川
（下尾原と井原の境）

東屋《あずまや》（亭《ちん》）いうて、ちょっと広いところで休むところを作っとる。あの下《しも》のカーブの道下に、あそこは井手がなるというんです。井堰の落ちる音がする所なんです。そこの下に、川（豊岡川）の中に岩が出とる。そこへ夕方になると、お婆さんが、そうき（竹のざる）を持っていって、小豆を洗うんです。

道を通る人が、ガサガサ音がするいうんで、そっと覗いてみたら、お婆さんが岩の上で小豆を洗ようたいうて。小豆こすぎともいうんですけえど。小豆洗いの婆さんがおることを聞いとりました。

（話者　尾原　渡辺　登）

101　夜泣き石

細田いうところに、夜泣き石がある。道は三谷に行く境にあるんですが、夜中に通ると、コソコソ、コソコソ音がする。立ち止まると、かわいい女の子の妖怪が出てきて、悪さはしないんですけど。

（話者　湯山　草地恒太）

102　提灯がえし

富永の加場の原に提灯がえしが出るいうて。提灯かつぎいうたかなあ。

晩に、提灯を灯《とも》してからもどりょうりゃあ、提灯を下からかつぎ上げてからろうそくを取ってしまう。かつぎ上げるから火が消える。今度ぁ、つけよう思うてみりゃあ、そうろくがないようになっとる。

（話者　下土井　片山光男）

103　提灯かつぎ

提灯かつぎいうて言よったんかもしれんですがなあ。私の家は、昔は、倉城いうとこにあったんです。下土井の倉城。昭和の初めに、今のとこに下りて来たんですけど。

昔、うちの親父は、尾原の新山酒造に勤めようったんです。夜遅うなって帰ると、時にサンマを買うたとか、サバを買うたとかして帰るんですな。帰ってみると、頭がのうなっとるいうて。三匹おったサンマが一匹おらんようになっとったりしとった。

「誰か途中で会うたんか」

言うたら、

「そりゃあ、なんかわからんようなもんが、すれ違うた」

いうて言うたりしょったという。この辺にゃあ寂しい在所があったんじゃななあ。

（話者　富永　林　弘）

104　古庵坊主①

吉川の小茂田に、檜や杉の木が生えてうっそうと茂ったところがあって、古庵坊主が出ると言ようった。お婆さんに、

「この辺に古い庵寺があってな、尼さんがおった」

と聞いたことがある。坊主言うのは、坊さんのことか尼さんのことか分からんけど、暗い気持ちの悪いところじゃったけん、おそらかしたんだろうかな。

（話者　納地　大木安枝）

105 古庵坊主②

子どもの時、うちに、下木刈りに来てくれよったおじさんがおって、一日仕事をしてもろうて、ご飯を食べて帰りょった。

「おじさん、話をしてえ」

言うたら、くど（かまど）の前へ座って、キセルをポンポンとやりやり話をしてくれよった。

「古庵には、ふるあん坊主が出て人を化かすんじゃ。そういうときには、座ってタバコを吸やあええんじゃ」

とか、

「大前乢《だわ》いう所に、馬の首がぶら下がりょったんじゃと」

言うたり、

「長畝の七谷をまたがるほどの大蛇がおったそうな。娘に化けて旅人を襲ういういわれがある」

言うたりして、短い話をしてくれよった。

「そっちの方へは、こわいけん行くなよ」

と言よったなあ。


（話者　吉川　伊賀日佐子）

106 黒土の大入道

黒土、宮の後《うしろ》の県道沿いに、水汲み場があるがなあ。今でも人が水を汲みに来ょうる。その水汲み場の上の石段に、大入道が両側に鉄棒を持って立っとった、と聞いたことがある。

昔から、宮の後にゃあ、何かが出るいううわさがあったけんなあ。田土の人が見たいうことじゃった。

（話者　田土　武村菊美）

107　見越入道①

昔は貰い風呂いうて、近所へ風呂へ入りぃ行きょうりましたなあ。帰るのを夜遅う帰りょうたら、入道が出てきてから、この入道、上へ上へ見上げて大きゅうなるんです。入道はずっずっずっずっ見上げて大きゅうなるんです。それについてから見ゅうりゃあ、喉へ噛みつくいうて言ようたです。

（話者　下土井　片山光男）

108　見越入道②

小森の山奥、池の原に見越入道という狐かいたちが化けたとか、自分の影が化けたとされる妖怪がいました。夜に一人で山道を行くと、岩の上に、弘法大師の立ち姿をして突然現れます。偉大な人なので岩の上に現れると誰でもびっくりし思わず見上げます。みるみる大きくなり、大師山の高さになるまでドンドン背が高くなり、高い所から見下ろすと、だんだん背が低くなって見続けると消えていなくなると言われます。

女性が便所を使っていると忍び込み、「尻拭かせろ」とか「尻拭こうか」と言います。大晦日に「見越し入道、ほととぎす」と呪文を唱えると現れ福をもたらします。

（出典　「草地稿」）

109　馬の首

昔、昔、吉川西庄田に博労が住んでいました。伯耆大山の牛馬市から馬を買って来て八幡宮に奉納する仕事をしていました。大人しく、賢く、力強い馬を手に入れ、大変気に入って売らず大切に育てていました。しかし馬は年が寄り歩けなくなりました。寝たきりになると直ぐに床擦れができ、化膿し悪臭を放ち、肉蝿《にくはえ》の蛆《うじ》が肉を食い奥へ奥へと潜り込み、馬が痛さで苦しみました。仕方なく首を切って殺し、葬り、小社を建て祀りました。

それからしばらくすると、夜遅く馬を埋めた所を通ると、側に有る竹藪の竹に馬の首が巻き付いていて、道行く人の前に転がり落ちました。道行く人が驚いて逃げ出すと、遊んで欲しいのか嬉しそうに、追い駆けて来ました。馬の首に出合っても、これといった凶事は起こりません。

昔、吉川西庄田に博労がいて、馬を買っていましたが、馬が脚を折り、売り物にならなくなったので、首を切り落とし殺して、粗雑な方法で屍を埋めました。するると、夜、そこを通ると馬の首の妖怪が現れ、追い掛け、咬み付き、熱病を移し病死させました。

それからは、親達は、馬の埋めてある地を馬の首と呼び、子ども達に、夜に馬の首に近付いてはいけないと、躾けるようになりました。

夜、少年が馬の首の近くを歩いていて、何かにおびえて逃げ出し川にはまって死にました。親達はそこに地蔵を立て、少年を供養しました。昭和の終わり頃、地蔵は高台の馬の首に移されました。

（出典「草地稿」）

110 ぬうりひょん

案田に「ぬうりひょん」という妖怪がいたと言います。海坊主のように頭は禿《はげ》で、眼鼻のないお爺さんです。袈裟を着ていますが、僧侶ではありません。年が暮れる多忙な時を狙って勝手に家に上がり込み、かってに茶を沸かし、飲むのだそうです。

（出典「草地稿」）

111 脛曳

小森の大師村には脛曳《すねひき》という妖怪がいて、雨の日の夜、山道を歩いている時に現れ、脛を引っ張り、歩くのを邪魔すると言います。

（出典 「草地稿」）

112 猫又

猫を殺せば七代祟られます。猫をいじめると三代祟られます。猫は十歳を超えると尻尾が二つに分かれ、人の持つ能力を獲得して、猫又になると言われます。雌の黒猫が猫又になり、台所の戸棚を開け、食べ物を盗んだり、家の玄関の出入り口を開けっぱなしにする等の悪さをするので山に追い出されました。猫は、山に登って来る者に噛みつくと、食いつかれた者は、よだれを垂らし痙攣《けいれん》して死んだと言われます。

（出典 「草地稿」）

113 抜け首

それから、笹目から福沢に越えるとこに、今は広域道がついとるからないんじゃけども、昔は山道で、才の乢《たわ》で、才の乢、才の乢いうて、乢があった。そこに、ちいちゃな祠があるんです。そのあたりが、狐に騙されるとこじゃったらしんですけども。

夜帰りょったら、抜け首が落ちとってなあ、首の抜けた、侍の首の抜けたんが落ちとったいう話があったんです。僕等もそのことを聞いたことがあるんですけど、それが抜け首じゃったかどうかというのは、怖いから、恐れて走って逃げたから、見てないんだけども。ちょうど石ころのガラ山なんです、そこが。人間が通って来るから、おそらく兎とか狸とか、山の上におるのが走って逃げるから、その石ころが落ってくる音が聞こようたんじゃないかなあ。大きい石が落ちりゃあちょうど音がしたりするから、それを言ようたんじゃないかなあと今は思うんですけども。

当時は、僕は婆さんがおるけん、婆さんなんかはそう言って話すんです。

「あそこは気をつけえよ。抜け首が落ちる。昔ちゃんばらした時の侍の抜け首が落ちとる」

よう言ようたんです。

というのが、犬山城いうのも、毛利に攻められて小早川いうんか、あれに攻められて、このあたりに逃げて、この上の城もそうじゃった。だから、その時に首を切られたんが、恨みを持って、そこへ残っとるのが、夜、人が通ったら降りてくるんじゃ、いうような話しょうてんです。

首の抜けた、その抜け首というのが首だけが落ちとった。そういう話を聞いたこともあるし、その音を聞いたこともあるんだけども、それが本当の事かどうか。

小学校一年生ぐらいじゃから、昭和二十一、二年かな。それから、二十四、五年になって、四年か五年かぐらいの時に道路がついて、へえからあまあ、そこの屼へ上がることもねえし、道が大きゅうなったから。狭い。そりゃあもう田舎道ですから。人間が歩くくらいの。

あそこは、狐が騙すともいいます。

「あそこは気をつけにゃあ騙されるぞ」

いうて、

「才の屼の方へは行くなよ」

いう話と、それから、夜、通ったら抜け首が落ちるんじゃいう話とは、聞いたことがある。それで、小さい祠があるところへ石を重ねて、昔の事じゃけえお婆さんが拝んだりしようたです。

（話者　笹目　入沢正夫）

114　槌ころがし

下土井から長尾へ上がるさる坂いうところがありますわなあ。そこに、たいら槌を転がす、槌ころがしが出る、いうことを言よったです。

たいら槌は、小さい枕ぐれえなので、柄がついとって、洗濯もんなんかをたたきょった。まん丸のに柄がついてねえ。洗濯もんなんかをたたきょったです。

そりゃあ、父が話しょったんですが、子どもの折に、株屋が長尾にあったもんじゃから、親父が夕方になってから、

「鶏をやる言ようるけん、もろうて来い」

言うてから、もう日暮れでから、そこを通らにゃあならんけん、寂《さみ》しかったけど、行たいうんですわあなあ。そしたら、行たら、お婆さんがおってから、鶏を袋へ二羽ほど入れてから、背なへくくりつけて、

「早ういねえよ。ここは寂しいけん」

言うてから、帰ったいうて。そしたら、そこへさしかかったところが、鶏が暴れだいたいうんですわ、背中で。それから、それを引っ抱えて、そうしてから一目散にその坂を駆けりょうりゃあ、後ろから槌がゴロゴロ、ゴロゴロ転んでくるいうて。下の福谷いう家へかけりこんでから。

「晩に子どもを使いにやる」

いうて婆さんが、言う言う、

「ほんなら、送っちゃるけん」

言うて送ってくれたいうことを、父が言ようりました。

へえで、後から見たらそりゃあ、槌じゃあない石がゴロゴロ転がりょった。あそこにゃあ槌ころがしが出るんじゃいうことをねえ言ようた。

（話者　下土井　片山光男）

115 汚血

妖怪汚血は子供が生まれる時の産血のお化けで、赤子が生まれると這いだし、縁の下に逃げようとします。すぐ捕まえて殺さないと母親が死ぬと言われます。

（出典 「草地稿」）

116 権現山の天狗

豊野の永浄寺《えいじょうじ》の権現山の裏手の道は上有漢に出る近道でした。しかし、整備されておらず、歩いて行くには、不便でした。だから、よっぽど急ぎの用がある者しか利用しませんでした。

与吉は有漢の庄屋に正月飾りを届けるよう頼まれました。一夜飾りは、縁起が悪いと道を急いだのです。

しかし、日暮れがいつもより早く、何やら、大勢の囃子《はやし》声が聞こえて来ました。与吉は逃げようと思いましたが、アッと言う間に近づいて来たのです。足がすくんで動けません。

それでも、藪陰からうかがうと、鼻が高く、赤ら顔で天狗達が、鉄棒や刀で地面を叩きながら、オオオーー、ギャアホオーと奇声を上げながら迫って来ていたのです。

「人間臭え。人間臭え。人間食いてえ」

と盛んに探していました。すると狐が出て来て、深い藪に誘い、与吉の頭にチョコンと乗りました。天狗達が、藪の上に座る狐を見て、慌てて逃げて行きました。

（出典 「草地稿」）

117　天狗の悪戯

　昔、可愛らしい娘が舟津の裏山で山菜取りに来た時、用を足したくなりました。すると天狗が藪の囲いを作り、人目に付かないようにしてやりました。お婆さんが用を足そうとした時には、囲いを取り外し、人に見えるようにしました。

（出典「草地稿」）

118　火車①

　そういう話もあったんじゃ、と言うたのは、粟井谷の長三郎さんじゃ。

「そういう話があったんぞ。火車《かしゃ》いうのが出たいう話を覚えとる」

言うた。

　それからねえ、江与味（美咲町）の方で葬式があって、昼の葬式で、送ろうとして出かけたら、一天にわかにかき曇り雨がバァーッと。円城寺の住職が、独鈷《とっこ》（金剛杵）をふりかざして、

「この火車、出《いで》え」

言うてから振り回したらな、パッとさめてな、

「火車じゃった、火車じゃった」

いうて済んだんじゃけえど。

　それから、葬式が一通り済んで、帰りょったら、柏尾池の所にな、寺で飼よった黒猫が、額に傷をしてのたうっとった。

「さっきの火車はお前のいたずらじゃったか。そりゃあ悪かったのう」

言うて帰ったいう話。


（通観386「猫檀家」参照　話者　円城　天艸眞諦）

119 火車②

黒猫が年がいたらな、火車《かしゃ》になるいうて聞いとります。

お葬式に、若い娘さんやこうが亡うなったら、お葬式をしょったら、一天にわかにかき曇って、夕立がしてきて、棺を担いでお墓へ行きょったら、フッと軽うなる。そりゃあ火車が取ったんじゃいうことを。

せえでな土葬で、若い娘さんが。昔は結核やこうが多いかったからなあ。結核で死ぬ人が、若うて死にょうりましたからなあ。お葬式に、出棺で、これから担いで出るいう時に、行きょったら途中で、ファッと軽うなってしもうた。せえで火車が取ったんじゃ、いうて。そりょう住職に話して聞かせた。

（話者　細田　溝口一幸）

120 岩目の翁

三谷と細田に岩目という地名があります。その隣に亜世《あじぃ》があります。亜世というのは、あの世とこの世の間といいます。そこには、亜世田《あじぃだ》の池がありました。

岩目には妖怪が棲んどった。岩目の翁だとか、岩目王だとか、妖怪がいて、その妖怪が、三谷の山に塚があるんですけど、そこで遊んでいた。それが、村の娘をうまくだまして、岩目で生活しておったんですが、妖怪の子どもができると、お父さんが娘を殺してしまった。そのために妖怪が頭にきて、あの世に行った。

妖怪の世界に帰るために、岩目をごぼっと抜いたところに、穴が出来て、そこが亜世の池になった。抜いた勢いで、ぽーんと飛んで行って太陽に入った。この話をされた方は、二十年ぐらい前に亡くなられました。

その目玉のおばけは、たくさん目を持っている。一番大きいのは千里眼、夜でも見える夜目、人が来たら分かる人感眼、物を透視する目、いろんなものを持っているので、人に見られたことがない。ところが、うっかりして、好物の松茸を食べて眠ってるところを、村の娘に見られてしまった。普通なら人感眼があるのと、夜目があるので、夜中だって感じて見られない、隠れることができる。その時はうっかり見られた。

その千里眼で見られると、

「悪いことをしようとすると、悪いことをやめる」という霊力がある。そうすると、娘を見たときに、霊力が働くわけですね。じっと見つめますから。すると娘さんが、「変な人だけど、変な人に会っても、とたんに悪い人だと決め込んじゃあいけない。そういう子は悪い子だよ」と教わってるわけですから、じっと見つめられた時に、怖いと思ったけど、そうじゃない、この人はいい人だ、ということで、だまされたんだろうという。

だから、「太陽に行っているから、お日様が照らすと、世の中の人は悪いことができないのだ」いう話です。

これは、爺さんの弟から聞いた話です。

（話者　湯山　草地恒太）

121　くもの化け物（原題・くもがばけた）

本尊様へお供え物をしておりゃ、いっつものうなってしまうんで、和尚さんが、何かが出て食べよるんじゃから、今日はあれを退治てやらにゃあいけんいうて。餅をついて、その上にモチを塗っておったら、カラカラ、カラカラ、お坊さんのような白え着物を着て、黒え衣をかけたのが、かすかに見ようるから、こりゃあ、どこからかお坊さんが参ってくれよるのかなあと思いよったら、こっちから様子見よったら、まあ、ひとい き拝んで、それからお供え物を手に取ってから、その坊さんに化けとるのが取った。

ところが、モチが、ひっついて、そいで、その坊さん、化けとる坊さんが、モチぅを取ろうとしたら取れえで、今度ぁ足で取ろうとしたら、足にもひっついてから。まあ、両方の手と足がひっついてコロコロコロコロ転んで、それから、まあ、口ぅ出えたら、口にもそのモチがついて、コロコロ、コロコロ、コロコロ、コロコロ、転びよった。しめえには、あのようにモチがひっついてしもうて。

あとから見たらくもがひっついて、くもがあのお堂の真中で転びょうた、いう話が、まあ、それがちょっと、こええ感じがしょうりました。

（話者　高富　河原澄江　出典『加茂川町の昔話』）

122 妖怪の寝床

中倉の裏の松茸がよく生える山に、大岩を縦に割って開いた石で囲まれた古墳のようなものがあります。妖怪の寝床と言われます。

（出典「草地稿」）

123 怖い場所①

ぼくは郵便局へおったんです。夜、電話の番をするんです、交換を。昔のことですから、今のように携帯電話やこないから。電報へ行きょったんです。

どっか家で死んだりこうしたら、「ハハシス」とか、誰が危篤じゃとかきましょう。その電報配達をする人は、なんぼう遅うても配達せにゃあおえんのです。その電報配達の人が、一緒に宿直をしょったときに言よったんですけどな。

「林さん、長田の中で三カ所恐ろしいとこがある」

「どこどこなら」言うたら、

「富永の鑵子《かんす》の弦《つる》（湯沸しの持ち手）があろう。富永の奥の方に。薬缶《やかん》やこう（など）のつる（持ち手）のように曲がっとるけんかんすのつるいうんじゃろう。

そこと、林さんとこの下土井の倉城《くらしろ》と、富永の井坂《いざこ》。あそこの三カ所は寂しいぞ」

いうて言よった。

「どねえなんなら」

言うたら、

「そりゃあ時によっては、頭の毛が一本立ちになるようなことがある。特に寂しいのが林さんとこの倉城村じゃあ。あそこは寂しいぞ」

言よった。なるほどそういやあ、あそこにお社が二つか三つあるんです。電報配達でもそういうとこを通るのはたいぎな、いうて。

（話者　富永　林　弘）

124　怖い場所②

猟師のイサブロウさんが、僕らにいつも教えてくれよったんが、今の賀陽町ですけど、吉川のちょっと手前に玉田橋いうとこがある。へえから、三日原《みかばら》（ぬかばらともいう）、金比羅様のちょっと向こうの。あそこへ行ったら自転車の後ろに何かつくぞ、言うて恐らされたもんです。

それで夜出歩くのがきょうとうて（怖くて）、困りょった。何か積んどっても、取られりゃあへんか。子どもん時にゃあ、荷を積んどったら見て、あるあるいうて、もどったこともありますけど。

玉田橋は、吉川に入ったところの手前に、ちょっと民家のないとこがある。そこに橋が一本かかっとった。

三日原。加茂市場から、賀陽町へ越すところの、やっぱり寂しいとこです。

（話者　下土井　沼本英雄）

㈣ 死をめぐる話

125 あの世からの招き

わしの家内がもう死んで二十何年なるけえど、これが病院に入院しとる時に、寝言を言ようたのに、

「ああ、お父ちゃん。なんか綺麗なお花の場所へ手招きゅうしてくりょうるんで」

いうけえ
〈ありゃあ、おかしくなった。こりゃあもう駄目かなあ〉

と思うた。

それは、その死んだ家内の本人の口から聞きました。「こっち来い、こっち来い」いうて、あの綺麗な花畑から、「こっち来い、こっち来い」いうんじゃいうてな。二晩ほど言うたことがありますます。


それが、死んだのが四年じゃから、平成三年ぐらいの時じゃ。そういうなのがありますなあ。

（話者 西 前田廣雄）

126 死者が生き返る

そりゃ今のように科学的なあれがねえからのう。心臓が止まってどうとかいうような。

「明日《あした》り、ほんなら、どうすりゃあ」

いうて、

「まあちょっと待ってみい」

いうて、組合で言うたら、明けにゃあ、また生き返ったいうようなんがあろう。

ああいうなあ、やっぱりまだ死んでねえんじゃけど、昔ぁ治療はせんから、息ぅ止めたら死んだと解釈しょうたんじゃ。

せえじゃけえ。天蓋で、担いで行きょうたら、橋の

上で「ああっ」いうて伸びゅうしたいうような話があったんじゃのう。

（話者　岨谷　妹尾康平）

127　出立ちの飯

不思議な話ですけど、偶然かもしれんとも思うんですけども。

私は戦争へ行っとりました。太平洋のパラオ島にね。マルキョク電探隊という見張り隊へおったんです。十五人ほど。そこで私はいつも炊事をしょったんです。

十九年の夏頃でしょうかな、戦争が激しくなってから、食べもんがなくなったと。兵隊が二人、炊事場を直しちゃると。空襲が激しいから、煙がもったり光がもったらいけんいうて。渡辺いう兵曹ら二人がてご（手伝い）に来て直してくれたんです。その時に、

「これから仕事をするんじゃけん、御馳走《ごっつぉう》をして食わせえ。炊事場の仕事をするんじゃから」

言うて、その、米のない時じゃったんじゃけど、飯盒《はんごう》へ一杯炊いて、せえから牛缶を一つ、二人で食うた。それは五合ぐれえ入りますけんなあ。ほして、

「もう一杯炊いてくれえ」

言うて、飯と牛缶を食うた。

「やれうまかった」

いうて上の兵舎へ帰った。

そしたら、そこを飛行機で銃撃を受けて、二人が兵舎に帰りついたとこをやられてから、二人ながら死んどる。せえで私は下におったから助かった。

その穴へ飛び込んでおったら、家の木の枝の大きいやつが落ちかかってきてびっくりしたんですけど。今度ぁ、それを片付けえ出とったら、上から、

「片山あ、変わりはないか、元気か」

いうてから下りて来て、

「今、上で、上がってきた二人が死んだ」

言うた。

へえで、後から、よけえご飯を食べてしっかり食うて喜んで帰ったんが、なんかどうも今になっても、出立ちの飯のような感じがして。不思議なんですけど。

（話者　下土井　片山光男）

128　死の知らせ①

仕事中に、役場で相談に乗っていたんです。ほしたら、体の調子もあんんまりようない、若い二十三、四くらいの女の子が、日曜日の朝でしたかな、ふすまを開けて、

「Aさん、助けて」

いうような感じで、私の名前を呼んだんです。パッと目が覚めて、変な夢じゃなあいうて、月曜日に出勤したら、女の子が死んどった。

大分前の話ですがね。

（話者　旧加茂川　A生）

129　死の知らせ②

娘さんが大阪かどっか行っとんじゃろうけど。寝とったら、娘さんが帰ってきて、

「お母さん」

いうて話しかけて、いつの間にやらおらんようになったけん。せえから三日ほどたったら娘さんの訃報が入った。そういうことがあった。

（話者　富永　林　弘）

130　死の知らせ③

夢を見たいう話はあるんです。昭和二十一年生まれの兄が、二十五才の時死んだんですよ、ポックリ病で、倉敷の方で。

中山前町長が県議に出られるので、親父が金川の方へ選挙運動に行っとりまして。土曜日じゃったと思うんですけど、たまたま家におったら、兄の会社の同僚が、

「綱島さん、会社に一週間ほど来られてないんです」

　こっちぃ帰ってないかいうことで、倉敷で生活しょったから。

「帰ってないですか。一週間ほど無断欠勤しとんじゃ」

言うから、そんなはずはないで、いうことで、親父を呼んで、私も十九になって、どうぞこうぞ免許をとったばっかりじゃったんで、家に行ったら、会社から仕事がすんで、家に帰ってご飯を食べて、寝た状態で、三月の終わりじゃったんですけど、亡くなっとったんです。一週間会社を休んどったいうことで、私はすぐピッときたんです。

　一週間程前に、私がギャーッという夢を見たんです。あの時に亡くなっとったんじゃなあ。昭和四十六年です。


（話者　井原　綱島恭治）

131　死の知らせ④

私で言えばいとこなんですけえど、高梁におった。それが十九の時に赤紙が来て、戦争へ行かにゃあいけんようになって。それで、それが行きとうのうて、戦争へ行きとうないからいうて、それで、線路に近いとこに住んどって、列車に飛び込んで死んだんです、十九の時に。

　昔のかまど、それで、お茶ぁ焚いたり、ご飯炊いたりしょうりまして、朝、早うに。かまどのとこに、焚き木を入れる箱が置いてあるんです。そこへ手が、ひゅうと伸びたいうて。

　へえでまあ、お母さんとお父さんと起きて、ご飯炊きょって、それであの手がのぞいたけん、「ありゃっ」いうたら、もう後なんにも分からなんで。せえから線路でからかな、列車へ飛び込んで死んだいうて。私の

ちょうどいとこになるんですけどね。

今生きとりゃあ八十なんぼぐらいいんなって。せえが死んだ知らせがあった。


（話者　三谷　草地真喜子）

132　死の知らせ⑤

直接、私が体験したことです。

お父さんが賀陽病院で亡くなる三ヶ月ほど、あそこへ入れてもろうとったんです。それで、電話が掛かってきたから私が自動車で行きょうたら、今の賀陽の生コン屋のとこの道、ちょっと狭うなるとこがありましょう。あそこまで行ったら、お地蔵さんが、こっちから行きょったら右のひらへお地蔵さんがあったんです。道が曲がって生コン屋の、広い道からちょっと狭うなりかけたとこ。

〈あそこにお地蔵さんが。あれっ〉

思うて。へえから、まあ行ったら、もうお父さん、どう言ったらいいんかなあ。熱が四十二度ぐらいして、脳死状態みたいな感じじゃったんです。

もうどうしようもないから、まあ私は帰りに、

〈行きがけにゃ確かにここにお地蔵さんみたいなんがあったがなあ〉

思うて、ちょっと自動車ゆるめて見たけど、帰りにゃあもう何にもなかった。あれはいまだに不思議で、あっちぃ行く時にゃ、時々あそこでちょっと自動車ゆるめて見ます。なんでこねえとこにお地蔵さんがあったかなあと思うて。


（話者　三谷　草地真喜子）

133　別れに来た兄

私が小学校へ行くか行かんかいう頃、いとこのお兄ちゃんが戦死して、葬式をしょった時のことだったん

じゃ。

「昌子う」

いうて、大きい声で呼ばれたから、外へとんで出たら、庭の大きな桜の木の下に、お兄ちゃんが、立てりょったんじゃ。

「はよ、みんな出てきてえ。お兄ちゃんが死んだいうのは嘘じゃが」

いうて大きな声をしたら、

「嘘を言うな。おりゃあせんが」

いうけん、

「立てりょうるが」

言うた。

私は、軍服で手を振りょったお兄ちゃんを見たんじゃ。桜の花がいっぱい咲いたその下に。お兄ちゃんが別れに来てくれたんじゃが、いうてなあ。あれだけはよう忘れん。


（話者　高谷　杉原昌子）

134　帰ってきた弟の魂

本家は裕福な家でしたけえど、兄弟仲が悪うてな、私のお爺さんは次男じゃったんですけど、分家をしたいうても、十分分け地をもろうとらんので、非常に貧しかった。

家は自分で建って、屋根は一部屋だけ藁をあげて、一年かかってふいて、そこに住んどった。七人兄弟でな、男兄弟ばあがおったんです。

五人目の弟が、うちへ頼ってきていた。

「わしもひとつアメリカへ行って一旗揚げて、千両箱を打ち掛けにして戻るけん」

いうて、弟は本家に分け地にもろうた田んぼやこうもお金にして、渡航費をこしらえて、アメリカへ行ったんです。

ところが、列車の事故におうて、アメリカで亡くなっ

たんです。そうしたら、お婆さんが、
〈火の玉がサーッと、向こうから飛んで帰ってきて家の上でパッと消えた。ここりゃあ何事かなけりゃあええがな〉
思ようったら、明けの日に公報が入って、アメリカへ行った弟が死んだいうて。そういう話がある。
遠いとこでも、魂がもどるんかな、火の玉いうもんはな。

（話者 細田 溝口一幸）

135 夢の知らせ

父が亡くなる前に、夢で帰って来たんかもしれんなあ、いうことがありました。父は、戦争に二回行ったんです。一回目は満州、二回目はルソン島バギオ。そこで戦死したんですけどな、バギオに行く前に、休暇で、高梁の狐谷から歩いて帰って来たことがありました。その時父が、軍服を着て合羽《かっぱ》をグルグルと巻いたものを掛けて帰った姿を覚えとったんでしょうな。

ある時、その父の姿を夢に見ましてな、それが不思議なことに、妹も同じ夢を見とったんです。バギオは戦争の激しい所じゃったそうで、何も分かってこんかったんですが、後になって公報が入った時に、

〈あの時に、戦死した父が帰って来たんかなあ〉

と思うたことがありましたなあ。

中学校の二年生か三年生の夏でしたか、遺骨が、高梁の頼久寺に帰って来るからと、私がお骨を迎えに行ったんです。用材を運ぶトラックの上に乗せてもらってな。婦人会の人が作ってくれたお弁当に、鯖《さば》のあらが入っとったのを覚えとります。

帰りに、掛けた遺骨が、カタコト、カタコト、軽い音がするから
〈なんじゃろうなあ〉

と思うて、家に帰ってから、お婆さんと開けてみたら、荒木の位牌が入っとっただけで、形見の一つもなかっ

たですなあ。これも人生、忘れる時がありますかなあ。

（話者　吉川　伊賀日佐子）

136　戦死者の魂が火の玉で帰る

もうひとつは、玉砕した時分に日本へ向けて火の玉が、よっけえ（たくさん）帰りょうたいうのは聞いたことがある。戦争中の話。

よう分からんのじゃけど、大東亜戦争（太平洋戦争）で、ちょうど南方の方で玉砕した時に、次々次々火の玉が団体で東へ向けて走ったいう話を聞きました。

そりゃ、中国、南支、そこへ行っとる人が見た。うちの親父やこうも見たいうて。ちょうど戦争で、玉砕におうたのが十九年で、僕の叔父《おじ》きが死んだときぐらいな時です。

中国で見たんです。中国から東ぃ向けて日本の方へ向けて飛びょうる時に。ちょうど船で送らりょうる道中に玉砕じゃから、恐らく、その目的地にゃあ上がった者はおらんじゃろういうて。何十も通ったいうて。

（話者　笹目　入沢正夫）

137　火の玉①

日が暮れてから麦を刈りに行った時のことじゃった。一日田植えをして帰って、晩ご飯を食べてから、「朝までにちょっとでも刈っとこう」と思うて、麦を刈りに行ったんじゃ。

刈りだして間なしに、手元がヒューッと明るうなって、フッと上を見たら、フウワ、フウワ、火の玉が飛びょうる。青いような赤いような火の玉で、大きゅうはなかったな。それから、ヒュヒュヒュヒュヒューと音がしたかと思うたら、クルクルクルクル真っ直ぐ横に回っていった。

もう寂しゅうなってから、鎌も何も、投げ出して帰って来たことがあったなあ。お墓の近くの畑じゃったけど、その頃、お墓に入った人はおらんかったな。火の玉を見たら、長生きをすると言よった。

（話者　吉川　伊賀日佐子）

138　火の玉②

ちょうど私がなんぼぐれえじゃろうか。十歳ぐらいの時分じゃ。親父が軍隊へいておらん。へえで中の谷いうんじゃが、あっこへ三反ほど田んぼがあったん。そこでまあ晩に稲ぅこいでなあ、うちのまつ婆さんいうのが、わたしの婆さんじゃが、それがまあ、昔は足踏みじゃけえなあ。ギッコン、ギッコンして、へえで晩までこいで、日が暮れて藁ぁ始末しょうたん。私らこまえけん（小さいから）、藁の間に穴ぁ開けてなあ、そん中ぇ入って寝ょうたん。そりゃお月さんもみな出とんで。

へえがなあ、谷から上がってきたん。見りゃあ、このぐれえどまあなあ、真っ赤な燃えるような状態で、フワーフワー、フワーフワー上がったん。そりゃ私ばあじゃねえ、兄も見とるし、お婆んも見とん。せえが初めて火の玉というのがあれじゃなあ、いうて見たことがあるけえどなあ。

百メートル以上も上がった。色は赤いいうより桃色じゃ。直径が五〇センチぐらいに見えた。尾はなかった。

（話者　岨谷　先山信夫）

139　火の玉③

子どもの頃の話じゃ。室納にあるうちの家に、大きな松の木があってな、盆栽みたいにかっこうがよかった。夜小便をしとうなって外に出たら、その松の枝にかかるように、お盆みたいに丸うて大きな月が出とったんじゃ。

〈ええ月じゃなあ〉思よったらな、それが、ゆうらゆうら動く。びっくりして、とっさには足が動かんかった。目の前に来たけん、

「何か飛びょうる」

言うて、お袋を呼びに行ってから出てみた時には、もうおらなんだ。ありゃあ火の玉だったんじゃと思うなあ。

（話者　納地　難波和典）

140　火の玉④

火の玉は、下加茂でな。住職としては、それ一回だけだったらしいんですよ。

主人が若い頃で、その頃はまだ、夜しかお葬式をしなかった時代がありますがね。昼の間はしない。だから、歩いて行くでしょ、どこでも。

そしたら、行きがけだったと思うんですけど、行く方向の松かなんか、大きな木の枝に、かかっとったんですって、火の玉が。長い間住職したけど、それが初めの終わりじゃった。それの火の玉が移動していったいうんですねえ。

（話者　円城　天艸松子）

141　火の玉⑤

火の玉に出会うたいやあ、火の玉かもしれんのですけど。役場に出よった頃に、戦時中、警戒警報、空襲警報が入ると、電話が各戸にないから（長田村で十一本だった）要所要所へ自転車で伝令に行かにゃあいけんのです。

「今、空襲警報がでました」

いうて。夜中に、この林さんほう（富永）の前を通りょったら、茶筒みたいなのが、ずうっと上を飛んだことがあるんです。これが本当の火の玉じゃろうかな思うて、

役場に帰った時にも、ちょっと動けなんだことがあるんです。

色は、見るほどものうて、ずうっと、上を通ったから、腰を抜かしてしもうて。役場にかけりこんだいう。実話です。

戦時中の空襲警報が激しくなった頃ですから昭和十八年頃でしょうなあ。その当時は、役場へ吏員の人と小使いの人とおられて、小使いが伝令にかけずり回りよった。

（話者　下土井　沼本英雄）

142　火の玉⑥

うちの親父が死んだ時分も、火の玉が出たぞいうて、隣の人が言うたけんなあ。背中から人間の魂が出るんじゃ。死ぬる前に、寝ようる寝室の上から上るいうておった。家の棟に止まって消えていったという。死んでから一週間ぐれえは、家の外におるんじゃいうて。

（話者　岨谷　妹尾康平）

143　火の玉⑦

火の玉を見たことがある。小学校、何年じゃろうか、昔ぁ火の用心いうて、子どもの時に拍子木を叩いてみんな歩きょうたんですらあ。まだこまかった（小さかった）けんなあ、小学校へ行くのは行きょうたけど、何年じゃろうかなあ、ちょっと分からんのですけど。

あの笹目に昔、銅山があったんです。そこの社宅に住んどられる人が、当時、結核か何かで寝とられたんです。ちょうどその家の窓から一メーター、二メーターぐらいかな、離れたとっからポッとこう火が出てきて、それも青白い、楕円形のように、こう行ったり戻ったりじゃねんだけどそういう飛び方をして。一キロあるかなあ、五、六百メートルくらいの山の杉の木のとこで分からんようになった。ちょうどそこがお寺の山になっとるのじゃけど、その山の近くで分からんようになった。上級生が何人か、

「花火の時の落下傘が落ちたんじゃねえか、ちょっとあれを取りぃ行く」

いうて、その杉の木を揺すったりしたんじゃけど、なんも落ちてこなんだけども。

帰って親父に話したら、

「そりゃあ火の玉じゃがな。その人がよっぽど悪いんじゃねえか。一週間ぐらいしかもたんのじゃねえか」

いうて。ちょうど五日目くらいに亡くなられたですけど。

「魂が抜けるんじゃ。それが火の玉になるんじゃ」

とは、聞いたですけど、見たのは、それが最初で最後です。

その火の玉は動くのが早くねえです。ゆっくりです。こう、こういう感じで飛んでくる。前へ行ったり、前へ行ったり後ろへ行ったりじゃあねえけど、そういう感じ。ちょっと降りてきたような感じ。

（話者　笹目　入沢正夫）

144　火の玉⑧

不幸事があった時に、火の玉が出るいうて、よう聞きょうった。

お爺さんが亡くなって、埋葬したその仕上げの日に、お婆さんも亡くなった。高校生だった私が、学校から帰る途中、お墓のまわりが青白く光っとるのを見た。

「死んでから四十九日までは、家の中に魂が残っとるから、死んだ人が見ようる。子どもにもちゃんと拝ませにゃあいけん」

と、言よった。

（話者　大和　木村宮子）

145 火の玉⑨

火の玉いうのは、死んだ人の土葬したら、燐が燃えたりするいうことを聞いとったんです。夕方くらいに、お墓参りをしょったでしょ、昔。亡くなったら、昼間参って、また夜、火灯し。あの時、ほんとにフワーッと、お墓から離れたところを火が飛んどった。赤と青。ひとつが赤と青に見えた。

昼は、墓参りで、夜は晩に火を点しぃ行く。私は子どもの時にな、お爺さんやお婆さんが死んだのに、日が暮れたら点しぃ行くんです。ちゃんと、こしらえてあるけん。早う行って、肥松《こえまつ》に火をつけて、怖いけん早うかけってもどりょった。

火灯しは肥松を割って使った。山へ肥松を取りぃ行っとったが、今はしょうらん。盆の迎え火も肥松じゃった。

（話者　円城　山本千恵子）

146 死者の霊の宿る乢

豊野と下竹の境の山ん中に、じょうぜんの乢《たわ》いうところがあるんじゃ。昔は下草を刈って、きれいにしとったもんじゃけど、今はもう通れんけどなあ。

いつの頃か分からんけど、そのじょうぜんの乢に、死んだ人を担いで来て、座らせとったんじゃそうな。どこから来たんか、そりゃあ分からん。

そのじょうぜんの乢を通ると、髪の毛が一本立ちになるいうて言われとった。人が死んだりした土地には、霊が残っとるから、連れて帰って祀ってあげにゃあいけんのじゃなあ。

（話者　田土　武村菊美）

㈤　木にまつわる話

147　たたる木①

三谷の山上様いうて、昔、私らが小さい、五、六歳ぐらいな時かなあ、小さい四畳半ぐらいなお社があったんです。

そのお社が倒れて、ほっとったため、その土地を売った。ところが土地を買うた人が五十五で死に、木を切った人が五十五歳で死に、その木を道路まで出した人が五十五歳で死んだ。

せえでそのお社でも建てて返したげりゃあええものを、木ぅ売って倒して、そのまんまそこを、ほっとったん。いまだにまだほっとった。いうたらおかしいけど、そのままにしてある。

木は樫の木。それは大きな大きな樫の木でした。覚えとります。小さい時に。もうその四畳半ぐらいな建物の中に、囲炉裏をして、そこにそのお祭りをしょうったんです。甘酒をして、そこへお参りをしたら飲ましてくれよったん。それと赤飯のおむすびももろうたことがあるような気がします。

（話者　三谷　草地真喜子）

148　たたる木②

宮地南谷の薬師堂のそばに、イチョウの木がある。その木を切った人は、早う亡くなるとか、ばちがあたるとか言われている。あるとき、枝を折った人が、ばちが当たって亡くなった。商売人に頼んでも嫌がって切ってくれない。誰も手を出さん。そのイチョウの木の足下に地神《じじん》様があった。

（話者　宮地　瀬尾喜志子）

149 たたる木③

上竹の天神社の参道があるでしょう。あそこを切られた業者の人が一週間か十日で亡くなったという話は聞いたことがある。松の木があったんですわ、ずうっと、天神へいく。そこの木を頼まれて、木こりの方が切られたら、切った人と頼んだ人が亡くなったいう話は聞いたことがある。

（話者　上竹　石井紀之）

150 切られない木①

祟る木はよけえある。やっぱり祟る木いうのは、元に祠が大抵あるんですな。それが神様を祀ってある。

今、もうほんと、少のうなりましたけえど、こりゃあ誰が見ても、すげえ木じゃなあいうのは、大抵ありますなあ。

じゃから、今、おらんですけえど、山の木を買う商売人が「ざっきし」（雑木師）いうんですけえど、ざっきしは、よう知っとりましたわ。

「あそこのあの木は、ええんじゃけえどなあ、使うたらおえん。買えん。安うても買えん」

いうて。

「どうしたんなら」

いうたら、

「ありょう切ったのを買うても、木挽きいう、木を切る者が手を出さん」

そういうことを言ようりました。「木挽き」が、まあ仕事師が、手を出さんいう。気持ちが悪うて。

山の神をなあ。そういうものをいらうと、後まあ、植えて返せばいいけど、切り投げにしたら駄目ななあ。

（話者　豊岡下　城本　将）

（話者　上竹　芝村哲三）

151　切られない木②

うちの旧宅があった所に、家を倒して田んぼになっとんですけど、そのちょうど後ろに梨の木があるんです。正月にゃあお飾りを持って行ったり、隣の人が拝んだりしょったんですけえど。現在の、その土地の所有者が、

「梨の木が大きゅうなって、柵をするのに具合が悪いけえ、切ってもえかろうが」

言うて、わしに相談があったんです。

「そりゃあ、わしじゃあ判断がつかんけん、拝んでもらええ。それで聞いてみい」

言うて。

せえで、先生（宮司の石井紀之さん）とこへ行って、先生が、「あんまりつつかんほうがえかろう」いうことで、本人は得心しとんですけど。

152　切られない木③

隣の堀さんがな、拝む人がおったん、加茂川町にな あ。そこへ拝んでもろうたら、

「そりゃあ梨の木を切ったら祟りがあるで」

と、いうことで、言われて。

うちにゃあうちで、その後ろに汲み川があるんですわ。芝村の井戸いうて言ようるんじゃけど、今頃言う人はおらんようになったですけど。家を建ったりしたときに、

「芝村さんとこのあの水を分けてくれんか」

いうて。

「うんええ、うちに使ようるわけじゃないんじゃけん」

いうて。

それが、井戸のすぐ前にあるんですけえねえ梨の木

が。それを堀さんとこに拝んでもろうたら、そりゃあ梨の木はなんかしたら、祟りがあるで言われて、祟りがあっちゃいけんなあ、いうて相談に来られたもんじゃから、うちにゃあもう関係がないようなもんじゃけど、もともとうちの田があったけんいうて、石井紀之さんのところへ訪ねて行った。大きゅうなって、柵に邪魔になるくらいですけんねえ。枝ぐらいを切るのはかまわんけど、根元からいうと大変なことじゃなあ。

（話者　上竹　芝村哲三）

153　切られない木④

「家の西側の大きな木は、切るもんじゃあない」と昔から言われてきた。わが家の樫の木も、切る時に、お祓いしてもらったが、

「大きな木には霊が宿る。根元から切ってはいけない。下から二メートルくらい残しなさい」

と、言われた。根元から切ると、ばちが当たる。お宮の木やお寺の木を切って材にしてはいけないとも言われてきた。

（話者　宮地　木村宮子）

154　切られない木⑤

うちの神社（大八幡神社）にご神木がありますが、それは絶対いらいません。昔から言い伝えでいらうなよ言われとります。

（話者　上竹　石井紀之）

155　椿は家に植えない

昔から、頭から落ちる花は嫌われとった。

「椿の花は、花が頭からポトンと落ちるけん不吉じゃ。

家の宅地に植えたり、お墓や仏壇に立てたりしちゃあいけん」

と言われよった。

（話者　宮地　木村宮子　瀬尾喜志子）

㈥　神仏にまつわる話

156　加茂大祭と貴船様

今、加茂大祭ですけどな、昔は「あわし祭り」いよったけど。今、加茂大祭。県道落合加茂川線か、これが開通したのが、明治三十年ぐらいじゃいうてなあ、明治三十年ぐらいに生まれた人が、そう言ようられた。「うちの親父が、お前が生まれた時に、この前の道ができたんじゃ、いうんじゃ」言うて。

その時代かどうか分かりませんけど、僕らが子どもの頃は、今の八幡様じゃとか、天計神社じゃとか、いうのがずうっと歩いて通りょった。のぼりを立ったり、擬宝珠を担いだりして、道中笛や太鼓を鳴らしますが。ところが、この辺へ来ると、それをやめるんです。

どうしてそうなんかいうと、ちょうどそこの向こうに貴船様いう、小さいお宮がある。

ある時、向こうから、天計神社や八幡様のお供が来よったら、輿が動かんようになった、重とうて。せえで、拝んでもろうたら、貴船様が、

「わしもそのあわし祭りに連れて行ってくれえ」

と。

「連れて行かんのなら、こっから行かさん」いうて。動かんようなる。

そういういわれがあって、子どもの時分にゃあ、そういやあ、そこら辺から、笛や太鼓を叩かずに、ずうっと行きょった。貴船様が乗り移ってじゃけん、あそこら辺からもう笛や太鼓は叩かんいうて。富永の加場原から、下土井の鰯《いわし》屋までの五、六百メートルくらい。

（話者　富永　林　弘）

157 加茂大祭と川合神社

せえが、素戔嗚神社も叩かんところがある。素戔嗚神社も。ちょうど昔の、行事が終わってから、長尾まで送って行って、輿の。送っていく間に、和田の注連鳥居がある。提灯をぶら下げて、そこをくぐって、長尾いうとこへ上がるんですわ。輿をそこまで肩にのせて上がって行きょったんです。そこで止まって、一晩夜を明かしてまた谷を下って下へ下りるという。

道で送って行く時に、こっからこのじょうは叩かれん、いうて。

川合《かわい》様が乗るいよった。川合様が乗るけん、笛や太鼓をやめて。

川合様いうたら、神原の川合神社。あれがこっちぃ来よったんでしょうなあ。せえで、あっこで川合様が乗るけん、あの間は笛太鼓をやめる。やめるのは、賀

陽に越す道がある三十メートルほど。

　なぜ叩かんかは、よう分からんのですけど、川合神社も加茂大祭に来ょうられたことがあるんじゃないか。せえで川合様が乗るけん、あの間は笛太鼓を叩かんのじゃと。


（話者　和田　土居照男）

158　加茂大祭での喧嘩①

　江与味の八幡宮が、加茂市へ来るのに、大勝のなにと天計と一緒になって来ょうたんじゃ。それを天計が先に行ったけん、喧嘩になったんでしょう、言うてから。血の池じゃあいうとこへなあ、御崎《みさき》様か何か祭ってあるんですらあなあ。

　祭りには喧嘩はつきもんじゃた言うて、あっちゃこっちでやっとんですなあ。

　電波塔の下の所に、加茂市から戻りょうて喧嘩をする。せえが、あの円城の化気神社と松尾神社が、いつもまあ、道が悪いから一緒に行きょうた。せえが、ちょうどあっこの土井神社の頂上に、野呂街道いうて道があったんです。円城からなあ。へえで、加茂市へ向けて下りるのに、あっこのとこから急な坂になっとんですらあ、加茂市へかけて。総社宮へ行くのに。そこをその互いに協力しおうて、綱を付けてから引っ張ってなあ、上げ、下ろすおりにも、徐々に綱を付けてから下ろすようにしてから、協力してしょうた。

　ある日に、遅うなったけんいうて、ほっといて帰ったんです、片っ方が、頂上まで。せえで、頂上には古墳の跡やこうがあって、いろんな岩があったりするんですが、そこでから休みょうた。へえのに、迎いぃ来てくれんけん、片一方は、えれえのを（しんどいのを）、うんすこ、うんすこ上がって来てから、そこで喧嘩になったんじゃなあ。あっこでから切り死をしたいうてから。

　ちょっと下へ下りる道とこっちに行く道の境の細い

道ですけどなあ、境みたいなとこで、二つ石のお地蔵さんが祀ってある。それが不思議なことに、どっちも北へ向いて立ってある。あっこで、切り死にをしたんを祀っとんじゃいうて。二人死んだから二つ建ててある。

祭りにゃあ喧嘩はつきもんじゃいうてなあ、私らは、何の頃にも喧嘩をしょうりましたけどなあ。あそこで、八社の輿を並べてこう何を（御神幸・セイタカ＝輿を高く上げること）するんですなあ。あのときに、輿と輿をかち合わせてめぎ（こわす）合う。せえであんまり何するけん、この頃は修繕にも困るけんなあ。間に持て行ってから、太鼓を入りょうやいうてから、両方の太鼓を入れてから。せえで、今度ぁ、太鼓を叩く者同士が、あれを（バチを）振り回して。

まだ、それ以前にも大喧嘩になって、豊岡の大庄屋が、今年のとこは預かりにするいうて預かったことがあるがなあ。あれは、後からどういな（どのような）処置をしたんか、知らんですがなあ。

ほりゃ方々で喧嘩。津賀の方から来るのが、日吉神社いうのと、鴨大明神いうのが来る。それも喧嘩をしたことがあるらしい。祭りに喧嘩はつきものじゃった。

（話者　下土井　片山光男）

159　加茂大祭での喧嘩②

加茂大祭のときのこと。昔は釜の口～細田間の道路が無かったので、円城方面からの化気神社・松尾神社は、野呂街道を加茂市場に向かって、神輿を担いで行列を立てて、往復していたという。円城から山の峰伝いに登ったり下ったりして、天神畝まで来ると急な細い坂道になり、加茂市場へと下るのである。急傾斜道なので神輿に綱を付けて、後ろにさばりながらじわりじわりと下って行った。また帰りは、先立ちが綱を引っ張りながら登って行くのであった。この二神社は何時も協力し合って、この坂道を登り下りしていた。

昔、ある年の加茂大祭の帰りに、この坂道を登った天神畝付近で、二社の間に喧嘩が起きた。急な坂道を神輿を担いで登るのに、一社の神輿が遅れて、手伝ったとか、手伝わなかったとか言って大喧嘩になった。そして怪我人が出たり、斬り死にした者も何人かあったということである。

贄田《にえだ》氏からこんな話を聞いたので、現地付近に行って見た。天神畝には道の畔に二基の石地蔵があった。男と女の同祖神の様であったが、その時の供養碑であろうか。不思議にもこの石地蔵が、北向きに立っているのはなぜであろうかと思った。（三納谷の贄田正夫氏より聞く）

（出典「片山稿」）

160　高野神社と千光寺がいっしょに

杉谷の高野神社は、前には上の方にあったんですけど、昔は、拝殿の中にいろりがあって、火を焚いて暖を取った。大祭のとき、みんな食べて、飲んで、三人ほど帰らずに寝とったいうたんか。

そのとき、いろりの火が原因か何かで火事がいったんです。

皆どうにか逃げたんです。ご神体は、酔うて寝ようたもんが持って出たから助かった。

そこでお宮をどうするかということになった。下に杉谷山千光寺という寺があって、千手観音がご本尊様じゃ。そこに下ろしたらということで、観音様ぁ拝む人に聞いてみたら、

「観音様いうものは神仏両用ですけんな、仏であり神である。それに高野神社いうのも女の神様じゃから、

よかろう。女どうしじゃけ仲良うにしましょう」

ということを言われて、千光寺に高野神社を下ろしたのじゃ。


（話者　杉谷　桜本賀順夫）

161　白髭の爺は大津様

最近の話じゃけど、提婆《だいば》様が夢に出たいうのは、塚本のお婆《ば》んが見たんじゃったかなあ。

「お提婆様を見た」

言うから、

「どんな姿をしとられた」

いうて主人が聞いたら、

「白い髭をしたお爺さんじゃった」

言うから、

「ああそれは大津さんじゃ」

言うた。


（話者　円城　天艸眞諦）

〈注〉大津様は、真庭市余野の大津神社を勧請、祀っているもの。

162　不思議な体験

昔の子どもって、どこにでもおしっこするでしょう。お手洗いがそうなかった。そこらへんへしとけいうて言わりょったから。

私の兄弟は、男の子じゃから、どこでもするがあ。そしたら、ちんちんが腫れちゃってなあ、どんなにもならんようになって、お医者さんへ行ったけどええように分からんで。そこで拝んでもろうたら、

「そこでおしっこをしたから、ばちがあたったんじゃから、ちゃんと清めて、ええようにしなさい」

いうて、方法を教えてもろうたら、なんとほんとにそれで治った。

〈注〉子どものちんちんが腫れるのは、屋外で小便をしてミミズにひりかけるからだ。そこを掘って、ミミズをきれいな水で洗い、もとに戻してやると腫れたのが治るという。

（話者　上竹　石井恵子）

163　男女が結ばれる場

高梁の祇園様へねえ、お祭りがあるときに、私の方のが、

「祇園様に行かにゃあいけん。とにかく、祇園様に行くと、べっぴんさんがひっかかる」

いうてな、そりょう楽しみにして行きょったらしい。

村芝居、あれは、もう毎年やりましたけん。若い男女の結ばれる舞台になりょったです。戦後は、ほとんどなくなりましたけどな。部落を回ってやりょったんですけえど。

（話者　上竹　芝村哲三）

164　首なし地蔵

首なし地蔵は、昭和の初め頃でしょうかね。

上加茂のお医者さん、当時お医者さんは皆往診ですから、往診に来られて、当時はお医者さんが来ると、お医者さんに限らず世話になると、お酒を振る舞うという常識だったんです。

それで、馬に乗ってやってきて、往診を終えて帰ろうとしたところ、馬がつまずいて、川に落っこちて死んでしまった。それで皆さんがお地蔵さんを作った。

昭和になって、道路交通法ができて、飲酒運転禁止になった。当時は飲酒運転あたりまえだったわけですが、そういう状況でダアッと自動車で行ったところ、酔っ払いがお地蔵さんにぶつかって、お地蔵さんをはね飛ばした。お地蔵さんがなければ、崖下に落っこち

て即死しただろうけど、お地蔵さんに当たって、ピンと首が折れて、お地蔵さんが死んだ形になったわけです。

村の、この辺の人達は、お地蔵さんが身代わりになって、その人を助けてくれた、というんで、お地蔵様を大切にお参りしている、と。

ところが、そのお地蔵様、祀っておるんですが、首がなくなったり、ついたり、向きが変えられていたり、いろいろするんだそうです。

で、落っこちると体が汚れますので、飲酒運転すると危ないぞ、首を洗って待っとれえ、危ない目にあうぞと警告しているんだと、いわれがあったんですけど。

実際には、Uさんという人が、引っ越してきて、仕事を始めたんですけど、農業がなかなか手に付かなくて破産したんだそうです。その方が酔っ払うと、もらい風呂をしに、そこの石屋さんへ来たんだそうです。その時に、必ずお地蔵さんの首を風呂敷に包んで、置いといて、

「石屋、お前は宗林寺《しゅうりんじ》の首折れ地蔵さんの首を上手につないだじゃないか。この地蔵も首ぅつなげ」

いうて、置いて帰る。

そうすると、しようがないから石屋さんが、あそこへ直して置くと。すると誰かが向きを変えたり、転がしたりしている。

現在も行くと、首がない時と、落っこちている時とあります。下加茂の倉庫町。

（話者　湯山　草地恒太）

165　腰痛に効く地蔵

下土井の田の間の墓から中山照男氏が掘りだした首なし地蔵を、腰痛持ちの福井久七が祈願したところ、腰痛が完治しましたので、横山様として小祠を建て祀りました。腰痛にご利益がある地蔵の噂が広まり、行列ができるほどの社となりました。この近くにあった

黒住教の道場に住み付いていた狸が発光したのだと村人は言い合いました。毎月一日、十五日に祭りをしました。夏の火灯祭りには、花火、太鼓、踊りで賑わったそうです。第二次世界大戦後次第に寂れたが、現在は参詣者が増えてきています。

（出典　「草地稿」）

166　歯痛を治す地蔵①

野呂の観音様の下に、道のへりにお地蔵様があるの。お地蔵様いうても石のこんなやつで、二体彫ってあるやつ。

昔、歯が痛うなったら、子どもの時じゃから、昔ぁよう歯が痛うなりょうたんですが、歯が痛うなったら、そこへ行って、あの頬を撫でて、せえから自分の頬を撫でりゃなんかようなったようないうて、みんな、それぇ参りょうたんです。

今もう道の駅があるんですけど、お祭りはしょうらんけえど。

（話者　宮地　堀口浅美）

167　歯痛を治す地蔵②

宮地の田和という所の畑のほとりに、石の祠があって、中に二体の石のお地蔵さんが祀ってある。歯が痛

歯痛地蔵

くなったら、歯の数だけ小豆を持ってお参りに行くと、痛みがうすくなると聞いている。

（話者　宮地　木村宮子）

168　子授けの観音

刈山城はねえ、寺屋敷とか太鼓丸跡がありますね。ここに住んでる方が、畑を耕していたら、金の観音様が出てきたという。

観音様ですから、子授けの御利益があるんじゃろういうて、拝んでいたところ、非常に御利益があって、不妊の方が何人かお子様を産んだと。

そこにいたご主人のお母さんがもう、相当のお婆さんなんだけども、その人が妊娠なさって、合計十二人産んだと。これはたまらん。秘仏にしようと。

それで、私が写真を撮らせてほしいと言ったら、そこのご主人が言うには、

「お前、上男だから、そこらへんに、父無し子が増えちゃあおえんから、見せられん」

と言われて、見れませんでした。

今では家の中に祀ってある観音様を拝ませていただけます。

（話者　湯山　草地恒太）

169　いぼの神様

昭和の初期、吉川布郡の旧家は、けしこ山の秋葉神社を護っていました。その旧家の息子に疣《いぼ》ができ、疣が余りに多かったのでかゆみを伴い苦しみました。村の古老は、

「たやすい事じゃ。竜王に参られんせえ」

と教えてくれたので、夕日山の竜王宮にお参りし、汚く淀んでいる手水鉢の水で疣のある手足を洗うと、みるみる疣は減って来て、二週間程で完治しました。

（出典「草地稿」）

170　さえの神

杉谷のさえの神様（塞の神）は、耳の悪い人が、小さい薪の束を供え祈ると、ご利益が有り、参詣者で賑わっていましたが、現在、杉谷のさえの神様を訪れる人はなくなりました。

（出典「草地稿」）

171　竃神

ある人が、吉備中央町に引っ越してきました。何やら土間に、神様を祀っていたらしい祠が有りました。何も知らず息子はサッカーボールを蹴ると祠に当たり、翌日、蜂に足を刺されました。掃除の時、奥さんが汚れた手で横にずらすと、翌日、包丁で指を切りました。娘が汚れた雑巾を掛けると、翌日、物貰いができました。竃《かまど》神と解り、その後は大事に崇めたそうです。

（出典「草地稿」）

172　淡嶋様

淡嶋《あわしま》神社いうのがありますなあ。そこには男の神様と女の神様が祀っとんですけどねえ。そこへはよう、男の人と女の人が来てから、よう逢い引きをしょうったいうて。淡嶋神社いうのが、女の神様です。そこへねえ昔は子どもが生まれたら乳（型）をいっぱい供えたんです。今はほとんどないです。

今は氏子の人が、男の象徴と女の象徴をねえ、桧で彫ってねえ、奉納されてます。そこら辺は、昔は夜這いの銀座だったようです。そんな話を小さい頃聞きょうりました。

大八幡神社のちょっと下です。今でも祀っとります。淡嶋様は和歌山から勧請しとるんです。男の神様は大山祇神社を祀っとる。

（話者　上竹　石井紀之）

173　摩利支天

うちの昔の屋敷に、摩利支天様の社があってな、摩利支天様は、戦の神様じゃそうな。社の中でも段の高い所に祀ってあったんじゃけど。

「女は近寄っちゃあならん」

とか、

「女は上がっちゃあならん、できもんがでる」

とか言われよった。

（話者　吉川　伊賀日佐子）

174　五輪塚のおかげ

吉川河内田の田中広右衛門氏宅の後の山を、俗に五輪山と言っていますが、菅野城の出城ぐらいでしょう。城屋敷があったと申しますが、ここに数基の塔がありますが、一基は宝篋印塔です。この附近を城ヶ畝、城ヶ鳴と言って、城に関係のあったことを物語っています。宝篋印塔は地蔵の彫刻があり、室町末期のもので、明治初年頃までは荒廃して誰も知らなかったものです。

明治二十五年頃、河内田の西崎国五郎氏内のお光さんというお方が、脳の病気で困っておられましたが、毎日お大師様を信仰しておられたおかげで、ある夜の夢に、お光さんの枕辺にお大師様があらわれて申さるるに、

「これより二町ほど東方の山に五輪塚があって、塔の頭だけが地面にのぞいて悲しんでいるから、これを掘

り出して信仰してくれれば病気は自然によくなる」というお告げであったから、お光さんは大喜びで、翌朝早速出かけて、二町ほど東の山といえば此の地に間違いないと、あちらこちらを探していましたところ、果せるかな五輪塔の頭だけのぞいているのがありました。また其のまわりに四つほどあったので、「これは勿体ないことだ」と独り言をいって、そのあたりを掘ってみましたら、台石など二十ばかりの石がバラバラになって出て来ました。お光さんはびっくりして、

「これではならん、仏様も悲しいことでしょう。拾い集めてお祀りしましょう」

と言って、人を頼んで組合せて立てましたが、満足なのが三基で、其の他は全部揃いませんので、其のまま立てて、花筒をこしらえ、花を挿して祀りました。これ以来、毎朝この山へ来てお祈りしておりましたところ、いつの間にか脳の病気はすっかり全快致しました。その後、これを聞き伝えて近所近辺の人々も、お蔭を受けようと言って参詣するもの多く、これが次第に隣村にまで広まり、一時は毎日お参りする人が跡をたたなかったということであり、時には花火や踊りもあり、出店も出て賑わしたこともありましたが、其後数年たって、どうしたはずみか、或る人のそしり話で、いつとはなく参る人が減じて、今ではたいそう淋しくなりました。それでもその後に祀った傍のお大師様では、毎年春秋信者が集まってお接待を致し祀っております。

（出典　『吉川誌』）

175　善覚様に亀

東豊野神社に善覚様いう神様がある。社の裏には穴が開けとる。それぇなあ亀を供えたらなあ、勉強がようできるいうんじゃけえ。

私らぁ子どもの頃、勉強がぼっこうできんけえ、できにゃあいけん思うて、亀をみつけたら取ってなあ、その穴へ亀をあげましょうた。そうしたら、なんとの

ぜえてみりゃあ、よおけえ（たくさん）みんな亀をあげましょうってから、亀の甲羅があちこちに転びょうた。

「亀を殺えたりこう（など）したらいけんぞ。お前、亀を殺えたらバチがあたるぞ」

亀を石を持ってつぶしたりしたもんがおったら、叱りょうった。


（話者　豊野　石田嘉隆）

176　観音堂の当番札が来ると子が出来る

宮地中の谷の上に野呂いうとこがあるんです。そこに観音様いうお堂があるんですが、まあ、ちょっと八帖、十帖ぐれえあるかなあ、中が。裏にな板の間のお堂で。

そのお堂で一年に一回お祭りぅしょうたん。その札が回って来たら、どうでも子どもが出きょうたいうて。そういな言い伝えがあったんですけど。昔はよく子どもも生まりょうったのが、偶然にそうなりょうたんですが。

一年に一回、お祭りをするのに当番が寄ってご馳走して持って行ってする。その当番の札が回りょうたん。


（話者　宮地　堀口浅美）

177　行き倒れの墓

豊岡上に上光寺いうお寺があったんですけど。その近所の方の畑に五輪様があるんです。

女の人が旅で、上光寺の方へ通りかかって、行き倒れになって、その部落の方が見つけて、お世話をしたんです。それで、あそこでしばらく生活された。

亡くなられてからそこに埋葬されたいうことを聞きました。それが五輪様だと。


（話者　豊岡上　香山喜美江）

178　行き倒れ

　昔、この辺には道路という様な広い路は無くて、車も無いので、旅人達は細い坂道を歩いて往来していた。米麦や薪炭や荷物等運ぶには牛馬に背負わせたり、人間が担いだり背負ったりして、幾日もかけて運んでいた。途中で色々な事故があったり、旅人や牛馬が倒れたり、死んだりした。旅人や牛馬が死んだら、その地の集落で始末しなければならなかった。

　身元の分からない時には、路の辻や分れ道の所等に埋葬していた。今でも昔道の道辻や分れ道等には、供養石や馬頭観世音等が残っている。

　昔ある時、下土井の広土《ひろど》から大王《たいおう》道の倉城《くらしろ》付近に、みすぼらしい老旅人が倒れていた。その頃は倒れ者等あったら、そこの組内で世話をしなければならない決まりになっていた。上組の方から、

「下組地内に厄介者が倒れているぞ」

と知らせがあった。下組では、その世話をしなければならないので大変であった。倒れ者の所に雨露を凌ぐ小さな小屋を作ったり、そこに食べ物や水を運んだりして、毎日交代で世話していた。それはなかなか大変なことであった。

　その老旅人の話では、

「坂道を登って来たら苦しくなったので、この上の家に寄ると庭で倒れた。助けてくれると思ったら、ここに連れて来られた」

と話した。上組では世話するのが面倒なので、下組地区内に送ったようであった。下組では、これは上組から送ったなと思ったが、この老人が可哀相なので世話をしていた。そのうち、この老人は衰弱して息が絶えた。持ち物等調べたら富永大王生まれであることが分かったので、大王組へ送り付けたという。昔、この辺りでも、こんな出来事があった。

（父から聞く）

（出典「片山稿」）

179 上竹平田の祠

上竹の平田《へいだ》に、一メートル四方の大きな石の祠がある。八十八カ所参りのお遍路さんの通り道になっている。子どもの頃は、その祠に、上がったり、腰をかけたり、おしっこをかけたりしちゃあいけん、と大人から言われていた。

（話者　宮地　木村宮子）

180 提婆宮の呪い釘

住職さんの話を聞くと、今でも呪い釘を打ちに来られるとか聞きます。写真を持って来てね、それに釘を打ってね。人に見られたら効力がないとかいわれるので、夕方とかに来られるんでしょうかねえ。年齢も若い人のような。老若男女問わず。

提婆宮の裏側に、神木がありまして、釘のあとがいっぱいあるし。提婆宮の外周の塀に狐の出入りする丸い穴がありますわねえ。提婆宮のお使いが白狐で、狐が望みを叶えてくれるんでしょうね、白狐が。それで呪い釘いうんですけど。

呪いごとを叶えてもらうために、昔は藁人形だったのが、今は写真や名前を書いたものを持って来る。昔からの作法通りの丑の刻参りをすることはできないので、「これで呪う気持ちが薄れるのであらば」と、寺の人たちは見守っているそうです。

特徴的なのは、提婆天という神様は円城寺しかいないんですよ、日本中で。よく似た神様はいますけど。特有の神様です。実際には、狐が願い事を叶えたりするので、提婆天はなにもしない。

本殿の裏に小屋があります。祠です。そこに狐がいる。妖力をもった狐ですな。お酒が好きなみたいで。

（話者　上加茂　樋口久郎　湯山　草地恒太）

181 血まぶれの武者

虎倉城の跡から鬼瓦が出た。誰やら拾うて持って帰っとった。ほうしたら、夜うさり、血まぶれになった武者が出てきてどうならんけん（仕方がないから）いうて。せえで今、下加茂の資料館へあります。

拾うたなあ、いつ頃かなあ、資料館ができたからそれへ入れたんですけんなあ。

その前の資料館いうのは、煙草をよっけい作りょうた折に、あれが、専売局の収納所でしたんですなあ。けえど、煙草をせんようになって、払い下げを受けて資料館にした訳ですけん。まあ、何年頃じゃったかしら。

瓦ぁ持て帰ったんは、誰じゃったんかなあ、そりゃあ、分からんですけどなあ。

（話者　下土井　片山光男）

182 狐の剃刀

下土井の散髪屋が血の付いた剃刀《かみそり》を埋めた所から、剃刀の刃に似た葉が生えて来て、血の色の花が咲きました。狐の剃刀といい、彼岸花のような花です。

（出典「草地稿」）

183 念仏踊り

各地で念仏踊りが流行りましたが、ほとんどの地域では自然消滅し、盆踊りに姿を変えました。年末《としすえ》でも念仏踊りを止めたのですが、ある年、年末の一族に伝染病で死ぬ者がいて、一族は念仏踊りを復活させました。

（出典「草地稿」）

184 弘法大師の罰

江与味《えよみ》の里の男たち三人が、豊岡下の恩木川《おんぎがわ》に、鰻《うなぎ》を取りに来たんじゃ。面白えように鰻が取れて上機嫌で、真地乢《まちがたわ》迄来ると、ぬけ降り（大雨）になったそうじゃ。近くの大師堂で雨宿りぃしたんじゃ。暫くは静かに雨の止むんを待っとったが一向に止まん。自然に声もいがって（大声で）艶話ぅちゃちゃあぽちゃあ（いろいろと）始まったんじゃ。

大笑いしたとたんに腹に力が入り、誰かが屁をこいたんじゃ。すると、誰の屁が一番臭えか競争しようということになって、屁こき競争始まったんじゃ。プ、ブ、ピと、はしたねえ音ぁ続くけえ、おかしゅうて転げまわったんじゃ。太子堂じゃという事ぅすっかり忘れ、堂のへりから草むらぇ向けて立ち小便をする者まで出たんじゃ。

すると、お堂は真白に輝き、激しい衝撃の余《あま》しゅう（余波を）食うて三人、気ぅ失ったんじゃと。翌朝気が付くと、お堂の根の傍の杉の木が燃え尽きていたそうじゃ。弘法大師が怒り、雷の鉄槌ぅ下した事に気づき、三人は恥じたそうじゃ。

それでも、命まで取らなかったんで、弘法大師に感謝し、ようよう転げるように村に帰ったんじゃ。村に帰り、この話ぅすると、村人全員が「神仏ぅ大切にしないといけん」と反省したそうな。

（出典「草地稿」）

185 神の台座が濡れる

吉川奥布郡《おおぶこうり》のお社が壊れた時、一時的に資料館（旧吉川村役場）に移した。ご神体四神の中の一つが、不思議なことに、台座の下に濡れたような跡がついている。

ご神体を資料館に置くことは、展示するということじゃから、良くないと思われる。社を建て安置し、お祀りしておくべきものだ。

（話者　吉川　小柳恵一）

186　塚の石

宮地の田和、塚原の山のてっぺんに妙見様が祀ってある。そこから、ちょっと下がったところに塚があり、古いお墓がある。

「塚の石はお墓のものじゃからもちろんじゃけど、家から上の石も全部、たとえ小石でも持って下りちゃあいけん、ばちがあたる」

と、言われてきた。このお墓が、大和で一番古いお墓じゃと聞いている。

（話者　宮地　木村宮子）

187　月の輪①

この月の輪いうなあ運の尽きじゃ。運の尽きだから、その間《まん》が悪《わり》いん。

月の輪が出来た山ぁ持っとる者ぁ間が悪いんじゃ。そのしるしじゃいうてから言ようた。

近えとこに爺さんが、その山ぁ持っとった。へえで、その爺さんはな、それより前に婆さんが、竜王谷いうとこへ銅山があって、そけぇ入って死んどる。間が悪いけん、そねえな山ぁ持っとれんけん、へえで誰かに売ろう思うても、誰も手を出えてくれん。せえから、あの山の一番近えとこに、Gさんいう爺さんがおって、その爺さんに、安うて取ってもろうた。

そしたら、その爺さんは、

「なにが、そねえんことがあるもんなら。わしが、その月の輪ぁ潰いてしもうちゃる」

いうてから、桧ぅ植えたん。

へえで、桧ぅ植えてから、輪のあるとけぇ行たけえなあ、せえで、そこには妙に輪のあるとこには、木の株いうもんがなかったんですなあ。生えとるいうたら、小せえ木だけで、大きい槙の木のような株ぁなかった。桧ぅそけぇ、そこだけ、二十本ばあ持て行て植えてえた。

へえでしょうたら、その爺さんも、また、どこやらから間が悪うなって、池へ入って死んだ。

へえじゃから、今度ぁ家族のもんが、あねん間が悪い、あねんものを持ってえたらいけんけえいうてから、近所のNさんいうもんに買うてもろうた。

へえで、またそれも安《やす》うて、Nさんいう者ぁ他所から来たもんじゃけえ、山がねえけん、珍しいけん、大事にしょうた。かどの方の草が、取り草が出る。畑の草ぁ取ったんでも、山へ持って行って入れるようにしてなあ、大事にしょうた。

また、Nさんいうんが、夜、夜ぼり（夜の川漁）に行ってから、川ん中で死んだん。

へえで、水でみな死んどる。せえで、気持ちが悪いけえ、だれも手ぅ出さなんだ。へえで、今ぁぐるりの槙の木やこうがおい茂っとって、なにしとんですが。

Gさんいうのが植えた桧が、目玉んなったとこだけあるのが、大きゅうなっとんです。

やっぱり間が悪い言いますなあ。そりょう持っとりゃあ、運の尽きじゃいう。誰も、手ぅ出さん。それは、きょうてえから。

（話者　下土井　片山光男）

188　月の輪②

月の輪の田んぼの中へ、清水が湧き出ょうる。へえで、その田は、女は入られんのじゃいうて、丸く輪ぁ作ってありました、その田へは。

水神様が祭ってあるけえ女は入られんいうて。私方の、後ろの谷の見える方へありました。長え田んぼで、真ん中ぇもていて水神様がおられるんじゃいうて、輪をしてあるんですらあな。

水神様を祭ってあるから、下肥《したごえ》なんか、もちろん入れてはいけないし、厩肥《まやごえ》も入れたらいけないんです。そのために畦《あぜ》ぅして、丸ぅしてあるんで。その中へは、稲も植えんのです。へえで草は取ってきれいにしてな。

昔は、お日待ちいうことをいようりましたな。あれでから拝んでもろうた御幣を持って行って立てる。水神様へ持って行って立てる。お日待ちいうのは、大体、正月の一日から二日、三日ごろにやりますらあなあ。そりょうしたら、そいな神様があるとけぇ、ろっくう様（土公神）じゃとか、水神様じゃいうとけぇ御幣を持って行って立てる習慣があるんですらあ。

（話者　下土井　片山光男）

189　大日の田

下土井の大前いう所に、大日という田んぼがあった。その田んぼは、草むらに覆われたこまい小さい田んぼで、現在は、圃場整備されて立派な田んぼになっとるけど、その当時は小さい田んぼで、長いのもありゃあ、短い田んぼもある。深いざぶ田（湿田）があったわけです。

その中に、三歩（三坪）ほどの小さな荒れ地があった。そこをつつきゃあ、罰があたるいうて誰も手を出さなんだ。皆、恐れとった。その下に田んぼがあるのには、唐津の割れや何か出たりするんで、ここに大日様があったんじゃろうかと思うておって、誰も恐ろしいから手を出さなんだ。

ほしたら、まだその上に細長い田んぼがあって、不思議なことに、その田んぼの中にはお墓が一本立っとって、水を溜めたら、水の中にお墓が一本だけ立っとった。そんな不思議なとこがあって、そのお墓には何かあらたかな何があるんで、みんなが恐れてから、その墓へは手を出さなんだ。ただ石だけが立っとった。

そこは水便利が良いから、苗代に使われとったんです。その時に、その中に苗代をしてから苗を取りょうたら、そこの下の局長さんが一緒にてご（手伝い）をしてからしょうたら、腰が痛うてかなわんようになった。せえで、

「ええ腰掛けらあ」

いうて、その墓石へ腰掛けた。とたんに腹がにがり（激痛）だしてから、すぐ病院へ運んで行った。へえで、けろっと治った。

「じゃけえど、あそこは恐ろしいとこじゃけん、もう、あっこへ行てから何せらりゃあせんで」

いうてから局長さん話しょうたですが、その後に、もうそこを圃場整備をしたんです。

圃場整備をしてから、そのものを、どけぇやったか分らんけど、ごそ（叢《くさむら》）の中に手を出されんいうとこで、何を切ったときに真ん中に柿の木が一本あった。その柿の木の元に五輪様の笠の部分が一つ置いてあった。誰もそれを恐ろしゅうて、手を出さんから、荒れ地になって邪魔になりょうたですけえど、圃場整備をするおりには、それもとってしもうて。ほして、その物を、その時の宮司の人が、

「ほんなら、あそこの土井家の何じゃったから、うちの墓へ持ていって祀っとく」

言うてな。それと、その上の田の中にあった石を持って帰って祀っとられたです。

それが、何かどうも気持ちが悪かったんでしょう。現在、圃場整備をした後へ、岸へもっていってから段をして、その石を墓石と祀ってあるんです。へえで、それが、ちょっとこっちぃ離れたとこに藪ん中に、大日のお地蔵様の自然石がおいてある。せえで、なぜ、そこから、大日からそこへ移っとるか、やっぱり田んぼをするからお堂は潰れたし、その石を藪の中に移し

とるんじゃねえか。その石ぃ、現在今私の所有になっとんじゃけど、それには大きなシキビ、花枝の大きな木があって、その下へお地蔵様を置いてですなあ。

あっこは、不思議なことが次々と起こるんですなあ、あの土地は。あそこで、今の横山様へ参るとこへは教会所を、黒住教の教会所を、黒住教が流行って来た最初です。へえであそこへ教会所を建っとった。現在は下に降れえたですけどなあ。その教会所を建てたおりに。そうしてそこでから教会所が流行ったもんらしいですけえど、へえで、下へ下ろしたときに、今度ぁ二、三年荒れとったんですけども、横山様が出来た。

へえで、横山様が今度ぁ、誰も知らん、土地の者も知らんのに、どっどっどっどう繁盛してから、大阪の方からも参られるようになった、いうようなことがあって。それより以前に、玉藻宮が上で流行ったんですなあ。へえで、こう次ぃ次ぃになって、

「あっこは何か不思議なとこで」

言うんです。

（話者　下土井　片山光男）

㈦ 人にまつわる話

190 算盤名人六郎兵衛

昔、下土井の東高下の下に、沼元六郎兵衛さんという算盤術の名人がおったそうな。六郎兵衛さんは、どんなむづかしい算用でも、世間に無い九九を使って解いていたそうな。それはそれは、算盤術の達人であったという。ある日のこと、家の縁側から、下の大山道を歩いて行く旅人を見て、

「あの旅人の足を止めて見せようか」

と言って、算盤玉をパチリパチリと入れると、不思議にも今まで歩いていた旅人が急に立ち止まって動かなくなった。またカチカチと算盤玉を動かすと、不思議にも旅人は何も無かったように歩き出す。またパチリパチリ、旅人は立ち止まる。またカチカチ、旅人はすたすたと歩いて行ってしまった。それは実に不思議な算盤術の使い手であったそうな。

その頃、野原という所に、日名某という算盤名人がおった。六郎兵衛さんの算盤術の話を聞いて、

「そんな馬鹿なことは無い。無い九九の算盤術など出来るはずがない」

と口論になって、算盤試合をすることになった。〈負けた者は頭の髪毛を擂《す》り粉木で擂り落として坊主にする〉という、たいそう変わった罰で有った。二人は負けてなるものかと、真剣な算盤試合をしたが、どうしても六郎兵衛さんの無い九九の算盤術は、破ることは出来なかったそうな。日名某は負けになってしまった。日名某は、頭の髪の毛を擂り粉木で擂り落とされては叶わないと、自分から大山山《だいせんやま》（伯耆大山の大山寺）に逃げて行って、坊主になったということである。（父から聞く）

（出典「片山稿」）

191　大食い―一升ぼたもちを食う

私も聞いたことがある。ぼたもちが好きなけんいうて、一升ぼたもちを握って餡を付けちゃあ出し、それを取っては食い、取っては食いして、たった一個残ったけん。

そのしょったお婆さん怒ってから、

「みな食べられた」

そう言わりょった。その人の名前は分からんけえど。

（話者　細田　溝口一幸）

192　餅好き①

私らが聞いとるのは、円城じゃあ、鶴沢はじめさんのお父さんの常さんが、好きにあったいうて。清原の純さんと食べ比べをやりょって、そりゃもう、椀物の具やこうはいらんそうな。汁がちょぼっとありゃあええ。餅だけ。四十ぐらい食よった。競争しょったいう話じゃ。

（話者　細田　溝口一幸）

193　餅好き②

伊賀のブンカドウにな、郵便しょったお爺さんがおったらしいんじゃ。神瀬いうとこへ行って、

「まああんた、餅が好きなんじゃそうなけん」

いうて出した。

「ごっつおうさん」

いうて、

「きれいに食うしもうて、もちいと炊いたげりゃあよかった」

いうて、やったもんがあとから悔やんだいうて。

ぼっこう食うたらしいで。相当食うたんでしょう。好きないうことを聞いとんで、一升餅ぐらい出したんじゃろう思うんです。ペロッとやってから、ごっつおうさん言うて。

（話者　円城　霍沢江津伍）

194　餅好き―餅一つが食えん

餅好きがおって、元気なのに寝込んだ。見舞いに餅を持って行ったら食べて、一つ残すけん、

「食べえ」

言うたら、

「それが食えるようなら寝ょうりゃあせん」

言うたいう伝説じゃあ。

（話者　円城　霍沢江津伍）

195　獅子の四郎兵衛

福沢森久の獅子と言う由来を尋ぬるに四郎兵衛と言える富者の百姓あり。或る時、御役人様御用に付御廻村の節、四郎兵衛を呼出し、其方富者と相聞き候。金を何程所持致居候やと被仰候処、四郎兵衛所有高を知らず。獅子の寝た程所有仕ると申上げければ、然らば其方は獅子の四郎兵衛也と被仰候となん。夫より獅子の四郎兵衛と言ひ伝へたりとぞ。

（出典『加茂川町の民俗』）

196　にせ金で大地主に

昔、あるところに小利口な男がおったそうな。作州の方の親戚に、こっそりと内緒で贋銭《にせぜに》の小判を造って

いたそうな。

小利口な男は時々行っては、その贋小判を持って帰って、自分家の墓場に隠して置いた。そして年一回伊勢参りをする。その時、贋小判を持って行っては本物と替えて来て、人に貸しては利子を稼いで、財産を増やしていた。そして財を増やした。

その近所の男は、隣の家に、どんどん財産を増やして行くのが不思議でならなかった。あるとき隣が、墓に贋小判を隠しているところを見てしまった。近所の男は、その小判を盗んでは、伊勢参りして、両替えしては財を増やしたそうな。

作州の贋金造者は、捕らえられて処刑されたということであるが、伊勢参りして両替えしていた男は、判らず不問のままで、後々大地主として栄えたそうな。

（とぎやの伯父より聞く）

（出典「片山稿」）

197　水野弘毅村長

弘毅さんは、明治八年、円城の沼本午太郎さんの子として生まれました。長じて閑谷黌《しずたにこう》（今の県立和気閑谷高校の前身）に学び、さらに上京して明治法律学校で勉強され、明治三十四年同じ円城の水野家を継ぐため帰郷しました。

明治の新知識を身につけた文化人として、政財界に活躍されたそうです。用事があると馬を跳ばして県知事にも談判する程だったといいます。

実業界でも活躍し、福渡駅前で「山二商会」という肥料販売の会社を経営しました。この会社の宣伝に、人力車の車夫に「山二商会」と染めぬいたハッピを着させ、広告宣伝をしたというアイディアマンだったそうです。

また、上房郡の村々へ肥料販売に行く時は、楽隊を先頭に弘毅さんは駕籠《かご》に乗り、ぞうり番を連れて出ました。到着して、ぞうり番が戸を開けると「ご苦労、ご苦労」とひげを生やした弘毅さんが出ます。この様子を見て、相手の村長さんもすっかり信用し、商談は成立します。帰りは人力車に乗って帰り、ぞうり番に「横柄料《おうへいりょ》」として、金を渡し、その労をねぎらったといいます。

また弘毅さんは、明治三十七年、上田村と富津村が合併する時、「小さい村ではやっていけん、合併をしよう。村名は円城と申す」といって合併を推進したそうです。これにには村会議員も誰も反対しませんでした。山本徹雄元加茂川町長も「水野村長はえらいもんじゃ、わしも村長になろう」と子供心に思ったことがあると後年話していたと聞きました。

弘毅さんは、明治四十二年三月推されて円城村長となりました。道路改修や、私立金川中学校（現県立金川高校）設立に財政を投じ援助するなど、産業、政治、教育と各方面に巾広く活躍されましたが、翌年十二月病気のため三十六才の若さで亡くなられたそうです。村の人々は惜しんで、村葬をしたといいます。

次に、こんな話も残っています。弘毅さんは、当時中国鉄道といっていた今のＪＲ津山線の大株主でした。人力車に乗り円城から福渡に出ると、すでに汽車は旭川の鉄橋を岡山方面へ向け渡りかけていた。これを見るや早速弘毅さんが人力車から降りて、扇子《せんす》を振ると、汽車は間もなく止まって弘毅さんを乗せたそうです。この人の顔ききに関した一つの話しのようです。

（出典『古老のはなし』）

198 肝試し

若い衆が肝試しをして、新墓に杭を打って来るいうことじゃった。順番に行って、みんな帰ってくるんじゃけど、一人が帰って来ん。みんなが行ってみたら、気絶して伸びとった。

杭を打つとき、自分の着物の端と一緒に打ち込んで、帰ろう思うたら、たーっとさばった（つかまった）。幽霊じゃいうて気絶したんじゃ。

（話者　細田　溝口一幸）

199　鮎知らず

明治から大正、昭和の初めの頃まで、この高谷いうところはな、山のてっぺんの方じゃけどな、よう栄えたにぎやかな所だったんで。役場もあったし、造り酒屋や造り醤油屋があったなあ。紺屋いうて染物屋もあったし、かも屋いう呉服屋もあったんで。

山のてっぺんじゃけんなあ。嫁の実家の建部から届いた鮎《あゆ》の炊き方が分からんから、水で炊いたそうじゃ。水じゃあ、ちっとも美味しゅうないもんじゃから、

「かぼちゃをくれる方がええ」

と、言うたんじゃたそうな。

生の魚を炊くことを知らんかったんじゃなあ。私ゃ鮎の方がええけどなあ。

（話者　高谷　髙見茂子）

200　小僧の博労

円城寺も昔はねえ、たくさんの小僧さんがいらした時代があったらしい。その頃に、博労さんいうお仕事があったんでしょう。その小僧さんの一人が、博労さんと友達になって、牛をすごく好きになって、牛を見る目が肥えて、知識が入ってくるから、そういう小僧さんがおられたんですって。

昔は、広い地域を、法事にひとつ行くんでも足でしょう。前からお使いを出して、

「何日にはお願いします」

「はいよろしゅうございます」

いうて。小僧さんのひとりが、

「お前行けえ」

いうて言われて、行くでしょう。そうしたら、牛の好きな小僧さんが、その家へ行く前に、博労さんが牛を引っ張って行きょうるのに出会うたんじゃそうです。

「ぼくが高く売ってやるから、ぼくに任せろ」

言うて牛を連れて、法事へ行かずに牛を売ったんですって。それで、たくさんお金をもらったのを、包んで持って帰って和尚さんに、

「これ、今日のお礼です」

いうて出した話で、あとで大叱られしたそうです。結局は分かってきますが。向うからお使いが来る。日数がかかりますがなあ。そういうお話を聞いたことがあります。


（話者　円城　天艸松子）

201　円城寺の庫裡

あの円城寺さんの住職が住んどられるとこの、あの柱とかそういう木道具に穴が開いてるんですわ。それは、火事で焼けた時に、神瀬水谷に、酒屋さんが潰れてあったんで、そこの酒蔵が空いとるから、そりょう持って上がろういうて、酒蔵の廃材を酒蔵を崩して持って上がったんじゃと。

その酒屋さんは前に富永というとこにあった酒屋さんで、酒蔵を水谷へ移したんじゃと。じゃから恐らく百年以上の木を使ってて、富永で百年、水谷で何年かあって、円城寺へ来て百年。そうすると、三百年も四百年も前の木だろうと。すごい古い木じゃからという。

それが材木というのはね、木材というものは、かなり長い間、雨に遭わせさえせにゃあ残っていくもん

じゃというねえ。

（話者　上田西　内藤三治）

202　壊せなかった大岩

大和小学校のとこの槙谷川に大岩があったけど、壊してしもうたのう。

昔は、大きな岩があってねえ、これを壊しゃあばちがあたるとかなんとか言うて、そう具体的な話じゃねえんですけえどね。これは絶対いらわれるなよ。

それが大水が出ると邪魔になるものすごい岩でした。それでも、それを全然、手をつけちゃいかんいうことで。

ちょっと大きな岩でした。じゃから大降りがすると水が、そこが両ひらを、こうやって向こうの田んぼを荒らす。こっちの道を壊す。道よりまだはるか上まで水が出とったんです。それで岩が邪魔になるいうことになっとったんです。

それで、その岩のために、昭和九年九月二十一日に室戸台風という台風があったんですよ。その時に大水が出て、その岩のために水がもう川を外れて、この周りはいっぱい水浸しになったんです。その当時は小学校は、この上にあったもんですから、帰ろう思うて下りたら、もうとてもどうにもならんようになりましてな。公民館の向こうを通って、そこの中学校の向こうにある橋が、やっとこさ通れて帰ったことがあるんです。その時はもう水が一面にね、もう脛から下ぐらいはもう水浸しで帰った記憶があります。

それで岩は壊されることになったんです。

（話者　西　前田廣雄）

203 悲しい話（原題・かなしいお話）

ある日のこと、お母さんが、

「珍しいぼたもちをしたんで、お爺さんとお婆さんのとこへ、晩方じゃけど、これ、持って行ってあげえ」いうて、そのぼたもちを包んでもろうて、女の子が、お使いに持って行きよったんじゃあ。

そうしたら、川の土手の所を通りょったら、その土手のところから、水が、ピューッピュッ、ピュッピュッ、噴き出よったんで、その女の子が、石ころを、ちょっと、そこへ置いたら、ちょっと水が止まって、へえから まあ、「こりゃあ、止まったなあ」思よったら、今度はまた水が噴き出して来たんで、こんだ、大きい石ころで押さえたら、今度は、よう止まったんで、へえでまあ、

「止まったから」

いうて、ぼたもちを、お爺さんお婆さんのとこへ、届けに行った。

帰りに、今度は、その石を置いた所の、水が噴き出よった所を見たら、そっからまた、水が、どんどん、どんどん、流れて来よるんで、

「こりゃあ、ここが切れたら、大変な事になるんで、大きい石を持たさにゃあ、いけん」

思うて、女の子が、大きい石を探して来て、そこへ置いたら、そしたらまた、止まった。ちょっとは止まったけえど、また、水が噴き出して、へえで今度は、自分の足を、そこへ、突っ込んで、そして止めておったら、そしたらまあ、ひと息は、止まったんじゃけえどが、ずんずん、ずんずん、水が、噴き出してしもうて。冷とう、冷とうなっていって。

お父さんやお母さんが、

「えろう、帰らんなあ」

思うて、迎えに行って見たら、女の子は、冷とうなって、死んでしもうとった、いう話じゃあ。

〈注〉これは、語り手が、小学校の二年生か三年生だった幼い日、童話の好きな女の先生から聞かされて、泣いた思い出と、その後の永い記憶に残る、もととなった、悲しいお話である。

（話者　高富　河原澄江　出典『加茂川町の昔話』）

204 人さらい

小さい時、夜遅くまで外に出とると、

「人さらいが来て、殺して、薬にして売る」

いうて、

「肝を取るんぞ。遅うまで遊んじゃいけん」

と言われよった。

（話者　宮地　木村宮子）

205 地神様には畑に入らない

暦にある地神様の日には、畑に入って土を耕したらいけんと言われとった。その日に入ったら、けがをするとか言われよった。

三隣亡の時に家を建ったら倒れるともいよった。

（話者　竹荘地区のみなさん）

〈注〉地神の祭りは、春分、秋分に最も近い戊《つちのえ》に日に行う。

206 山で「ねこ」と言わない

わたしらぁとにかく、「山へ行って〝ねこ〟いうことを言うな。土方《どかた》（土木工事）へ行って〝さる〟ということを言うな。誤ちをするけん」いうて。その意味は全然教えてもろうてないけん分かりません。

その「猫」いうのを、私、わざわざ山へ行って言うたことがある。

それいうのが、主人やこが大勢で山へ行っとった時のこと。留守に家で、チャン（わな）に猫がかかっとって、かわいそうなし、どうしょうもできんから、わざわざ山まで車で行って、

「猫がかかっとるから、どねえかしてえ」

言うたら叱られましたよ。

（話者　細田　溝口一幸　円城　山本千恵子）

207　嘘をつくと背なに松が生える

年寄りのおばあさんに、

「嘘をついたら、背な（背中）に松が生える」

と、言うて聞かされよった。

（話者　竹荘　石井正子）

〈注〉尻に松が生えるともいう。

208　則安の夜泣貝

則安の藪の中に夜泣貝がいると言います。夜、子どもが泣き出して止まなくなった時、夜泣貝を捕まえて来て、子供に気付かれないように懐や袂に入れてやると泣き止むと言います。

（出典「草地稿」）

209　小判四枚でしまい

明治の初めの頃、細田城で遊んでいた子どもが、小判を四枚掘り出しました。大人達が色めき立ち捜索し

ましたが、瓦ばかり掘り出されました。「小判四枚で、しまい」との口合いが生まれましたが、直ぐに消えました。

（出典　「草地稿」）

210　ほうれん草を湯がく

お婆さんが、ほうれん草を湯がいているとき、娘が、

「お婆さん、そんなに長う湯がいたらビタミンが逃げるがな」

と言うと、

「ちゃんと蓋をしとるけえ逃げりゃせん」

と言ったと。


（話者　上田西　内藤三治）

Ⅳ　暮らし、その他

㈠　干ばつ

1　干ばつと雨乞い

　下土井に、竜王渕がある。で、竜王様を祀ってあってなあ、大正十五年の干ばつの時にゃあ、土井神社から輿をかたいでから行ってから、その竜王渕をかえて（水替えを）しょうたいうんですが。竜王渕の八つ目鰻いうのが有名にあったんですが、今おらんでしょう。こまい（小さい）渕になっとるから。渇水の時は、どっからも水が流れてきょうりませんしなあ。渕をかえたんですなあ。

　それでも雨が降らず、土井神社で三日間、雨乞い祈願をしても降りゃあせん。

　へえで、今度ぁ、どうならんようになったもんじゃから、大山に水を貰いに行った。

　昭和十三、四年にも、大干ばつがここらを襲うたんですなあ。そりゃ、食う米ができんほど、干ばつじゃったです。どこにも水がない。井戸を掘って清水ぅ出すようにしとる汲み川が皆枯れてしもうてなあ。へえで、水の強いとこに貰い水をして歩きょうたがなあ。そんなことがあった時に、雨乞いをするいうて。みんな土井神社でご祈祷をしょういうて。みしろ（むしろ）を持って行って、弁当を持ってから、土井神社のかどへ（外庭へ）行てですなあ。かどにみしろを敷いて、ここら中の者が、

「さあ参ろう、さあ参ろう」

言うちゃあ、参っちゃあ、

「雨をください、雨をください」

と雨を貰うように祈っちゃあ、お宮の周りをぐるっと回って。へえで今度ぁ、

「さあ、げえこう、さあ、げえこう」

いうて、下向する。そして、みしろの上に戻って寝たりして何回も祈願する。

下土井にはそんなことじゃったんですけど、よそでは、あの山の頭へ薪をよっけえ持ていて、火ぅ焚いたりこうしたんですなあ。

そりょうすりゃあ、雨が降るけえいうて。

それでも雨が降らんので、大山に水ぅ貰いぃ行った。その頃は、この辺にもタクシーいうものもできとって、初めてのタクシーが、一軒できてなあ。そこのタクシーを借って三人ほどが大山へ水を貰いぃ行った。

へえで、五升樽じゃろう思うんですけど、酒をいっぺえ詰めて持て行くんですなあ。へえで、大山寺へそりょう供えて、せえから、赤松の池で、水をそれへいっぺえ入れてもどるんで。へえで、そのそりょう持って戻りょうてから、それを膝の上から下れえたら、そけぇ雨が降ってしまう。へえで、膝の上から下ろされんのじゃいうて。

「えれかったぞ（しんどかったぞ）」

いうて言ようたですがなあ。

へえで、それをやって、持て帰って、今度ぁ、下土井のもんが出て待ちょうるんですらあ。へえで、そこへもていて、

「上からと、下からと二つに分けい」

いうて、その水を二つに分けて、下土井の田んぼにこうやって笹の葉へ浸けてから配って歩《あり》いた。

でも、雨は降りません。昭和十三、四年ですらあ。十三年には何とかなって、まあまあ、稲も、お米もやや豊作いうぐらい取れっとんじゃなあ。十四年にゃあ、もう、いよいよ無《ね》え。取れん。植えた田んぼが全部干上がってしもうて、植えた稲が枯れてしもうてなあ。へえで、もう池の水はありゃあせんし。

へえで、みな食い米がのうてなあ。麦は植えたもんが播いたんが生えとるのに、春先になっても雨が降らんから、穂がよう出んのじゃなあ、枯れてしもうて。出ても、この出来たのが種になるじゃろうか、ならんじゃろうかいうぶにで（様子で）、雁の目をみたいなもんが、少ししか取れなんだ。

へえで、今度ぁ、後へ大豆を播いても全然取れませ

なんだ。へで秋になってから、その水の強かったとこ、水の出ようる田んぼのが、稲がなんぼうかできておったが、もう枯れてしもうてねえ、ねえようになった。なんぼうも取れなんだから。その年は、食い米がねえからいうてから、産業組合がインド米を入れてなあ、みんなに配ったんじゃなあ。

せえから、みんな食うていけれんようなるからいうんで、県の方が救済事業として、田の底締め、上土を除けて底を締めるんですなあ、割れとるから。せえから、池の水路、池の腹付けとかいうような改修を、あっちも、こっちもやって。みんな銭を儲けにゃあおえん、食うていけれんからと、やっとるんですわなあ。私らも大分、あの高等（高等科、現在の中学二年生）済んだばあの頃じゃったけえ、「行けえ」いうて行って使われたです。

へえでもよかったですぞなあ。音頭取りが歌を歌うて、たらあたらあ、たらあたらあと杵を振るのも。餅を搗くように横杵で搗く。大きい土手だったら千本突きをやるんですなあ、たて杵で。こめえとこは、杵でやるんです。叩きようによって歌が違うんですなあ。

（話者　下土井　片山光男）

2　雨乞い①

大正十三年、加茂川を干ばつが襲いました。和田上組の村も、飲み水にも困るほどだったそうです。しかし、大堀田は水が涸れなかったので、村人はそこに池を掘り飲料水を確保しました。木を刈り積み上げて、素戔嗚神社の山の和田大山の頂上で燃やし、雨乞いしました。天に届きそうな炎だったと言われます。しかし、雨は降りませんでした。村人は、やむなく、一枚でもいいから、稲を植えようと、相談し共同で田植えをしました。すると、雨が降って、みんなが稲を植える事が出来たと言われます。この干ばつを機に大原池を増築することになって、村総出で、千本突き、すなわち「よいとまけ」をしたそうです。

（出典 「草地稿」）

3 雨乞い②

雨をもらう神様で竜王さんというお社があるんです。今でもお祭りをしてあげてるんです。毎年お祭りがあるんです。

吉長川《よしなが》の出たところに、竜王様かどうか分からんけど、この宇甘川との接点のところに平らな石があるんですよ。そこで火を焚いて、それで、火を焚いたら風を呼んで雨が降ってくる。竜王様から水を貰ってくるんかしらんけど、

「雨をたまわれ竜王様」

いうて大きな声をするんだそうです。

「雨をたもれ竜王さん。雨をたもれ竜王さん」

いうて大きな声をするんだそうな。

平たい石は川の中へ埋まってしもうて分からんな。中洲みとうになっとるが。道路をしたけえでもあるが、わしらが子どもの時は見ようたけど、埋まったんじゃねえかと思う。岩盤じゃけえ。

雨が降らないと、大山へ水を貰いに行くんですよ。何にも言わずに大山道を通って大山へ行くんですよ。何人行くんかは知りませんけど、行ってまた水を大山で授かってもろうて戻ってくる。行くじょう（間じゅう）、戻るじょう全然話したらいけんのんです。黙って黙々として戻ったら皆寄って、「雨をたまわれ竜王様」いうたら雨がざあーっと降ってきたいうんです。

昔の話じゃから、どれくらい日にちがかかりょうたんか知らんけど、大日照りが三年ぐらい続いたらどうしても行きょうたそうです。（話者 田土 武村菊美）

それが行くのに昔は五升樽いうのがあったんです。行くときには飲んだり食うたりして行きょうたらしいんです。一杯水をもろうたら絶対ものも言われんし、食いもせんとまっすぐ帰らんといけん、おかげが無い

いうて。

飲み食いも五升樽も下ろせれんいうじゃから。下ろした所で雨が降るいうんじゃけえ下ろせれん。行くときは空じゃから、道中酒を飲んでも、ご飯を食べてもええけど、帰るときにはもう飲み食いは絶対にしられん。昔の人の足でも三日はかかりょうた。場所は大山寺の裏のへん。大山自体が水を授かる神様じゃろう。

わしが聞いとるのは、行きし戻りし物を言われんのんじゃけど、どっちが本当かは知らん。五升の水は全体に雨が降らんといけんから地区地区で水を貰うていきょうたんかもしれんけど、聞いとらん。皆へ施しがないといけん。

（話者　田土　田村平八郎）

雨乞いには、枡洗いいうのをしょうたです。聞いた話では、「一升枡いうものは洗うもんでない、それを洗うたら雨が降る」とか言う。一升枡を洗って帰って、それをお祀りするんじゃいうて、そういうことをしょうたいうて聞いとる。

（話者　黒土　宮井　昇）

雨乞いは、山の中でなあ、私の実家（宮地）の近くじゃけど、毎年、私ら子どもの頃、そこへ参りょったん。雨を貰わにゃあいけんけん雨が降らんけんいうて、毎年そこでお祭りをしょっちゃった。一本松いうて名前がついとる。そこで皆寄ってな、中の谷の人が皆寄ってな、ご祈念しょっちゃった。雨はええように、降りょうりゃあせなんだようにあったでえ。皆そうせられるけえ、習慣じゃが。

（話者　田土　武村菊美）

大草神社の上にたかの権現いうところがあって、そこにお社があった時にはそこで雨乞いをしょうたらしい。道中に木を切って担いで上がって火を焚いとったらしい。

（話者　田土　田村平八郎）

4　雨乞い③

大日焼には、大山へ水を貰いに行きょうりました。そこへ水を貰いに行ったら休まりゃあへんのです。尻ぅ据えられんのです。尻ぅ据えたら、そこへしか降らん。

もう大山へ水を貰いぃ行く人はえらかったと思います。腰ぅ掛けて休まれんのですけえ。そりょうしたらなあ、おかげが無うなるいうて。

私ら子どもの頃やりましたで。中学校卒業した頃に大山に水を貰いに行った。帰りょうるときに雨が降りましてなあ、ありゃあおかげがあったなあ、言うたんです。

（話者　豊野　石田嘉隆）

5　雨乞い④

雨乞いのとき、梅の木で作った枡《ます》が一番いいというて、その梅枡をこの辺は川で洗ようりました。洗って水を入れて神様に供ようった。中学校の終わりの頃には、もうぼとぼと（それほど）行かんでもええが、言う人もおられたらしいですけどなあ。

二番渕、私らは二番渕言いますけど、水車の水を貯めるとこへ枡を洗いに行きょうりました。へえでまあ竜王さん拝むわけですが。そうして水を一升枡へ汲んで帰って供えていた。

供えるのは竜王さんでしょうなあ。そりゃあ年寄りはなあ、雨が降らにゃあいけんいうて、お宮に上がって太鼓を叩きょうりましたよ。

「雨よ給え竜王さん」

いうて、三十分でも一時間でも辛抱に年寄りはやりょうりました。

（話者　豊野　石田嘉隆）

6　雨乞い⑤

滝は、ここの杉谷と粟井谷のとっから、美咲町の江与味というとこへ出る県道がありますが、その美咲町と、今の吉備中央町の、ちょうど境のとこへ、幅三メートルぐらいで、高さは五、六メートルどもぁありましょうかなあ、滝があるんです。百々《どうどう》の滝いうて。雨乞いいうて雨の降らん時、雨の降らん年があって、干ばつですらあなあ。そこへ、部落の人がみんな行って、観音様に拝む人がおられたんですが、その人を連れのうて。

せえで、そこの先へ藁で、このくらいの丸さの蛇をこしらえて、向こうが口の開いたやつを、藁で組んでこしらえて、それを担いで行って。せえからおじさん連中が二、三人、竹の棒を持ってきてから、蛇を滝の落ちょうる方に向けて押し込んどいて、せえから滝壺の中へ褌一丁で入ってから、その棒で中をぐるぐるぐるぐる回しょうったが。上では拝む人が、「ジャンジャンジャンジャラ」拝む。せえで、雨が降るいうてから聞いたことがあるが。

どうも降るようになっとったか、その時分には天気予報も何も聞かんけん分らんですけど、明けの日にゃあ、雨が降るには降ったです。

お供えした菓子やらもらえるけんいうてから、子どもはおもしろがってついて行ったんですけど。

「ほりゃ、雨乞いが効いた、効いた」

いうて年寄りが言ようたが、明けの日に、ものすげえ夕立がしたです。雨乞いをした効果があるんじゃろうなあ。

雨乞いにも色々な仕方がある。うちの下の溝部いう部落には、海抜三五〇メートルほどの高い山があるんですがなあ、その山のてっぺんへ、樽へ水を入れたのを担いで上がって、その樽へ小さい竹の長いやつの頭を切らずに竹の笹の付いたのを、それを樽の中へ浸けて上げて、山のてっぺんを四、五人が、水のついた竹を担いで駈けりょうたのを、うすうす覚えとる。

「ありゃあ、何をしょうるんなら」

いうたら、

「溝部の人が、雨が降らんけん雨乞いをしょうるんじゃ」

いうて。どこにも降らん年にはそういうことをしょうられたけど。

昭和十四、五年ごろじゃなあ。

（話者　杉谷　桜本賀順夫）

7　夕立道

昔は、今のようにゃあねえ大雷が鳴ってから、よう雷が落って、夕立がしょうた。へえで雷が鳴ったら梅雨が明けたと、いうたりこうしょうた。

へえで、冬やこうは、雷が鳴ったりしょうらなんだ。昔、天皇山いうて、今の青木山を言ようた。素戔嗚神社の、あっこの山が、大きな官林のような状態で、政府が伐採したとこなんですけえど、大きな原始林の深え山じゃったんです。

そこに大木がおい茂っとる深い山じゃったねえ竜が棲んどった。その竜が、ときどき髭ぅ立てちゃあ入道雲を寄せ集めてなあ、本宮山の竜へ会いに行きょうたん。へえで、その道があってな、へえで、和田に才の乢いうとこがあるんですらあ。へえから、円城村の細田に才の乢があって、その才の乢が本宮山へ行く竜の道じゃった。へえで、大雷ぅ鳴らして、本宮山へ会いに行くん。そのときに、竜がこの道より北側ぁ通ったら、井原から豊岡方面が大夕立がしょうった。ちょっと南の方を通ったら、下土井から野原の方が大夕立がしょうったいうて。こりょう夕立道いうて言ようた。

（話者　下土井　片山光男）

8　千本突きで池造り

吉備中央町は、分水嶺のようなとこじゃから、三百を超える池がある。昭和三十五年頃まで、人力で池を造りょうった。池の土手をするのに、大勢の人間が並んで杵を持ち、地面を突いたり、七、八人で輪になって、「いのこ石」を引っ張り上げて突いたりした。石と杵と足とで、踏み固めよった。

音頭取りの歌に合わせて、大勢が、「ヨイサーノヨイヨイ」と調子を合わせながら作業した。音頭取りの歌は、隣のおっつあんがどうしたとか、天気がどうだとか、もっちょっと頑張れとか、もうちょっとしたら一服じゃとか何でも節をつけて言よった。松山踊りや伊勢音頭もあった。

突いて粘土作りをして作った千本突きの土手は、よう固まっとった。堅い柔らかいいう加減が分かるけんな。もっこで土を担いで運んで移す、突く、土を移す、突く、いうて締めていったなあ。

子どもの頃には、西山の一号池、二号池に行ったな。あれが人の力で造った最後の池じゃったな。子どもらも、よう、てご（手伝い）しよった。


（話者　吉川　辻田　明）

9　田土村を救った三人

田土は、前は下竹荘村字田土と呼ばれ、それ以前は田土村で、竹荘九ケ村の一つで、足守藩に属していました。

江戸時代中期以降、この地方は、たびたび、災害、天候不順、作物の病虫害などにあい、人々は苦難を強いられました。

明和六年（一七六八）には、春寒が甚だしく、大雪が降り、七月には洪水があって、人々は悪いことが起こる予兆ではと心配していました。翌、明和六年になると、春から雨が降り続き、夏になっても肌寒い日で、稲はどうなるのか心配でした。とくに田土村は、病害虫の被害が大きく広がりました。そのうえ八月初めに、大風雨が襲い、急に秋風が吹いて冷害が確実になりました。とくに田土村の被害は大きいものでした。

人々は、その日をやっと暮らしてきていて、蓄えがあるわけではありません。飢饉になれば暮らしていけなくなります。田土村の人たちは、蛙やイナゴなども食べ、葛やワラビの根を掘って食料にし、飢えをしのぎました。なかには、草の根や稲藁を叩いて粉にして団子に作って食べる者さえ出てきました。しかし、どこかしこで餓死する者も出てきました。

この実情を見て、庄屋の山本嘉左衛門は、年貢米の免除、生活の救済を願って、幾度となく足守藩に足を運びましたが、いつも門前払いでした。

山本庄屋は、こうなった以上、直訴以外に方法はないと、副頭取山本富五郎と相談。二人は、足守に出向き直訴しました。ところが生憎、藩主木下公は、参勤交代で江戸に出ていて不在。家老には、田土村だけの救済は無理と拒絶され、しかも、直訴の罪で打首と命じられました。

そして、明和七年八月六日、足守川原で、山本庄屋は処刑され、副頭取は国外追放になりました。

藩主木下公が帰藩後、この事情を聞いて、刑がきびしすぎたと同情、田土村の救済の施策を取られたということです。

山本庄屋を失った田土村は、次の庄屋を探しましたが、復興できる力がないと、どこからも断られました。その後、三十四年間に八人もの庄屋が交代したといい、ときには、庄屋が不在ということさえあったといいます。そんな状態で、田土村は、いっそう大変な生活を余儀なくされました。

文化二年（一八〇五）になって、豊野の小出三津右衛門が竹荘の大庄屋になり、田土村も世話することになりました。

ところが、文政元年（一八一八）、再び竹荘一帯は大飢饉に見舞われ、もちろん田土村も、一村全滅の状況におちいりました。

小出庄屋は、一橋の代官だった大草《おおぐさ》太郎右馬《うま》に、田土村の現状視察を願い出、それが翌二年に実現。大草代官も窮状を見て、一刻も猶予できないと、金壱封を施すとともに、倉敷の水沢常八郎に米百俵、総社の井筒屋伊佐衛門に米百俵を田土村に急送させました。小出三津左衛門も米麦五百俵を寄贈し、田土村は、ようやく困窮を救われることになりました。

三津左衛門は、田土村の再建のため、勤倹貯蓄の範をたれ、各家を回り、夜なべに縄、むしろ、草履などを作らせ、それを酒津の豪商に買い取ってもらう約束を取り付け、代金は貯蓄し、利息を村に配布するなど、村の再建に尽しました。そして、今日の田土村になったのです。

村人たちは、大草代官、小出庄屋、山本庄屋の徳を永く子孫に伝えるため、田土山頂に大草神社、小出神社、山本神社として祀り、今日もお祭りを行い、三人の徳をたたえているのです。

なお、山本庄屋の直訴は、江戸幕府へ行ったという伝承もあります。

（出典『感激美談　竹荘の義人』を要約）

㈡　村の暮らし

10　大正時代の暮らし

大正年代、当時の加茂村役場は現在の福西の上、丸岡のところにあった。

このあたりの農家八割は小作をし、一反に四俵から六俵を生産して、作った米は殆んど小作米として十二月に一反当り四俵から四俵半（一石八斗）を地主に納めた。小作米は上等米（一等から三等）で奨励米として一等米は三升、二等米は二升、三等米は一升の戻し米があった。

小作米を出すと自家用は殆んど屑米しか残らず、麦を作り、小米は水車で搗いて粉にし団子にして食べた。副食は畑で作ったもの、豆類など、魚は辛い塩いわしを売っていたが、山仕事の弁当にした。

現金収入として国有林の伐採や炭焼きなど山仕事や葉たばこ、雑穀類を作った。伐採の日当は大正七～八年頃五十銭ぐらいで庶民の生活は苦しかったが、馴れてきて苦を苦と思わない、苦労に甘んじた暮しであった。

当時、頼母子講《たのもしこう》が流行り、六月麦講、十二月米講や他の講に追われたが皆んなと会食する楽しみもあった。お医者や店、酒屋などすべての買物の支払いは盆と正月の二回だけ、それ以外はお金もなく決裁することはなかった。

慰安として、氏神さまのお祭り、四月二十日、七月二十日、十一月二十三日は当屋で賄い、お宮でお酒をいただいた。

娯楽として大正末期から田舎芝居が流行り、青年が発起して小屋を掛け賑った。家庭の主婦達は娯楽のようなものはなかった。

（話者　下加茂　毛利佐一　出典「広報かもがわ」平成三年十一月）

11　円城寺の門前町

大正の頃の円城寺の門前町は次のような家並となっていました。今のふるさと茶屋のあたりに村役場がありました。その近くには、登記所、営林署、巡査駐在所などがありました。

また、今の円城郵便局のあたりに「ゆり羊かん」という羊かんを売る店がありました。その裏に牛乳屋さん、前には加茂貯蓄銀行がありました。大正十三年まては、今の沼本酒店のところに郵便局がありました。その隣りに福田屋という雑貨店があり、その裏付近に銭湯がありました。その近くに床屋もありました。

今の水野邸の並びに、上田屋という旅館があり、県庁や専売局の役人等が利用していました。隣りに坂本屋という商人宿と割ぽうを兼ねた旅館もありました。

当時の円城は、円城寺の門前町であり、また村の政治、商業の中心的場所として多くの人々が往来していました。

（出典「広報かもがわ」平成三年九月）

12　尾原銀座

昭和二十年代の初め頃の尾原は賑やかでな、尾原銀座というて、店ならなんでもあった。銀行や役場はもちろん、お医者に薬局、酒屋、饅頭屋、自転車屋、鍛冶屋、電気屋も二軒、散髪屋三軒、パーマ屋二軒、他には、劇場やパチンコ屋、旅館まであった。

吉野屋旅館いうのがあった。夜には、芸者さんが、カラコロ、カラコロ、下駄の音を響かせたり、二階で三味線の音がシャンシャン、聞こえよった。上のおじいさんが、通い詰めて、銭をとられてしもうて、家の者が迎えに行ったという話も聞いたことがある。

（話者　新山地区のみなさん）

13　尾原市

旧暦十二月二十三日に尾原の町で市が開かれていました。尾原市といわれ近郷からの大勢の買物客でにぎわい、道が通れない程でした。明治三十年の初期まで で、日露戦争の時にはなかったと思います。尾原が二十三日、中津井が二十四日、呰部が二十五日に行われていました。

現在も呰部の「ぶり市」は有名です。尾原市でも生活用品から食料品等あらゆる正月用品が売られていました。その後、町内に色々の店ができて商売を始めたので、市も開かれなくなっていきました。

その後も鉄道が開通するまで、久世、勝山へ魚を運ぶ人夫が高梁川の湛井から天秤棒の音をギシギシときしませて、魚をかついで通っていたのを覚えています。

（話者　尾原　石井洵平　出典「広報かもがわ」平成

三年七月)

14 合併に翻弄された杉谷、粟井谷

昔は杉谷村、粟井谷村言ようた。それから、こうまいブロックじゃから合併せにゃあいけんことで。その時に粟井谷いうとっから、江与味の村長さんをしょうた。せえで、その人が、何で江与味に行って村長しょうたんか知らんけど、村長しょうた人がおるが。杉谷と粟井谷の者は、江与味まで行ったら、でえれえ遠いいから、子どもやこう学校へ行けれんのじゃが。歩いちゃあいけれん、六キロどまあある。

せえで、杉谷や粟井谷の者は「新山へ付こう」言うて、「新山へ付いた方がええ」言うたところが、村長さんが、「そりゃあ、わしが、世話ぁねえ、杉谷、粟井谷はわしが連れてくるけん、世話ぁねえ」

いうて、言うことで、江与味へ断言きっとたらしいです。杉谷、粟井谷の者は、新山へ行ってから、「頼むけん、頼むけん」いうてから話をしとった。

江与味が、杉谷、粟井谷がなあして欲しいか言うたら、江与味は、昔の自給自足で、ああいう谷の多いとこで、お米ができんのじゃ。田んぼもあんまりねえしなあ。せえで、人間は多いけん食えんのじゃ。杉谷、粟井谷にゃあ、なんば、両方で百俵じゃあおらん米ができょうた。せえじゃから、米倉じゃから、江与味が離さんのじゃが。

そう言うことで、結局まあ、負けて、あっちからも運動に来るし、へえから新山へ行てから、

「杉谷、粟井谷の者を新山へ入れんようにしてくれえよう、頼むけん」

言うてからやって、大分騒動が起きて、江与味村へ行くようになった。しかし、学校は遠いいけん行けれんいうことでがんばって、子どもだけは新山へ頼んで、ここの学校へ江与味がお金を全部出して、せえで子どもだけは新山へ行くようになった。

村長じゃから、

「心配ねえ。杉谷、粟井谷は、わしが全部連れて行くけん、そねえに心配するな」

言ようたらしんじゃ。こっちの村では、どねんにも行かん言うて。遠いいけん、行けれんけえ言ようるし、向こうは、杉谷、粟井谷は絶対こっちぃ取らにゃあおえんいうてやりょうた。その中に入ってどねんもならんようになって村長が腹を切ったんじゃろう。それで「腹切り村長」と言われるようになった。

江与味に取られて、御津郡江与味村杉谷で。

そしたら、今度ぁ、昭和二十三年か、四年頃に、僕等が、若連中が運動して、農協だけ新山へ頼んだんです。

「ああ、来てくれえよう」

言うて、

「はいりゃあええけん」

言うて。江与味は「離さん」いうて怒るやつぅ、

「何が、かまうもんか。来え、来え」

言うとこで。僕等ぁ、新山の学校へ行とるけん、江与味の人達の、自分の村の偉い人やこう全然知らん訳です。じゃけん、

「かまうことはねえ、新山へ入る。はあ、新山へ話をしとる」

言うてからいうて、でえれえ叱られたけど、新山へ入った。

へえから、二、三年したら、今度ぁ、新山へ合併せにゃあおえんいう話になって、へえから新山へ、昭和の二十三年、四年頃合併して、せえからどうぞこうぞ慣れて、新山になったなあ思うて、村会議員じゃとか何とかいうもんも、杉谷から、粟井谷からも出るしとった。

ほれからもう、加茂川町を合併せにゃあいけんいうて、円城、長田、津賀の方から七つの村が寄って加茂川町ができて、せえからまあ、ええ調子に行きょうたんですが、こんだあ、吉備中央町に変わって。

もう、合併、合併で、我々は大分慣れた思ようりゃあ合併。

ほじゃから、小学校やこうは、高等の二年までは新山へ来とる。せえで、学校を終わって青年団にはいりょうるなあ、その時代はなあ。青年は、江与味にはいりょうた。江与味に行きゃあ知らん者ばあじゃ。何も話はありゃあせんが。

「奥村のもんが来た、奥村のもんが来た」

言うばあするんで。新山へ行きゃあ、

「ご厄介もんが、居候が来た」

言うし、ようにもう。

（話者　杉谷　桜本賀順夫）

15　不受不施のムラ

吉川の藤田部落は三十戸ほどあるんですけど、部落全部不受不施です。今、吉川八幡宮の当番祭にも参加してます。宗教として参加するんじゃなくて、行事として参加しとるということでしょう。『不受不施信仰のてびき』いうのがあって、この中にも、それに類することが書いてあるんです。要は、どういうつきあい方をするんですか、というのがあって、宗教上施しもしません、受けもしませんいう話なんだけど、通常のつきあいはそれにあらずということで、今もやってます。

藤田に不受不施が入ったのは、はっきりしたものはないですが、私の家のを見ると三百年ほど前には信徒だったようです。弾圧されて、内信をしよったもんですから、詳しい資料はないんです。書いた物はもちろんないです。過去帳についても、明治十年、日正大聖人が再興した時以降でないと、もちろんお寺にもありませんし、家にも過去帳がないんです。書いた物をなくしてますからね。あるのはお位牌だけ。お位牌にはちゃんとしたのがあるんで。

例えば、雪山院浄喜という弾圧を受けた時の、小柳政兵衛という私の先祖のですけど、石塔にはこう書いてあります。これは、表向きは大和の妙仙寺に所属したことになっとる。ですから、妙仙寺の坊さんがつけた戒名です。実際にはうちのお位牌には、雪山院浄喜日根信士と書いてある。要は戒名が違うんです。これはなんでこう書いたかというと、当時、吉川の法難いうのがありましてねえ、吉川でだいぶそういうふうな目にあったことがあるらしいです。

で、その当時隠し部屋があって、手入れにきた時には、そこに坊さんを匿よったそうなんです。うちにもあったのを壊しましてねえ、建て替えたんですけど、その時の見取り図なんです。これが写真です。仏壇です。外側から見ても、隠し部屋いうのは、大壁に塗り込められていて分からないようにしてある。で、中へ入って、押し入れを開けると、人が隠れれるようにしてあったんです。

ご先祖さんがおったのは、そねえ昔じゃあないですから、二百年程前の話です。江戸の末期ですからね。一七二七年頃の位牌はあります。お墓はもっと古いのがありますけど、位牌はないんですから。

これは雨戸なんです。塗り込めとるから。押し入れのからかみを開けたら入れる。ここは普通は板でつぶしてあった。ふすまがあって、入ったら板があって、隠してあったんでしょうねえ。仏壇の真後ろぐらいのところに。天保年間にすごい手入れがあったみたいですねえ。

もともとは、家康が天下をとった時に、自分の権威を示さにゃあいけんいうんで、

「先祖供養するから出てこい」

いうのに、再度いうても出てこなんだと。こりゃあ天下を惑わすいうんで、弾圧せにゃあいけんいうて始めたみたい。で、島流しにしたと。十何年島流しにして、帰ってきて、京都の亀岡で隠れて住んどった。そこで亡くなったそうなんですが、ところが、

「もう一遍島流しにせえ」

いうことで、死んでから島流しいうことになったらしいですわ。ところが、実際には死んどるから、島流しになりませんわな。日奥上人いう人がなあ。

私の直接の菩提寺は、御津の天満にある常在寺です。葬式いうたら、そこまで坊さんを迎えに行きょった。ところが弾圧されとったもんですから、おおっぴらにそこのお寺のお葬式はできんですわなあ。だから内信時代には妙仙寺に所属しとったみたいです。表向きは。

うちの家で隠れたり、下の家で隠れたり。手入れがあったら、互いに隠し合うようなことをしょったらしいです。拝む時も見張りを立てて。ちっちゃな仏さんをつくって、拝みょって役人が来たら、会合かなんかしょうるような格好にしょったらしいです。祖母が言ようりました。

吉川の法難の時（一五九五年）に、うちのご先祖の政兵衛と、難波繁八さんと弥平が、坊さんを匿うたいうんでとらわれて、足守の方へ連れて行かれて、最後には今の板倉の方で首を切られるとこじゃったらしいんです。ところが、沼本庄屋いうんが、身元引受になってくれて、

「この者達を処罰したらいけん。こらえてくれえ。長百姓をしょうるから、百姓がたちいかんようになるんじゃ」

と、理由を付けて連れて帰ってくれたそうです。繁八さんいうのが、ものすごくお酒が好きだったんじゃそうです。繁八さんのお墓には、徳利と盃が刻んでありみます。

今はお経は、日蓮宗とほとんど同じ。ところどころちょっと違うところがありますけど。節や抑揚が違ったりしますが。

石塔があるんですけど、これが、「高賤平等一致」と書いてあるんですわ。安永六年に書いとるんですけど、そんなことを書いたらすぐ、打ち首になる思うんです。それが、どこへ隠しとったんかと。土に埋めた

りしとったかと思うたり、分かりません。私が聞いとったのは、お婆ちゃんやこから、
「こりゃあ歯医者さんじゃけえなあ、歯が痛うなったら拝みに行けえ」
言われとったです。子どもの頃に聞いとったですけど、そりゃあどうか分かりませんで。歯痛の時には拝みに行きょったです。

大造《おおぞう》に「高賤平等一致」と書いてある石碑がある（高賤塚という）。安政六年（一八五九）に建てられた。高賤平等一致とは、身分の高い人も貧しい人も平等という考えで、不受不施派という日蓮宗の一派の根本思想。当時武士と百姓の間には大きな身分差別があったため、信者は、隠れて信心（信仰）していた。

藤田のように三十二戸が全部同じ宗派いうところは、全国的にも例が少ない。「寄進をしない」という考えを貫いたもんじゃから、弾圧が厳しかった。隠れて信心するから、石塔に刻んである、一人の戒名でも、表向きのもの（大和妙泉寺の坊さんがつけた）と、本当のもの（日蓮宗不受不施派の坊さんがつけた）とは違っていた。

明治九年に、不受不施派は信仰が解禁となった。宗教的なことだから、書物や公的な資料、町史には載ってない。

本山（妙覚寺）が焼けて再興する時にも、ほとんど寄付しなかった。どうしたんならいうたら、坊さんがすごい銭を貯めとった。というのが、その当時までは、不受不施派の本山は、肉食妻帯を許さずじゃった。だから、坊さんには奥さんや子どもがおらんし、経費がかからなかったから、皆さんがお供えしたものは、全部貯金しとった。自分は庫裏《くり》へ住みょうるし、衣食住に使うことはないから、皆さんから頂いたものじゃから寄付するいうて。

私の祖父も曽祖母も入道さんをしょったんです。入

道いうのは、在家の坊さんです。戒名だけもろうてくれば、お葬式ができんことはない。

不受不施の正月は、祖父や曽祖母は、いろんな行事をしょったです。でも注連縄なんか一切ないです。雑煮は普通です。正月のお供えは鏡餅を置くくらいです。仏壇や床の間に。注連縄の代わりに大根を二本、棒で突き刺して、その真ん中へみかんと昆布をひっかけてお祀りしとったですけどね。普通の大根じゃなくて、叉のある大根。そんなお飾りしかしたことがないですね。

節句は普通でしたね。屋根の上に菖蒲なんかはしてました。お盆は、えらいなんもしょうらんだなあ。迎え団子はあんまり記憶がないですねえ。

うちのお寺には賽銭箱がないです。どこの誰だと書いて渡さんと受け取ってもらえない。

夏祭りやこうで吉川のお宮に行っても、正面から上がったことはないんです。裏口から入るんです。要するに、お参りはせん、ただ遊びに来とる、と。さらには、「お宮の下の辺では、草履の鼻緒が切れても、そこではすげかえちゃあいけんで」いうて、祖母から言われよったです。お辞儀をすることになるから。祖母は熱心な信者だったですねえ。

説教場いう場所があります。石を積んである。石積み段なんです。そこで説教して妙仙寺へ行って、表向きのおつとめをして帰りょったらしいです。

日奥上人がいたのは、天満の金川の寺じゃなかったんでしょうか。おそらく、表向きのお寺じゃないと思います。普通の日蓮宗のお寺におったんじゃと思います。

大和まで行くのに、途中寄って説教しょうったらしいです。いずれにしても、キリスト教よりも長く弾圧されとったとは知らなんだ。一年長い。太政官令が出て許されたのが明治九年だったと思うんです。再興会《さいこうえ》いうのは、不受不施のお祭りなんです。本山でもお祭りがあるし、藤田には教会所があるんで、そこに集まってお祭りします。普通に拝んで飲み食いするだけですけどね。太政官布告があったのが四月十日ですから。

うちの場合ですと、動ける入道さんが三人いらっしゃるから、今でも月に二十日の日が、お看経《かんき》の日なん。それは、家も持ち回りで拝んでいます。この間も虫干しいう行事がありました。年間行事を入道さんが仕切ってくれるから。

虫干しいうのは、七月二十日に、お曼荼羅などを教会所に掛けて、風を入れる。お看経をする。

不受不施の年中行事では、お正月は、各家で、寺に新年のお参り。本山にも教会所にも。家の仏壇にも。

一月七日にお日待。拝む程度の。

家祈祷。お坊さんが家を回って、拝む。家ごとに回って。昔は入道さんがしょうったんじゃろうと思うんですけど。

盆は家でするし、寺にお参りする。

春と秋のお彼岸はそれぞれの家でやります。

再興会は、四月十日の日にやります。

それと、いろんなお上人さんがいらっしゃるじゃないですか、日奥大聖人さんじゃとか、日蓮大菩薩さんじゃとか、それぞれの命日の時に、本山でありますから、それには参加しょうります。本山へは代表がお参りします。教会所でやるのは、再興会と虫干しと、お日待です。九谷の日正上人がおられた教会所に、お看経があるんで、代表が行きます。

再興会も、うちは四月十日で教会所でやるんじゃけど、本山では十二日じゃったかにやりますわな。そりゃもう代表が行きょうります。

昔は隠れてしょったことですから、表向きに大々的にはやりませんわなあ。今でもうちの家にはこれぐらいな、懐へ入る日蓮様の像がありますわねえ。内信時代にゃあ、懐へ入れてかけり回って、拝んだりしょったらしいです。

　我が家には、仏壇の中を見ると、ぎょうさんなんやかやあります。この間もお寺の坊さんが来てから、

「こりゃあ小柳さんなんで」

言うから、よう分からんけど置いてあるんじゃいうて言いましたわなあ。二十番神があったり、古いところにあったやつを、今仏壇に入れてますからねえ。

（話者　吉川　小柳恵一）

16　大ハンザキ

　そう古い話じゃないんですけえど、そこの青木の渕の向こうのひらに、井戸があったん。

　それへ、ハンザキがおった。ハンザキいうのがオオサンショウウオ。もう、上から見ても、よう見ようりました。あれは青木の渕のハンザキじゃいうて。あれは、あすけぇ（井戸へ）入れたもんじゃいうような話をしょった。けどまあオオサンショウウオがおったから、それへ入れとったんじゃろうと僕らは思うとったんですけえど。そりゃあ僕ら子どものおりで、ちいせえおりでしたから、ほんとに。

　だんだんとそれはな、どねえして、どういうようにして、井戸がのうなって、そのハンザキはそれをどけぇ持て行たかいう、その後の事は知らんけえどなあ。おったら、それこそ、今、どっかのなにぃ入れるようになあ。

　捕ってきたもんじゃあねえらしいですで。ここへおったんじゃ。そりゃ、先生、大きいのがおりました。

（話者　豊岡下　城本　将）

17　終南小学校名の由来

今はもうないけどな、たけんしょう（竹荘）に、終南小学校というのがあって、明治時代の初めに創立したそうじゃ（現在の納地公民館）。終南いう校名はなあ、上房郡の南の終わり（端）に位置するいうところからついたんじゃ。

（話者　納地　難波和典）

㈢　仕事

18　鐘穴銅山

竜王谷の鐘穴《かなあな》銅山ですがなあ。大倉屋敷の三浦いうもんが、経営しょうた銅山です。その銅山でも、いま、入り口を塞いでしもうてから分からんのです、どこやら。ところが、私は戦争中じゃった頃に、ある山師の人が来てから、

「あれを、水を替えてみるけん」

戦争じゃけん金がいるから。へえで、

「水を替えるけん、てごぅ（手伝い）してくれんか」

いうて、近所のおじさんと二人、てごぅしたことがあるんです。

その頃じゃから、水を替えるいうても、農発（農業用発動機）で、ポンプぅ付けてから替え揚げるんです

けえなあ。三日かかったんでな、三日三晩、動かしつめて。

穴があって、下へ下へ下りて行って。そりゃあ、ものすごい。あっこの道路があって、川があるんですが、その川よりまだ、下へ下りたんですなあ、中を。ぼっこう掘っとるもんですでえ。下りるのに、階段をしちゃあ下り、階段をしちゃ下りで、奥ぃ行きゃあ、奥の方には、上へ空気が逃げんから水が溜まっとらんとこがあるんですがなあ。そんなとこがあって。

いつ頃か、その山師の人が掘ったことがあったんでしょう。一番奥にゃあ、ちょっと下へ向けて掘ったとこに、一尺ぐれえな鋼の棒が、二本あったですがなあ。その下へ下りて、こっちぃ下りて、こんだぁ、こっちぃ下りいしとんのに、階段が腐っとらんのぞな。冷たえ水の中に。

（話者　下土井　片山光男）

19　昔の銅山

松尾神社の本殿の下には、三谷から銅山がな、掘ってある。そのちょうど、本社の下まで三谷の銅山の穴が来とるいうことを聞いとります。何十メートル底か、分からんけえど、距離が、ちょうどその方角で、ちょうど本殿の下まで行っとるんじゃいうて。

昔は、今のように、ポンプがないからな、全部、スッポンいうて大きな竹で、次ぃ次ぃ段をして、そこへ樽を置いて、人夫が底の水を吸い上げたら、その樽からまた次の人がスッポンで樽へ、五、六メートルあるような大きな竹をくってな、人間がかいだしょったそうな。かいだしてな。そりゃあ銅山やこう、水が出ますが。そう聞いとりますけどなあ。

掘った鉱石は、せな（背）に負うてな、人夫が出しょった。

（話者　細田　溝口一幸）

20　缶詰工場に粉挽き水車

へえから、私らあが五つ六つほど、まだ小学校へ行きょうらん頃じゃったですが。和田の下の土井いう人が、頭が早よう進んで、缶詰工場をあそこで開いたんですなあ。松茸と筍、農産物を缶詰にする工場をなあ。その後、今度ぁ、竜王谷の岩峡を削ってから、道路を広げにゃあ、和田へ通じる道をせにゃあいうてやりょうて。それへあんまり費用を入れすぎて止めたんです。

その奥の所に今度ぁ、水車が出来た。その水車が、念のいった水車で、杵が六本あったです。その横に粉をひく大きな臼が水車にひかれて回りょうた。その横へ六角のふるいが戸棚の中で回りょうた。こがんなことをしてあったで。へえで粉が、その篩の下の引き出しを開けりゃあ、粉が落っとる。へえから、その水車がその奥にもあります。三カ所ほど水車があったですけどなあ。

（話者　下土井　片山光男）

21　天王山の森

和田の天王山の檜ということを父から聞いたことがある。

「青木山は天王山というて、昔は天王様のものであった。お宮の周りから備中境まで、それは広いお風呂（森）で、宮の周りに今残っているような何百年もたつ大木が、鬱蒼と生え繁っていた。明治維新の時、新政府が今のお風呂だけ残して切ってしもうた。古い大木の生えた、広い山なので何年もかかって切り出した。松や杉や檜の用材は江与味へ出して、筏で旭川を下ろした。炭や掛木や薪等は水谷や小森の川戸に出して高瀬船で運んだ。その頃は道が無いので大変難儀なことであった」

と。

この青木山切り出しのことが記されていた。

「明治九年三月、『地積取調帳』より、和田村官林、二十一町四畝歩
檜　一尺口以上　五千八百本、三尺口以上　四千三十本、計九千八百三十本。

杉　一尺口以上　十本、三尺口以上　七本、六尺口以上　三本、計二十本。

松　一尺口以上　八百本。

切り出し運搬、和田青木山から江与味へ三里、牛馬と人力で運ぶ。江与味から岡山へ十三里、旭川を筏で下る。薪木や木炭その他は小森や水谷へ運び出して、高瀬船で岡山へ運んでいた。運送が難儀なので地元で木地や下駄も製造していた」

と記してあった。

その頃は今のように道路は無くて、曲がりくねった細道が山へ谷へ登ったり下ったりしていたであろう。大木を切り倒して、その道を運ぶのはとても大変なことであったと思う。父の話では、

「わしが子どもの頃であった。薪や炭俵をソリに積んで牛や馬に引かせたり、背負わしたり、又人間が担いだり背負ったりして運ぶ人達が大勢通っていた。その頃、竜王谷には道は無かった。和田に通じる道は長尾回りか大王越しであった。青木山切り出しのために、鬱蒼と覆い繁った岸壁の竜王谷を切り開いて、やっと牛馬の通れる道が出来た。青木山の切り出しは何年もかかかった」

と話していた。

（出典「片山稿」）

22　猪取り

当時始まったのが満州事変。これが昭和六年の九月の秋ですから。それから今度ぁ、上海事変になって満州国が出来たのが昭和七年の三月じゃった。そうし

て、その当時、私のひい爺さんというのが、嘉永六年（一八五三）、黒船が来たときに生まれとったんですが、そのお爺さんと同い年の近所のお爺さんがその当時の年齢で九十歳まで生きられた。そのお爺さんたちが、妙教寺いうお寺へ集まって、今のような年寄り会のような二人、三人が集まって話をしとられるのを私は聞いたことがある。

なぜそれを聞く機会があったかというと、これも話が長くなりますが、その当時、新聞を読む家というのが部落で何軒あるかというぐれえ少なかった。資産家とか、商売人とか、いうような家は一軒で。うちには妙教寺のお寺の和尚さんが新聞をとったのを、一日遅れて明けの日に見してもらう。小学校の一年、二年、三年頃から毎日お寺へ、そりょう取りに行きょうたん。その時に、その嘉永、安政ごろに生まれたお爺さんの昔話を聞く機会がありました。

どういう話をしょうったかいうと、その当時、鉄砲打ち、猟師の話をしとられるのに出てくるのが、亥の子。今と同じように、稲を食べに出てくるからいうことで、亥の子の垣として石垣を積んだ、亥の子垣、猪《しし》垣《がき》というのを積んであった。そこのところで猪を仕留めた話をするのに、お爺さんの話が、山の乢《たわ》とか谷とかいう固有の名前を言うて、あすこで取ったぞなあというような話をしとられました。

それからずっと年月が経って、第二次世界大戦の頃までは、この地方に猪というものが、目にかからなかった。

戦後間なし。私のおじは、親父の弟が満州の方へ行っとりましたんで、戦争がすんでから引き揚げて帰って、私のうちで居候しとったん。その時に猟師を、満州でもしとったので鉄砲の猟銃を使うとった。その頃は今頃ほど、猟銃の扱いがやかましゅうなかって、今のルミエール病院の手前のところへ、鉄砲で、はじき鉄砲いうのを仕掛けた。猪が歩いてきたら、他の動物でも歩いてきて、そのテグスいう細い線を張って、そりょうけっぱんじいたら（つまずいたら）、鉄砲がズドンと、やってくるような仕掛きょうしとったん。

ところが、ある日、そこへ何十年ぶりかの猪が引っかかった。へえで倒れた。猪というなあ、私らあも子どもん時から、ずっと見てねんじゃが。

そのお爺さんらが話をしょうって、段々時代が変わって、この付近では見かけんようになった。それからずうっと昭和の二十二年、三年ごろまで、この付近で猪を見かけた人はなかった。

ところで大変評判になりまして、学校の子どもが行列を作って見物に来る。猟師さんの連中が集まって、それの料理をするのに、私の学校友達の先生が、畜産科の教員をしとられて、妹尾さんいう。この人が、動物の解剖する調子でその猪の料理を、解体をしたのを見とる。皮を剥いで、それからのこぎりで背骨を断ち割って、腹をふたつに割って、中のはらわたを出して、そりょう猟師さんが槙谷川まで持て行って、そりょうはらわたの中を掃除をして、現在のまあホルモンですなあ。それに料理をして、そのホルモンをみんなで食べて、肉は全部分けて、その当時、何キロずつか分けて持ち帰ったのを覚えております。

それから、次第にだんだん猪が増えてきて、兵庫県の播州は、今の姫路の奥の方には、前から猪がおって、猪を取る猟師さんがおって。それでこの付近でも猪が年々増えてきたというのを聞いとる。

兵庫県からわざわざこの地区の知り合いの家に泊めてもらって、猪を取る猟師さんがやって来た。猪を取るためには、普通の猟犬ではおえん。仕事にならんので、猪を追う犬というのがおるんですわ。それを山ん中に放すと、猪を追い出して来る。そうしてそれを追い詰めて、足をとめたり、動けんようにしとるやつを鉄砲で撃ち殺す、というような猟の仕方で、その当時珍しい猪が、段々取られるようになったのも覚えております。

それが段々、この付近でも豚を飼うようになって、ひょっと豚が放れて山へ行って、その猪とかかりあって子どもを産んで、猪豚《いのぶた》いうのができた。猪と豚のあいの子が山へ棲むようになって、それが豚と同じようにいっぺんに一ダースぐれえ子どもを産むような猪が生まれたために、現在のような、吉備中央町に猪が出て、米をとるのに電柵をしなきゃならんようになって、猪を特産物として吉備中央町では、町が力を入れるようになってきたんですが。

そういう経過をたどった。昔もこの付近に亥の子いわれて猪がおったんじゃなあということを聞いたのは、一番はじめの頃は、子どもの頃でした。

猪垣は、ところどころ残っとります、崩れて。残っとりますけど、今の猪はそんなものではどがいもなりません。

（話者　岨谷　妹尾康平）

23　蚕を飼っていた

昔は、どこの家でも蚕を飼よった。家の中に棚をして、繭をつくらせる。桑を摘んで帰って、「蚕の頭が黄《きぃ》なように透きとおりだしたら、繭をするんじゃ」

いうて、藁を網のように編んだのを広げて、「それに蚕を広げたら繭をするんよ」

言よったなあ。

それで、お婆さんが糸をとって、織って、白い絹の反物にして、それを京都に染めに出して、縫うてもろうて晴れ着や嫁入り着物にしてもろうた。

家に機織り機があって、織物をしよったけんな、棉の木をつくって　木綿も織りょった。

（話者　高谷　高見茂子）

24　田の畦草刈り

昔は、どこの家にも牛がおったから、牛の餌となる草が、沢山いりょった。餌用に草刈りをしょって、よその家の草をちょっとでも刈ると、

「こりゃあ、なんでそねえなことをするんなあ」

いうて、怒りょった。草を一束返しに行った。成りもんは、何でも宝じゃったな。


（話者　宮地　木村宮子）

25　吉川は日本一の松茸産地

吉川は、西日本一の松茸の産地じゃと言われとった。

「吉川が一か、広島の豊松が一か」と、争よった。

昭和三十二年から三十六年頃は、朝ひいた、ぎょうさんの松茸をさん籠（竹籠）に入れて、牛の背に載せて、出荷場に運び込みょった。

出荷場で、毎朝ひいてくる松茸を箱詰めするんじゃが、日に四五〇キロくらいはあった。午前中から作業して、翌朝未明になった頃やっと、うつされた松茸の山の向こうが見え出すくらいだった。


（話者　吉川　辻田　明）

㈣　戦争

26　召集令状

戦争に行くいうたら、金川警察署から電話が一本役場に入るんです。

「今、召集令状を持って行きょうるけえ」

自転車で来るのを待ちょうるんですけえなあ。自転車で夜中にでも来る。今度ぁ、相手の家に届けにゃぁならん。それが寂しゅうて。

「ただいま、召集令状がきました」

その頃は、お気の毒でなしに、

「おめでとうございました。召集令状がきました」

いうような、兵隊になれるいうことでな、相当行きましたで。

戦争へ行かなんだら、ふうが悪いいうような思いをしょった時ですけん。


（話者　下土井　沼本英雄）

27　特攻機から遺書

戦争中は、言い尽くせんいろんなことがありましたなあ。ようけの（たくさんの）悲しい思いを、みんながしとります。

西庄田の難波晋策さんが、特攻隊に行っとられるんです。ある日、お宮に出征兵士を送る会に行っとったらな、一機の飛行機が飛んできたんです。その時は誰か分からんかったんですけど、家の前の下の方まで低う降りたと思うたら、それから高う上がってクルリ、クルリといろいろな飛び方をせられたのを見たんです。しまいに、飛行機から遺書をパアッと投げられたら、クルクルクルクルと回って落ちました。

「誰じゃろうかなあ」

と言よったら、難波晋策祐忠と書いてあったいうことでした。お別れだったんでしょう。かわいそうな世の中でしたなあ。

（話者　吉川　伊賀日佐子）

28　戦争でペリリュー島に

南洋のペリリュー島へ行っとったんです。玉砕した島です。

奇跡というてもええんじゃけど。私は、海軍じゃったから、呉の海兵団におったのに、十九年の二月に転勤命令が出ましてな、第三十特別根拠地隊付いう命令が。へえから横須賀へ行って、二百人ほどの隊を編成して、ペリリュー島の飛行場守備隊の砲台、衣笠の砲台を造る、それへ行った。隊を結成したら、その砲台の材料を、その隊があちこちから集めて歩いて、集まったらすぐ向こうへ送り、集まったら、また送りしてから、それに二、三人ついてから、現地に送って行くんですなあ。現地には設営隊があるから、それが砲台を築いていく。

そうして徐々に出て行ったのに、百三、四十人が本隊として残っとったんですが、三月二十六日でしたか、それが横須賀から出航することになって、便乗艦は二等巡洋艦の能代。それへ乗ってから、便乗してから行く。これが最後じゃけんいうてから、横須賀を出る時にゃあ皆、乾杯して、

「もうこれで日本は見納めじゃけん」

言よったら、どこからともなく、軍歌がわきあがって、でえらい歓声になって軍歌を歌うて出て行ったんですわなあ。赤い夕日が西の空に、富士山が最後まで送ってくれたんです。

出て行ったのに、途中で敵の潜水艦につけられて、しょったら、パラオが大空襲じゃいう。せえから、その船は結局フィリピンのダバオに行って、私らあはダ

バオで降ろされた。巡洋艦じゃから、戦闘に出にゃあならんから、そこへ便乗者は降ろされた。

そこの警備隊に厄介になってから、五十日ほどそこで過ごした。パラオへ行く後の便が入って来んのんですが。五十日程して、やっと小さな貨物船が入って来て、

「これへ乗って行け」

言うて。せえで、五十日間、ダバオの警備隊のとこにおってもな、食うだけは食わしてくれるんです。警備隊の作業をして。だけど金も貰えにゃあ、戦給費も貰えにゃあ、日用品も何にも貰えんの。もともと、二百人程の隊のなかに主計兵が七人おったんですが、私は最後の主計兵で、本隊の主計兵で一人残されとった。へえで、それについて行きょったら、主計兵じゃけん大事にゃあしてくれます。じゃけど、そこへおったら、五十日間金も入らんし、日用品も何もなかったら皆困りますが。せえでその小隊長が、

「ちょっと来てくれえ」

いうて、

「困る。どねして受け出しゃあええんじゃろうか」

言うて。誰も代理の者じゃあ、軍部から受け出すことが出来んのんですなあ。私はまだ一等兵じゃああるし、そねえなことは知りゃあへんけえ、

「主計長のとこへ行かしてくれえ」

言うて、現地の警備隊のなあ、主計大佐だったか、主計長がおったんです。へえでその人に言うたら、

「そりゃあ、待ちょうれい。書いてやるけん」

言うて書いてくれてから、へえで、皆に銭も渡るし、日用品が配給になって、慰問袋まで、そこでもろうた。皆喜んでくれましたなあ。

今度は、そのこまい船に乗って、船の上で食うことをして行かにゃあおえんのですけんなあ、主計兵の責任じゃが。皆、作業員使うちゃあ、していかにゃあいけん。

向こうへ行ってから、向こうの隊と合体した。そう

したら、十日ほどたった時に、私は、もう上役の古い兵隊と一緒に出来るけん、今までみたいに考えることはない思よったら、十日ほどたった時になあ、

「おまえは電探隊へ行けえ」

いうて、私ひとり電探隊へ回された。パラオ本島のマルキョク電探隊いって、小山の上に電波探知機を据えて、敵の飛行機や軍艦を探る隊ですけんなあ。十五人か二十人ほどおるんです。そこへ行かされた。皆と一緒に行ったんじゃけん、皆と一緒に出来る思うたのに、ひとりだけそこへ行かされてから、つらい思いをしたんですが。ところがそれが生死の境目。

それから四ヶ月後にゃあ、米軍が、五万の大軍でから、ペリリュー島へ上がってきた。全滅ですが。玉砕してしもうた。へえで私は、二百人もの中でひとり助かった。そこで、こっちぃ分かれたけん。えらい運命があるんじゃなあ。

へえで、その後もええことはないです。パラオも敵の配下になってしもうたから。食料がないようになってしもうて、毎日毎日イモ作りでなあ。イモを食うて暮らす。魚を取りいも出らりゃあせん。敵が来るけんなあ。ジャングルの中で、はげたようなとこを起こしちゃあイモを作るんです。サツマイモと南瓜、タピオカ、タロイモもあったです。せえでも、サツマイモが主体だったです。

敵は毎日空襲に来るんですけんなあ。艦砲射撃が時々ありますんでなあ。それにゃそれで犠牲になるけえど、食糧不足でものすごう死んだ。七割死んだ。食えるもんは何でも食うんじゃけど、またそれが、主計兵のおかげでから、生きることが出来た。食う物を握っとるからなあ。その作った物を隊の中で所持をするのは、主計兵ですから。

サツマイモが主体で、山の中のビンロウジュ（檳榔樹）じゃとか、ジャボクいうワラビのようなもんがあるが、その芯を取って食う、それが主ですなあ。へえでビンロウジュやこう切ってしまうけん、山が明るう

なる。

へえから、こうまい蛇がおりましたが、蛇やこう見つかったら捕る。トカゲの大きなのは、ご馳走ですが。見つけたら逃がしゃあせん。蛇はすぐは食わなんだけど、トカゲはピンピンしょうるのをウロコを剥いでから、すぐ食う。そりゃあうまい。イモを食うたあうまかった。蛇は焼いて食びょうた。骨がようけあるからなあ。大きなヘビはおらなんだです。

他には、カタツムリがおりました。食用カタツムリが繁殖してなあ。カエルも大きなものはおらなんだし、小さいカエルは食べよった。防空壕の中でも、キリゴを取って食びょうた。食べれるものは何でも。へえで、わけのわからん木の実やこう食うちゃあ、失敗してから下痢をおこして死んでいく者がおったり。

病気は、デング熱。フィリピンにはマラリアがあったけど、パラオにはマラリアはのうて、デング熱がありました。デング熱をいっぺんせにゃあパラオ人になれなんだ。はしかと同じで、いっぺんしたら免疫が出来てから、パラオ人になるんじゃなあ。私は、あっこに行ってから一ヶ月ほどしてから、デング熱になって、四十二度ぐらいの熱が一週間続く。それに耐えれなんだら、死ぬんですなあ。

なんも食えりゃあせんし、皮がむけるんですなあ。それが面白いことに、指に魚の目の大きいやつがあったんです。役場やこうで指紋を登録することがあってなあ、その指紋帳へ載っとんです。大きな魚の目がなあ。デング熱を患うた折にきれいに落ちた。きれいに一皮むけてしもうた。へえでから、タムシやこうがでてきて困りょうる人が、それになったら、きれいに治る。皮膚病やこうはきれいになる。

電探隊は、普通は十五、六人なんですけど、敵が上がってくるかもしれんいうので、二十二、三人ぐらいになっとりましたなあ。それが何人生きのびたかはわからん。敵が上がってくるからいうて、電探隊は必要がないようになってきたんですらあなあ。あってもしょうがない。へえで隊を編制し替えて、他の隊へ変わってしもうた。何人あっこから戻って来たかは分からんぞなあ。

帰ったのは二十二年の二月。向こうで、日本が戦争に負けたいうのは、三日ぐらいしてから分かった。電信で教えるんでしょう。中隊長じゃったですがなあ、

「全員集合」

言うて、全員いうたところで、動けんのがぎょうさんおるんですけえ。動ける者だけ集まって、

「もうこりゃあ総攻撃に出るか、自決するかじゃろうか」

皆、言う言う集まったんです。ほうしたら、無条件降伏になったいう。さあ皆つらがってなあ、それでも。皆泣き伏してなあ。泣いて何にも手に付かんようになっとっても、食う物を作らんことにゃあ、明日の食うもんがないんですけん。へえでも停戦になってから、飛行機が来んようになったから気楽になった。

中隊いうたら二百人くらいおるんですわなあ。その時に、三割ぐらいの者は動けんいうて寝ようるんですわ。そえで、毎日一人二人と死んでいくんです。痩せ細って骨と皮になってしもうて、骸骨の上に袋をかぶせたようになっとるのが、今度はプーッと膨れてきてなあ、死ぬんです。元気な者は、食料を取りに行かにゃあおえんのです。へえじゃけん、ひょぼひょぼの者（よぼよぼの者）でもまだ元気なような者が、死んだ者を背に負うてくくりつけて、山を這うて登り、後からようよう鍬を二人ほど持って行ってから、埋めたんです。行ってみりゃあ、昨日埋めた、一昨日埋めたいうところが、ろくなことを埋めとらんですが。穴を掘ったりこう出来んのじゃけえ。溝を掘って、ようよう土をかけて。へえじゃけん、ハエが黒うなっておるし、ものすごい匂いがするし。せえでも、今日葬式をしちゃったけど、明日は自分かもしれん。そりゃあ順番のよう

なもんじゃったなあ。

戦争がすんでからも、アメリカ兵はその島へ上がって来んのです。やっぱり、反感をもつから、きょうてえけん。ペリリュー島いうとこでから、サイパンやこみたようにはない洞窟戦をしとんです。三人五人ちょろちょろしてから、なんぼう爆弾を落としても、艦砲射撃をしても、珊瑚の穴へ入っとるけん効かんのです。日本軍が一万一千ほど玉砕しとんですが、アメリカ兵も七千くらい死んどんです。

へえで、アメリカの第一海兵隊は全滅しとるんです。アメリカの軍隊としても一番犠牲が多いんです。へえで、本島へ上がりょうりゃあ、まだまだどれだけかかるかわからんけんいうて、すぐそこからフィリピンへ行ってしもうた。へえでまあ、上がって来なんだんじゃけえど、今度は餓死が多いかったんじゃなあ。

せえが、私はまた、恵まれたことが起きたんですが。皆、十一月、十二月に、あそこは優先的な引き揚げで、早うやっとりますけんなあ。十二月頃に最終便じゃいうて、船が出た。そのときにゃあもう、ええ若い者でも、痩せ細って三十何キロしかない者が多いかったんです。それがひょぼひょぼと波止場へ行く。私は中隊でも、十人が残された。アメリカの下へ行って、片付けをせえいうて。結局、捕虜ですらあなあ。せえで、見送ったんですなあ。

「皆帰りょうるのに、また帰れりゃあせん」言うて。

ところが今度はその、陸海軍で二百人ほどが残されたんですが、コロールいう町やこう片付けをするのに使われるんでなあ、その時は米軍給食になる。へえで、アメリカが、日本は米が主体じゃけんいうて、ご飯をしてくれるし、いろいろな缶詰じゃあ、バターじゃあ、チーズじゃあいう物を食わしてくれるんですなあ。それで、今度ぁ元気になってくる。それから、また出て片付けをしに行きゃあ、イモやこう、植えていんどるけん、それがなっとる。それを食うたりして、一ヶ月ほどおるじょう（間）に、三十キロから三十七、八キロになっとった者がなあ、多い者は一ヶ月で九十キロぐらいになった。日に日に、豚を肥育するような。

浅口郡の船穂いうとこの者が、この十人のうちに同県人でおりましてなあ、それやこうは九十何キロになった。日に日になあ、丸うなってくるし、腹が出てきてなあ。そのおかげで、元気な体で戻れるん。食料のない時になあ。ちょっと前にひと船先に帰った者はよぼよぼで、家までたどり着いてない者も大分おるでしょう。

よう生きて帰ったもんです。帰るのに浦賀へ着いて、浦賀の収容所へ一週間程おって、ところがそこで、昭和天皇があちこち歩かれる第一回をそこへ来られた。昭和天皇を目の前で迎えて、

「ご苦労さんでした」

言うていちいち挨拶をして。

そうして帰るようになってなあ。岡山へ帰るのに、食券を二枚と乾パンを二袋と。それだけで帰るんですなあ。岡山へ着いたら、飯を食うて帰らにゃあおえん思うて、岡山へその船穂の者と二人降りた。そしてから見たら、駅前は見渡す限り、ガラクタ。焼き払われてしもうて。へえでも、そこへ荷物を預けて、駅前のとこに、二軒ほど家が建っとってから手荷物預かります、いうて。

そこへ預けてといて、天満屋のとこまで、歩いて行ってみたんですがなあ。天満屋やこうでも、窓ガラスやこうありゃあせん。洞穴みたようになってしもうてから。建物だけ残っとるだけじゃったなあ。道はなんとか空けてあったから、その空き地の中へ、タイヤやこう引き寄せてから、女の人が外のひらで七輪で、火を焚いたりしょったわなあ。

そこじゃあ食うこともできずに、バスに乗りぃ行ったんです。行ったところが、上伊福のとこに中鉄バス

の。そこへ行くのが分からん。紙もなにもないいんじゃから。駅前にお巡りさんがおったけん問うてみたら、そりゃあここへ行ってみてくれえいうて、行ったら、ひょんなげなバスにでえれえ列。長い長い列ができとる。こりゃあ困ったもんじゃ、帰れりゃあせんで。あれに乗れりゃあせんけん、思ようたら、その列の中に青年の時の和田君いうのがおってから、

「片山君じゃあないか。今帰りか」

へえから、バスの列に向いてから、

「この人は、今引き揚げてもどりょうる。奥の方の人じゃけん、先ぃ乗してあげてくれえ」

言うてくれて。それに乗って帰ったんですがなあ。

帰ったら晩じゃったですが。もう暗うなっとって。表の戸を開けるのに、なんとも言えれん気持ちがしたです。

「帰りました」

言うて中へ入ったら、母親が、

「嘘じゃあないんか」

「幽霊じゃあないんか」

言うて。何にも言わずに、突然戻ってきた。

「待ちょうれい。今おかゆを炊くけん」

言うけん。

「わしゃあ、こねえに元気なんで。おかゆやこうせんでもええで」

言うたんですがなあ。弟と妹と親父とおったんですがなあ、ほりゃあ喜んでくれました。

（話者　下土井　片山光男）

29　戦地での食料

ペリリュー島でのことです。

かぼちゃの葉っぱや軸を食べた。カンコンいうて、カンコンいうもんがあったんですりゃあ、湿地にせりのように生えとんですなあ。そんなもんを刈ってきて食べたり。山のビンロウジュの芯とか、ジャボクの芯

とかを、毎日取りぃ行くんですなあ。
かぼちゃの茎の元の方の固いところは食べられんですけどな、かぼちゃの葉っぱの枝は食べれる。ほえから頭の方は葉っぱごめに食べるんですわあなあ。葉っぱの柄を煮て食べるんですなあ。

へえで、食用カタツムリいうのを飼ようたんでしょうかな。それがサツマイモを作るから繁殖して、それがまたええ食料源になってなあ、取っては中の身を出して食べるん、なんでも食べる。小さいこんくらいの蛇が這ようる。それでも取ったり。そえから、トカゲが木に登りょうるんですなあ、緑色の濃いやつが。逃しゃあしませんよ。トカゲがおって、ピンピンしょうるのを、すぐ剥いで、跳ねょうるのを食うんですけん。持て帰ってから焼いていようりゃあ、人に取られてしまうん。そりゃあひどかったです。

海ぃ出てからすりゃあ、島じゃからぐるりが海じゃけん、魚がなんぼでも取りょうがいやあ、敵さんが来てから、常に警戒しょうるけん海ぃ出ることができん。へえでサツマイモを作るいうて、山を開墾するんですが、へえでも昼間はできんのです。夜間にして、昼間はジャングルの中に隠れとらにゃあおえん。

（話者　下土井　片山光男）

30　絶食死刑

パラオ島で、ある時、公用使として出て行った北井兵長が帰路、空腹の余り道べりのサツマイモ畑の芋を掘って食うていた。その時、陸軍の番兵に見付かり捕らえられて、連れ帰られて、陸軍衛門前に、「私は赤尾隊の北井兵長です。芋泥棒をして捕りました」と書いた札を首に掛けて立っていた。
赤尾隊長は立腹して、隊に連れ帰り、
「隊の名誉をけがした大罪人、今日から絶食死刑に処す」

と申し渡した。そして兵長は隊の衛門横のビンロウジュの木に、身動きも出来ぬように固く縛り付けられて、絶食死刑である。

　湯も水ももらえず、雨が降っても風が吹いても、そのままである。初めの間は泣いたりわめたり、もがき苦しんで、見るも無残な姿であったが、中隊長命令だから誰も近付く者はない。そして何日かして消え去っていた。

　思うに絶食死刑とは、絞首刑、銃殺刑よりも残酷な悲惨な刑であると思う。ただの芋一個で、こんな残酷な刑が行われていた。


（話者　下土井　片山光男）

㈤　戦争と暮らし

31　草競馬

　この裏の中学校のとこに草競馬があったんです。夏は稲が植わっとるけえど、冬はあの田んぼが空いとるけえ、そこを均めて、競馬ぁやったなあ。

　へえで、兵隊から騎兵で帰ったような人が馬主になってから、若え衆が馬乗り。それがわしらも、子どもん時にそういう競馬ぁ見ようたがなあ。

　その頃の馬は、平生田んぼをひかせたり、車ぁ引かしたりしょうたけえ、競馬場を大人しゅうに回る馬がおらんのじゃ。途中ですべって転んだり。せえじゃけえ、最後まで回ったのが一位になる。せえじゃから、もう最後の優勝が決まる時にゃあ一匹だけになる、そういう競馬じゃった。草競馬いうなあ。

草競馬はようけえやりょうたな。ここでもやるし、これだけこめえ田んぼじゃったのに、工夫して競馬場にしたもんじゃ。

馬ぁ飼ようても連れて行くだけで、乗るなあ他の人を頼んでおった。

それが戦争になって、軍馬いうことに徴用されて、農家の馬が軍隊へ行くまで、なんとか続きょうたん。

一番最後にしたなあ、大和山の下の山ん中で馬場を作ってやったことがある。ありゃあ支那事変（日中戦争）へかかっとったかも知れん。

（話者　岨谷　妹尾康平）

32　戦時中子ども

大東亜戦争（太平洋戦争）が始まったのは、小学校三年生の十二月じゃった。

五年生になったら、学校から皆で、吉川の御内野呂《みうちのろ》いうところに開墾に行きょった。その時には、予科練の人が吉川小学校の講堂に泊まり込んで、皆と一緒に開墾しょったなあ。子どもは、鍬《くわ》も鎌《かま》も持ったことがなかったもんじゃから、手にまめをつくっとった。

開墾したところにサツマイモを植えるんじゃけど、私は、そのサツマイモが嫌いでな、先生が仕事のご褒美に、大きな釜でサツマイモをゆでてくれるんじゃけど、

「小さいのが当たりますように」

いうて思よった。わがままじゃったけどな。

（話者　吉川　伊賀日佐子）

33　大和小学校校庭がさつまいも畑に

戦争中に、大和小学校の運動場を全部畑にした。子どもたちが、運動場を開墾して、畝にして、サツマイモを植えた。

学校から隊列を組んで、畑の作業をしに行くこともあった。今のルミエール病院の上に西山という所があって、そこを開墾しに行ったことがある。でこぼこした所だったけど、そのまんまの状態で畑にした。そこでも全部サツマイモを作った。

（話者　宮地　瀬尾喜志子）

34　桑の皮むき

養蚕をしょうる家の畑に行って、桑の皮をむきに行った。子どもの仕事じゃったんかなあ。桑の皮をむいて売りよったんじゃろうなあ。

（話者　宮地　瀬尾喜志子）

〈注〉桑の皮は供出して、作業衣などの繊維となった。ガビの皮もむきに行った。

35　ススキの穂採取

昭和十九年頃、ススキの穂を取ったことは、話には聞いたことがあるなあ。兵隊さんの布団へ入れるとかいうて、話には聞いたことがある。

綿は買えんから作りょうた。

（話者・田土　田村平八郎）

〈注〉ススキの穂は、浮胴衣（飛行機の救助胴衣）の浮力材として使用されたという。

36　子どもの遊び

子どもの頃は、戦争中じゃったから、遊ぶもんも自由になかったな。お婆さんが、手鞠《まり》をこしらえてくれとりました。こんにゃく芋を中に入れて、綿でくるくるくるんで丸うして、それを刺繍《ししゅう》糸でかがって菱形や四角の模様をつけてなあ。

「早う寝とれえ、したげるけん」

と、晩に言うたら、朝までに仕上げてくれとりました。ええ格好《かっこ》しようと思うて友達の分も頼んだら、

「そりゃあ、したげらあ」

いうて、二つも三つもしてくれたのを覚えとります。

昔は、「ちんでん」いうてな、その鞠をぶつけたり、取ったりする遊びがありましたな。鞠をぶつけ合いこをして、上手に受け止めたらええけど、当てられた者は、死んだいうて、枠から出にゃあいけん。そうやって遊びよったのを思い出します。


（話者　吉川　伊賀日佐子）

37　戦争中のおやつ

戦争中は、遊ぶおもちゃ、食べるおやつがなかった。秋には、山へ行って、松の木に寄生するマツミドリが生えたのを、チューインガムのようにして食べよった。それが宝物だった。食べるものいうたら、サツマイモのふかしたのくらい。野にあるシャシッポウとかシイナ、草いちごとかがおやつだった。

シイナやシャシッポウなど野のものでも、子どもが、よその家の持ち山の敷地内で取ったら怒られよったなあ。皆が飢えとったんじゃなあ。

ほかに、野いちご、田植えいちご、マツミドリ、干し梅、ズンベラ、ゆすら、ちょうちんいちご、ツツジの花、シイシイバ、やまなすび、冬の水車に下がったつららも、おやつだった。

ツツジの花は、赤いツツジを選んで、木の枝にツツ

ジの花をたくさん突き刺してためて持って帰って食べた。

シイシイバは、茎はもちろん葉っぱを食べた。塩でもみくって、塩もみをしたようなのを食べた。

食べるものは何でも宝物じゃから、大切に食べたし、子どもじゃというても、盗み食いをしたら怒られよった。何を食べてもおいしかった。

（話者　宮地　木村宮子　瀬尾喜志子）

38　運動靴の配給

松根を掘るような時分には、戦争に勝てるとは思わなんだな。こう、出せ出せ言い出したらだめじゃないうてから言ようた。学生ボタンまで取られた。木のボタンになっとった。

小学校の五年生の時、よう忘れもせんが、四十五人おったん、生徒が。運動靴が三足配給になった。先生が困ったと思うんじゃ。三足をどがいして分けたらええんかいうて。靴が革でも何でもない、馬糞紙（ボール紙の一種）じゃった。ほんとで。雨降りにゃあ、ぐじゅぐじゅになる。くじ引きかなんかしてもろうたわなあ。

私らは藁の草履ばっかりじゃった。靴やこうなかったけえ。藁草履は、毎日お父さんが晩には作ってくりょうて、一日で駆けり回りょうて破りょうた。毎日作ってくりょうた。当時は藁草履の下にタイヤを付けて行きょうたこともあるなあ。

ゴム草履はええもんじゃった。タイヤを縫い付けてなあ。んかなあ。ゴムばあで、グニャグニャとした、こんにゃくのような。グニャグニャして履けたもんじゃない。あれもくじ引きじゃった。

あのころは惨めにあったよ。

（話者　田土　田村平八郎）

39　きびしかった供出

私ほうは農家じゃったから、いうても、いろんなもんがあったけどなあ。

供出ですけんなあ。割り当て制ですからなあ。一反植えとったらなんぼうは、いうようなことですわあなあ。米やこうはなんぼう出来るから、なんぼう出せえいうて。自家食料だけ残したら出せえいうことでなあ。家のかど（外庭）で作ったもんでも、指数にはあがっとったけんなあ。野菜はなんぼありゃあ、いうて。

私らのまわりにゃあ、この辺にゃあ、お茶がよけえありましたけんなあ。茶が何株あるまで上がっとりましたなあ。指数で出て供出の割り当てになりょうったからなあ。

ここはお茶の産地じゃったんで。今はあんまりありませんけどなあ。新山、溝部いうとこ。私ほうの下に片山いうんですけどなあ、製茶をしょうる。自分でも茶園を持ち、ぐるりから各農家やこうにあるのを、芽を摘ませて、それを買うんですわなあ。そういうてお茶にしとった。昔は、池田公（岡山藩主）へ献上するお茶としてあったらしい。

（話者　下土井　片山光男）

40　戦時中の食べ物①

下土井のこの辺でもなあ、芋（サツマイモ）の葉っぱの頭の方、そえからかぼちゃの葉の頭の方のやわらかいところを油で炒めて食べたですなあ。この辺でも。食べるもんがねえから。

そえから葛がありましょう。葛かずら。あれの根を掘りぃ、みんな行きょうったもんです。この辺でも。畑の岸や山へようけおごっとる（繁茂している）のをな。ありゃあ澱粉が取れますけえなあ。

（話者　下土井　片山光男）

41　戦時中の食べ物②

支那事変（日中戦争）も長びき、農産物の増産で、山を開き田をつくった。供出が厳しく保有米まで出すようになった。それでもお祭りの時は、米のご飯にありつけるので、前日から腹を空かせてくる人もいた。

平素は、麦の中に米がチラホラの「大麦飯」、体の具合の悪い時は「へり飯」といって鍋のほとりに米をよせて炊き、食べたりした。

正月には、おていれ餅、手作りの砂糖を使ったあんは何とも例えようもない味がしたものです。米仕《こめし》を頼むと、枡《ます》取りをする人がいて一斗でもごまかそうと、五斗俵をして相手に分かってしまったり、又、米仕前に籾を隠しておき、人が寝てから手挽き臼で挽き、何度か食べたということも聞いた。

作っても供出がやかましいので、小麦を作り臼でひき、粉にして流し焼きにしては腹をふくらませたものです。とにかく、米は宝物で米さえ出せば何でも手に入り思いのままになっていた。

くず米は味噌についたり、粉にしてひし餅にしたり、里芋の茎を干しておいてそれを団子汁にして食べると産後の悪いものが下りるといって、決まってどの家にも食べたものです。

お菓子といえば、くず米を炊いて飴を作りなめたものです。

昭和二十六年でしたか、生まれて初めて麦を煎って粉にし、それでぼた餅にしたのを食べさせてもらった。香ばしい味がしておいしかった。

子どもの頃は、七夕様がくると決まってお母さんがキビを作り、それを絞って砂糖にし、ぼた餅をして七夕様と一緒に縁側で兄弟並んで食べたおいしさは今でも思い出されなつかしい。今日は少しご飯が足りないと言うと、子どもはよけいにほしいというので、お母さんがさつま芋を入れたお粥や、野菜ばかりの雑炊を作ってくれた。これがまた格別な味がする。炊き込みをして食べたおいしさは、今でも忘れることができない。

両親が食べ盛りの子どもに、祭り前には米がなくなるから、おせり米で「日やけしらず」という品種の早生を刈り足こぎでこぎ、籾搗きにして祭り米を食べさせてくれた。

焼き米は毎年やっていたから、臼で搗いたり、水車で搗いたりしたが、これが何とも言えない風味がありおいしい。祖父は、

「秋は夜なべ仕事をさせられるのでゆっくりと焼き米作りをした」

とよく話していた。

大東亜戦争（太平洋戦争）になると庚申様といえば決まってぼた餅なのに、何もかも物がなくなり出来ない時もあった。とにかく、何でも勝つまでは非常時。後で聞くと正直者ほど損をしたとか。

長い戦争も終わり、何もかも自由になったけれど、宝物の米が時代が変わって、今はインスタントですますようになった。不自由をした私たちは、もう少し何とか工夫して次の世代へ送りたいものです。

（話者　田土　武村菊美　出典『賀陽町の年中行事と食べもの』）

42　学徒動員での食べ物

昭和二十年、私は学徒動員で被服工場へ行った。初めて親元を離れた寄宿生活である。何が楽しみか、朝、昼、晩の食事である。じゃがいもに塩をふりかける、大豆のご飯、さつまいものふかしたものが主食である。

「今日はお粥だ!!」

と誰かがさけぶ、中には米が数える程で汁が多い。それでもお粥の時が一番うれしかった。その時は麦が八

分、米が二分、そんなご飯でも、お腹一杯食べてみたいと何度話し合ったことか。当時は食糧不足で、みんな食べるために苦しみながら働いた。

終戦の日が来た。みんな家に帰された。農家である故に何とか食糧は続いていた。母はやせた私を見て、思い切りおいしいご馳走をしてくれた。それが炊き込みご飯である。じゃがいもと、切り干大根と大豆の入った醤油飯である。そのご飯のおいしいこと、何度もおかわりをした。あの味は今も忘れられない。母は私の食べている間じゅう、顔を見つめたままだった。何を考えていたのだろうか、今は亡き母の顔が目に浮かぶ。

（話者　上竹　工藤豊子　出典『賀陽町の年中行事と食べもの』）

43　農業要員

私は挺身隊（女子挺身隊）には、百姓がちょっと広かったけえな取ってくれなんだんよ。挺身隊へ友達は皆行ってしもうて、おらんようになってしもうて、じゃけど私は農業要員で残された。

六歳牛の尻をたたいて代かきをしょうたもん。そういう頃があったんじゃいう話。

女でしょうる人はあんまりおらなんだ。弟がおらんけえ、お父さんがかわいそうな思うてしただけで。

（話者　田土　武村菊美）

44　松根掘り

松根掘りはしょうたよ。しょうるのは見たけど、したことはねえ。

掘りに行きょうた。いまでいう、山鍬、つるはし、金棒いうもんで、機械はねえけえ。みんな手じゃ。大きいほどが、肥えたところが多いからな。掘りに行って、一日に四、五人で一株掘りゃあええくらいじゃなあ。鍬とノコと金棒ぐれえじゃった。

株を見つけに行くまでに、道刈りいうのをしょうた。木の中じゃけえなあ。そうして掘って、道刈りしたとこを皆で引っ張り出して、下に下ろす。そうしてどがんして運びょうたかわからんけど、田土の仁熊いうところへ松根を搾るところがあって、そこへ持って行って、搾ってもらようた。荷車で運びょうたじゃろうかな。

周囲を山鍬で掘って（山鍬は唐鍬のこと）、根が出るまで掘る。急なとこほど掘りえかった。土が逃げるけえ。均いとこじゃったら、土をみなスコップではねにゃあいけん。うげるまで掘るんじゃ。株の下に金棒が入るぐれえ。金棒いう金の棒を持っていって、だいぶ掘れたらそれをこでる（梃の原理で金棒で引き抜く）いうんかな。金棒いうのは鉄の棒のこと、穴を開ける。松根がうぎる（掘り取れる）とロープをかけて引っ張ってな、ひこずって山を下ろす。小車《こぐるま》に積んで松根工場に持って行きょうた。一日に一個も出りゃあ、それぐらいじゃなあ。あの頃は木の根っこじゃったで。

古い松根は一番よう油が取れるいうとったで。古い松を切って、切ったばっかりより、十年ぐらい前に切ったいうのが一番よう取れるいうてな。それでみんな掘りょうた。油ぁ取るんじゃいうてな。女か子どもか年寄りか、若いもんはおらんのんじゃけえ。

松根油を取る工場に、大きい株がドーンと来るんですから、それをみんなで割って小そうして油をとりょうた。斧で削る。若い兵隊さんのような人が来てやりょうた。その工場へ行ったら、石川県の人が多いかったです、若い人が。訓練所の人じゃ言ようた。

金になる、ならんじゃないです。軍隊で兵隊がしようた。何でもかんでも国のためいうてしょうたんじゃけえ。天皇陛下のためにしょうたんじゃけえ、銭金じゃないで。お国のため。上から言われたら、せなんだら非国民言わりょうた時代じゃもんな。

松根を掘るようになったらもう終わりじゃ。あれから戦争に負けるまで短かった。松根を掘った物を持って行くんじゃけど、金ぁもらわなんだが。わしらの部落じゃ、小学校六年生ぐらいの時やこうはなあ、部落は十八軒ぐらいあったんじゃ。何月何日には、〇〇部落から何人。男、女子はいわんのんじゃけえ。子どもであろうが誰でも良かった。わしらは親父がおったけえ行かんかった。


（話者　田土　田村平八郎）

45　松根油工場①

新山のごんご渕には、昔、松根油の工場があった。山から松の根を取ってきて、それをチップにして蒸して油を取る。戦闘機の燃料にしたらしい。新山は、多かったんですわ。ここ（下加茂）の下にもあった。

ごんご渕にあったんです。渕になっていて、そのそばに。道路脇に松がゴロゴロ転がっとって。うちのおばさんは、工場に狩り出されたという。

松根は肥えとって、松明なんかに使う。ものすごく油がある。それを搾って戦闘機の油にしたという。


（話者　湯山　草地恒太）

46　松根油工場②

昭和十七年、太平洋戦争の頃、石油が不足して、飛行機を飛ばすためにと、松脂から燃料を造ることになり、各村々に松脂搾油工場が出来た。長田村では竜王谷の入口の田に造られた。原料の肥えた松株掘りが、組々に割り当てられていた。初めの間は肥えた松株があったが、次第に無くなり、公用材供出後の生株まで掘りだして、工場に運んでいた。また、松の立ち木の幹に傷をつけて、松脂を採取していた。どれだけの油脂が取れていたのか分からないが、これもお国のためであった。敗戦と共に停止した。

この油脂で、本当に飛行機が飛んだのであろうか。当時、ある人が農用発動機に使ったら、動いたそうである。止めたら最後、発動機が駄目になってしまったそうである。

敗戦後、その小屋に戦災疎開者等が入っていたりした。

（出典「片山稿」）

47　店の名が「松根」

宮地の川西にある伊達店は「松根」と呼ばれていた。戦争中、そこに松根油を製造する工場があったので、そう呼ばれるようになった。

（話者　宮地　木村宮子）

48　松油の採取

松根を掘るのがのうなってからじゃったかな、松根が済んでから、生きたやつの油を採った。松の油を採ったよ。松根の次ぎぐらいじゃ。松の木に傷を付けて、出てくる油を受けてなあ、油を採るようにしてなあ。松ニヤ（松脂）。

松の幹にノコで傷を付けて、下へ竹の筒で受けといて（垂れてくるのは）トタンをちょっと打ち込んでな、竹筒に引き込んで採る。毎日採りにいきょうた。一日に一遍は採りょうたらしいな。ノコ目に筋をせなんだら油が固まるからな。垂れんようになるからな。見たことはあるが、したことはねえ。

乾いたやつも一緒に入れて。一斗缶に入りょうた。業者の人はぼっこう儲けたんですで。大きな木はみな油を採って傷があったなあ。


（話者　田土　田村平八郎）

49　岡山空襲を見た

戦争の話もあるんじゃ。岡山の空襲を目のあたりに見とるけん。食べるもんもねえしなあ。防空壕を掘っても、深う掘っとらんのんじゃ。へえでな、空が真っ赤で、Ｂ29が飛び回って焼夷弾落としょうるんが見えるんじゃ。大和の家からちょうど真東に。真っ赤。そりょうを見てな、防空頭巾もかぶらずに、ただ、〈なんでこうなったんじゃろうか。勝つまではいうて、山の松根を掘ったり、松の油を採ったり、いろんな事をしたのに、なんで。私らぁ、下っ端の人間じゃけん。偉い人のすることは、なんやらかんやら分からん〉と思うた。防空壕を掘っとるいうても、なんが腰から下ほどじゃけん、

〈あねえに焼きょうるのに。入っても死んでしまわあ。せえでも、これ生きとれるんじゃろうか〉

思うてなあ、そりゃあ恐ろしかったよ。防空頭巾もかぶらずに、ただ立ちすくんで動けんかった。

「吊り鐘まで出せえ。金《かね》のもの、火鉢まで出せえ」いうて、みな出したんじゃけん。何じゃったんじゃろうかなあ。出さなんだら非国民じゃ言われてなあ。

米じゃいやあな、よその人が、枡《ます》取《ど》りに（米の量を

計りに）来てなあ、正直者が損をしたいうことがあったんじゃあ。後から聞いたらなあ、米仕《こめし》（籾すり）をする人になあ、ちゃんと先ぃ米をやっときゃあ、枡取りをごまかしてくれるんじゃと。五斗俵《びょう》して叱られた人がだんだんおるんじゃけん。四斗しか入れられんのに五斗入れて、なんとか食べるものをしのがにゃあいけんかったんじゃけん。そのころ七人も八人も家族がおったもん。食べるんは、麦ばっかしのようなもんじゃった。裸麦は炊いたら上に浮いてくるんよ。お母さんは弁当やこうには、上をはねてなあ。おかずいうたら沢庵か梅干しかない、他のものはなんにもない。

遠足は、沢庵は匂いがするけんなあ、梅干しだけ。それで生活してなあ。

今は、どこでもの水は飲まれんとかいうけど、あの頃はな、大和山にあがるんでも、ぐい（茨）の葉っぱを拾うてな、漏斗《じょうご》にしてなあ、谷の水が流れょうるのをすくうて飲みょった。腹が痛《いと》うなったもんはおらん。

戦争じゃったし、勉強はしとらんなあ。今の大和のカントリーがあるところに、下木《したぎ》を刈りに行きょうったんじゃけえ。刈りに行って、帰りにゃあ一荷担《かた》いで帰りょったけんなあ。行列になって行ったり来たりしょったんじゃ。そのくれえなあ子どもが仕事をしょったわあ。下木刈りして、牛を飼うてなあ、牛に産ませてなあ、牛のうんこやしっこも大切な肥料に使よったけんなあ。一本のナンバ（トウモロコシ）でも分けて食べよったんじゃ。

（話者　田土　武村菊美）

50　戦後の暮らし

終戦になって、私らが引き揚げて帰ってみたら、内地はもう食糧難でから、大騒ぎですりゃあ。二十二年頃から秋が来て内地産の米が出来たり、いろいろなもんを作っとるのが出来たり、アメリカから入ってきたりするもんじゃから、少し良うなってくるんですなあ。

それまではもう、この辺りでもねえ、わたしぁ記録しとんですが、私方の組なんかは、十七戸ほどあったんですわあ。それがその戦争の時は三十六戸ぐれえだった。今十戸ほどしかない。

疎開してきたもんが、町のもんが入ってきて、小屋があるなら、小さな小屋でも、皆入っとるんですわ。水車小屋へでも入っとるし、野小屋をしとりゃあ、それへでも入っとるんじゃあ。この辺でもひでえもんじゃった。

この田舎から出とる人やこうは、なんですが、遠い親戚を頼りに入ってくるとか。へえから、お墓を頼りに入ってくる。自分の先祖の墓があるんですなあ。へえで、町へ出て普段は祭りにも、どねもせずにほっとるんでも、その際になってきたら墓のかどを掘っとんですなあ。せえでイモを植えたりこう。そりゃあ、ひどかったです。向こうで（ペリリュー島）ひどかったけど、帰ってみりゃあ日本もやっぱり。

帰って来るのに、浦賀へ帰って来たんですがな。浦賀からこっちへ帰るのに、汽車の沿線にある大きい駅の、名古屋とかなんとか、大きい駅は丸焼けでしょう。ガラガラです。せえで焼け焦げた汽車のプラットホームに、袋を下げたり負うたりしたのが、ぐじゃぐじゃしょうんです、買い出しが。食料を。へえ。

それが、終わりになりだいて、ヤミ屋いうのができてきたですな、こんだぁ。農家からなんやかや必要な物を、行っちゃあ交換しちゃあ持て出て、町の方で売るいうようになあ。できたんじゃあなあ。

岡山からのバスが、もうヤミ屋でいっぱいですらあ。もう負うたり、子どもを負うとるような格好をしたり、腹へ巻いたりしてから、バスに乗って帰る。

何を買うて帰るかいやあ、一番なあ米なんですが。だけど、雑穀も買うて帰るし、芋も買うて帰るし、野菜もんでもトマトやなんやかんやあったら買うて帰るんですなあ。

で農家も、そりょうをただ売っただけじゃあ、銭を取ったんじゃあいけんから、着るもんとか、塩を持て来てくれえとか、魚を持て来てくれえとかいうてなあ、いりぼしを持て来てくれえとか、そうして交換なんじゃ。そりゃあ、そのヤミ屋だけでから金をとるんだったら、あの農家は分限者になって金儲けになってくるわけじゃけど、そうじゃあないんじゃな。農家は農家で着るもんがなかったりするけん、それに持てきてもろうて交換する。ま、そうして生活しとる。

私が帰ってきたのは昭和二十一年で、あっこ（ペリリュー島）は飢餓の島じゃいうんでな、優先的に送還するいうて。しかも、アメリカの船で帰ってきたんですわ。皮肉なことに、ペリリュー島攻撃の折に、戦車を積んでいった船、その船に乗って帰って来るんじゃけえ。アメリカは親切なことに、お国へ連れて帰ってくれますし。アメリカ軍の給食になったら、栄養のあるもんを沢山食べさせてくれたん。

（話者　下土井　片山光男）

51　戦後の子どもの暮らし

昭和二十年代じゃけん、女は、羽根つきもしょったよ。おさんぼうをもらいに行ってな、帰って羽根をついたりするのにな、お母さんがモス（モスリン）の着物に羽織を縫うてくれてな、おさんぼうをもらいに行きょったんじゃけん。おさんぼうは旧正月じゃ。二十年代のことじゃもん、ミカンがもらえたら、そこは分限者じゃなあいうて言よった。

普通にもらえるのはな、柿の串刺しじゃあ。傘の骨を使うて、小さい柿のコネリ（木練）の小さい小さい、渋《しぶ》いばっかりの柿を皮をむいてその傘の骨にさすん。それがもらえたらええほうなんよ。ミカンがでるいうたら、十軒に一軒ほどしかなかったで。二十年代じゃけん。

昭和二十年から三十年いやあ、終戦直後じゃろ。食べるもんがなかったもん。私にゃあ五人きょうだいがおったんじゃ。置いときゃあ取られるけん、隠してな、兄弟で取り合いをしょった。お前の方がようけもろうとるいうてなあ。その傘の骨にさしとる柿は、とっても固《かと》うて歯が立たんのよ。干し柿には甘みが多いいうて言うけどな、あわそういうてもあわせんほど、渋い渋い柿で、小さいけん皮をむきょりゃあのうなってしまうほどじゃったなあ。

おさんぼうは旧正月の元日には行かれんの。うちには嘉永二年生まれのお爺さんがおったんじゃ。そのお爺さんがな、なんやかんややかましいんよ。

「今日は元日じゃけん、雨戸を開けちゃあいけん」

とか、

「洗濯もしちゃあいけん」

そしてな、

「風呂も今日は沸かされん」

「今日は、子《ね》の日じゃけん、外へは出るな」

いうて言よった。

隣にな、疱瘡《ほうそう》やはしかが出たりするんじゃ。そしたら嘉永二年生まれのお爺さんが、茶釜の蓋を取ってな、

「隣の、おんなじ歳の子がはしかじゃけん、うち（はしかが）に来たら困る」

いうてなあ、孫のほっぺたに茶釜の蓋を押しょうっちゃった。おまじないじゃが。

そりゃあとっても難しいお爺さんじゃった。ズイキイモ（里芋）でも、親頭《おやがしら》は食べめえ。芋の子を食べるがあ。あの頃は親まで、茎は飛ばして干して茎は味噌汁やこうに入れるんじゃけえ。じゃけど、大きな親頭も炊くんじゃ。そりょう炊くと、

「今日はえぐいぞ」

いうて、お爺さんが言うけん、

「せえでも、お爺さんが言うた通りに炊いとるんで」

いうたら、

「違う。お前は、これを炊くのに『きょうは親頭さんお留守かな』いうことを言うとらん」

いうて叱られたことがある。「親頭さんお留守かな」言わなんだらえぐうて食べれんのんじゃ言うて。「親頭さんお留守かな」言うて炊いたら、おいしゅう炊けるいうことじゃそうな。

　菖蒲じゃいやあ、ちゃんと菖蒲を切ってきてな屋根へ上げてな、

「まんがええように、いきますように」

いうて投げよんちゃった。ここへお嫁に来てもやっぱり、お舅さんがしょっちゃったなあ。

　ヤレボウじゃいやあ、苗代をしょうる所に行てなあ、左の「の」の字を描きに行きょちゃったった。二十年代じゃけんなあ、私らあは見とるけん知っとるけどな。そりゃあ大和も田土もいっしょじゃ。田土でも、お爺さんが亡くなって主人が二、三回どもしたかなあ。今は止めてしもうた。

　わさ植えには、お米を半紙にひねって、榊ぅ切って来て、田んぼの苗のところに持って行かしょうった。苗を取るところの苗代へ立てるん。

（話者　田土　武村菊美）

〈注〉おさんぼう。子どもが新年の挨拶に回ると、お年玉として三宝にミカンや干し柿を入れて出してくれる。
ヤレボウは正月十一日の行事。朝早く苗代田に行って豊作祈願をする。「八重穂」の意という。

52 松笠拾い

戦後、松笠を拾うて売りょうた。大分拾うた。

松笠で着物の一反がもらえたのが一番のあれじゃ。

（話者　田土　田村平八郎）

〈注〉松笠は燃料にしたという。

53　ズイムシ取り

ズイムシ（二化めい虫）を百本取って、何円じゃったかなもろうて。皆取っとろうが、学校へ行きょうた時、ズイムシ。蛾を取ってな。蛾めい虫じゃろう。あれを袋へ入れて、学校へ持って行って、お金をもらようた。五銭じゃったか、なんぼうじゃったか。ただじゃねえ、五銭かなんぼか、くれるんじゃ。百匹がなんぼとか、百本がなんぼとか決まっとったんじゃ。蛾の方が高かったん、余計もらえるん。大分夜、蛾を取ったで。

蛾を捕まえたりなあ、ズイムシを百本を一束にして、先生に出しゃあなあ、なんぼうかお金もらようた。食料増産でやりようたんじゃねえかと思うなあ。

柄の長《なあげ》え、先のちょっと曲がった鎌みてえな、こまいんで（小さいもので）、あれをもって切りょうた。ズイムシを切って、学校へ持って行きょうた。何円か何銭じゃ。百が一銭じゃったか二銭じゃったか分からん。戦争の終わり頃から戦後じゃったと思う。

（話者　田土　田村平八郎）

54　シベリアからの帰還者

戦争の時のことで、私が覚えとるのは、シベリアへ抑留されとった人が、帰って来たいうのは覚えてます。「祝賀会しちゃらにゃあいけん。しかもソビエトにおったから、赤になっとるぞ」と。

「歓待しちゃらなんだら、そのままになったらいけんから」

いうてしょったのをかすかに覚えてます。

（話者　吉川　小柳恵一）

㈥　行事

55　正月の行事

私ら、こまい時から正月の行事としては、一日の日は、何にもせんもんじゃ。お宮へ参って来て、休んで。「稲ぐろを積む」んじゃいうてな、寝よったんですけど。二日から、掃き初めいうてな、箒を使うて掃除をしたり、お風呂も二日からはする。今は元日から風呂を沸かして入るけどな。

へえから二日には、鍬初めいうてな、お田植えいうて、明き方の方へ向いて、材料は松と、イガのグイと、竹と、カヤンボウ（茅）が稲の苗のかわり。カヤンボウの穂を取ってきて、一升お米を枡に入れて、つるし柿やこう入れたのを、家内中でな、お婆さんがおったらお婆さんが、肥料に、そのお米をちょびっと入れたり、柿をちぎって入れたり、そうして鍬で、こうして均るしてな。みんなが茅の穂を何本かずつもろうて、苗の代わりに田へ挿しょった。田んぼでも畑でも、近いとこで、明き方へ向いて。

牛でも追い出し初めいうてな。追い出す縄を二日にない初めで作る。四日は山入いうてな。四日にゃあ斧を持って担いで、半紙を包んで御幣のようにして、お米をちょぼっと入れて、山へ行って、担いで戻れる程度の細いクヌギを元から切って、他の木へ御幣を祭っといて、担いで帰って、そのまま置いといてな、また後に切って焚きもんにする。

そいうことをやりようった。行事を全部、子どもの時からやってきとりますけん。今は全然そういうことはありませんけどねえ。

（話者　細田　溝口一幸）

56　ヤレボウ

一月十一日、オオクワゾメ（大鍬初め）の日です。朝、夜が明けんうちから出ようったいう人もあるし。牛を連れて牛鍬を持って、苗代へ行って儀式をするわけですけどね、行きも帰りも、

「ヤレボウ、ヤレボウ」

言よったんです。

　有漢町の生まれの人で、旧賀陽町へ縁付いた七十七、八のおばさんが、たまたま話す機会があったら、

「私らは、ヤレボウとは言わなんだ。ヤエホウ、ヤエホウと言よった」

と。普通はそうやりようって、

「あほらしゅうもない、ヤエホウじゃあないがな。家の牛が逃げた、ヤレボウが逃げたけん、ヤレボウじゃあないか」

と、こうなった。


（話者　円城　斎藤正人）

57　虫送り

実盛《さねもり》山いうのが、ちょうどうちの前のほうにあるんですけえど、最近は、それを呼び名が言わんようになったんですけえど。虫を追い払うための行事ですね。

　昔はねえ、大祓をあげて、太鼓をトントンたたいて、数珠はありますけえど。組合の皆さんが上がってきてご祈願の後、子どもにはせんべいを、一斗缶を買ってきて。握り飯をふたつずつくらい、祭りのあと、もろうてねえ、それが楽しみで行きょったですわ。

　神社のお札と悪虫退散の札をして、それを村境のそこへずうっとさして、それだけしかやらなかったです。

　実盛様の祠はなかったと思う。村境まで送っとった。そういう神社は、村境に十カ所くらいお札いうのが

立っとります。大和山神社いうとこはね、立っとります。それから、大八幡神社やこうじゃったら、自分とこの組合の、その外の境に立っていくんです。虫が来んように、悪いもんはよそへ。

（話者　上竹　石井紀之）

58　お祭りのごちそう

秋のお祭りやお正月には、めったに食べられんものを買うてくれよった。とくに、七月十五日の夏祭りには蛸《たこ》を必ず食べる。蛸を湯がして、玄関に入った炊事場の柱に、まずつり下げておいてから食べよった。

「今日は、夏祭りじゃけん、蛸を買うとるけん、早う帰ってこいよ」

と言われて、喜んで帰ってみると、柱に下げてあった。

お正月には、ブリも買うて食べさせてもらよった。

（話者　宮地　木村宮子　瀬尾喜志子）

59　高野神社の大盛飯

杉谷の高野神社では、十二月の十一日に、年に一回大祭します。その大祭に参ったものに、昔のお椀がありますあれぇご飯をいっぺえついで、入れて、へえから、もう一つのお椀にも、いっぱい入れて、その一つへかぶせて、一つの大きい盛りにして、それを食べるんじゃと。

せえからご飯食べる茶碗へ、お酒をなみなみついだものを一つ、みんな参った人へ一つずつ。それだけを食べにゃあ帰ろうなかった。

じゃけど、その時にゃあ、食べる物はあまり無いし、麦飯ばあ食うて、梅干しと漬けもんと味噌汁でいきょうるもんばあじゃから、米の飯じゃから美味しいから、茶碗いっぱいぐらいは軽う食べて、へえからお酒もひとり（一遍で）ぎゅうっとみな飲みょうたらしいで、全部。

　わしらが子どもの時分にゃあ、明けの日に片付けに行かにゃあいけんけど、中へ四、五人寝ようる。

「ありゃ、どしたんじゃろうか」

いうたら、

「ありゃ、ゆんべ飲んで酔うてから、よういななんだんじゃがな」

いうて。へえで、

「もう、いなにゃあ。夜が明けたぞ」

言うて、うちの親父が起こしょうたが。

　けど、それは、戦争時分にお酒が無いようになって、やめてから、それからは、ずっと、そういうことはせんようになってしまいました。

（話者　杉谷　桜本賀順夫）

60　嫁取りに墓石

　昔の嫁取りに、藁細工の馬を作って、夜コトコトと縁側をたたいて、来るのが分かっとるから、雨戸を開けとるわけですから、代わりに酒を出したり、いうことが県下全域でかなりあったようですが、ここらでも、昭和三十年代の前半ぐらいまであった。

　最初は藁細工の馬だったのが、途中からお地蔵さんに変わっとんです。お地蔵様がいつ頃始まったんか、いつまで続いたんかちょっと分かりませんが、石塔の、墓石ですな、これを持って行っとんです。どこの墓か分からんような、字の読めんようなぼろぼろのものを、わざと持って行って、結婚式の次の日に、新婚ふたりが、荷車にそれを載せて、どこじゃろうかと尋ねて行くのを、冷やかしてやりょうた。こういう話がけっこうあるんです。案田辺りでもそれをやったというのを聞いとるし。

これが、なぜ藁細工の馬か、なぜお地蔵様か、石塔の墓になるか、ちょっと下ネタの話になりますから、うっかり言われんのんですけど、馬というのは、男根を表わすし、神道的に言うと、陰と陽の陽である、という考え方も背景にあったようですけども。一番面白いのは、元気を出せと、いうことじゃったんでしょう。

お地蔵様の形が、ちょっとそれに似とるということから、きたであろう、いうことが出てきたんです。お地蔵様まで分かったんですけど、なぜ墓石か分からなんだんです。それを研究していきょうると、結局、長い間お地蔵様へ行きょうると、そんなにあっちもこっちもお地蔵様ないですから、そのうちに、

「おい、おんなじ石ならこれでもえかろうが」

となったようなな。結局持って行って、次の日に冷やかして楽しむわけですな。そういうものが、比較的遅くまで残っとったようです。

一升の酒を五合ずつに分けて、それを持って行って置いたと、いうのもあるんです。昔は量り売りですから、枡ですから、「益々繁盛」こういう語呂合わせで祝うというのもあった。


（話者　細田　溝口一幸）

61　米の飯にありつける葬式

親父がよう言ようりましたが、人が死んだら、

「おお、あの村、組合は、米の飯にありついたぞ」

いうて。葬式にゃあ、米を炊きますけんなあ。米の飯を食べられる。

近所でもどこんでも、その部落内で死んだら、部落は米の飯にありついたわい言うて楽しんで行きょうた。酒も十分飲めるし、米の飯じゃから、でえれえご馳走じゃから楽しんで行きょうた。

死んだその日から、葬式の日、後の片付けまで、組合の者は、三日続けて行きょうた。その間、飲んだり

食うたりできるから。

買い物に行くのは組合の者が行くんじゃけん、思う物を店へ行って買うてきて、払いに行くのはその家に払いに行くんじゃけん。ちいと憎まれとったら、酒が本当一斗ぐらいいりょうたが、二斗ぐらい買うてきてから、余ったのを分けて持っていにょうたが。

（話者　杉谷　桜本賀順夫）

㈦　食べ物

62　鯉取り

秋、池の水を落としたら、鯉《こい》取りがあった。鯉は大人が取るから、取れんけど、子どもはエビやタニシをバケツ一杯ほど取ってきて、湯がして食べた。フナはうろこがあるから食べんかった。

（話者　宮地　木村宮子）

63　ウナギ取り

ウナギの方が私らは好きじゃった。

田んぼになんぼでもおったけえ。ウナギは沢山おりょうたなあ。田の草を取りょうる時分には、お父さんは手拭いを持っては捕まえようた。素手ではツルツルするから。

　そりゃウナギがほんとに山の上に上ってきょうた。ほんとにようけえおったんで、家らの田んぼには。今はおらんようになったけど。ひとっつもおらんようになった。

　ウナギはいっぱいおった、田んぼの中に。塗り草するのに出てくるのをようつかまようちゃった。塗り草いうのは一番しまいの止め草。盆にはすましょうた。おるおる、ちょうど食べ頃のウナギ。

　大きなウナギは何年か前に池の下におったを、お父さんが取ってきて、誰も食わなんだが。捨てたが、でえれえ大きなウナギじゃったであれは。主じゃろう。中池の下におったん。あんまり大きいけえ取てきたけど誰も食べん。

　田の草を取りょうりゃあ、手拭いでつかまようちゃった。私はズルズルしてよう捕まえん。なんぼでも取りょうたんで。それが農薬をするようになってから一匹もおらんようになった。

　どこにもおりょうた。今なら考えられんわ。山の上の奥の方の方にあがりょうたもんなあ。山の間の田んぼにおるんじゃけえなあ。小さい川でもや釣りいうてミミズつけてから竹でさしてウナギを取った。

　昭和三十年代ぐらいまではおったがなあ、農薬をするようになってからなあ、おらんようになった。

　田んぼに水路じゃねえけど、チョウデンいうて水を温めるところ、排水したり水を温めたりしたところ、それに沢山おるんです。あれはよう忘れん。チョウデンようたなあ。それにおるんですわ。だから浸け鉤いうて、晩にしとくんじゃ。そしたら朝行ったら、食いついとるんじゃ。どの田んぼにもある。

　山の田にはずっとある。家らはチョウデンいうなあ。それへ浸け鉤をしとくんです。ミミズをつけて、それに食いついとる。

　ウナギやこう珍しいこたぁない。ウナギはなんぼでもおる。蒲焼きにしたりして食べとった。蒲焼きじゃなあ。正真正銘のウナギじゃああったで。化けとるんじゃろうか。浸け鉤いうのをして、食うて、ウナギが死んで白ろうなったんが川へのぞいてきて。珍しゅうない。ウナギやこう珍しゅうないくらい。

（話者　黒土　宮井　昇）

64　ドジョウ取り

ドジョウもぎょうさんおった。今頃は全然見ん。えらい貴重なものになっとる。ドジョウもおらん。

ドジョウはチョウデンの土を、排水に秋には上げにゃあいけん。土の中におって、沢山取りょうた。

（話者　黒土　宮井　昇）

65　タニシ取り

タニシがおいしかったなあ。おいしかった、おいしかった。タニシがいっぱいおって、メンチョロバエがいっぱいおって、メダカ。

タニシは美味かったで。山椒で炒りつけてなあ。ありゃあほんとに美味かった。

タニシはぎょうさんおりました。田植え前じゃのう。いまはおらんけえだめじゃ。

（話者　黒土　宮井　昇）

66　川ニナを食べる

夏、川に泳ぎに行って、帰りに川ニナを取って中をほじくりだして、食べよった。どじょう、えび、タニシ、ニナなども取って食べた。

（話者　宮地　瀬尾喜志子）

67　アワワ取り

ぼくらはアワワ（土蜂）いうんじゃけど、ほんとはどういうかしらんで。こおめい（小さい）蜂じゃろう。土の中へ巣をするんじゃろう。あれが、刺したらぼっけん（大変なの）じゃ。あれはおいしいおいしい。麦わらに火を付けて煙で蜂を追って掘って取る。今頃はせんようになった。蜂の子はおいしかったもんなあ。

（話者　黒土　宮井　昇）

68　栗虫を食べる

蜂の子を食べるよりは、栗虫を食びょうた。栗の木の虫はだいぶ食べたけど。焼いて食べる。あれは美味しい。大きな虫じゃったけど、あれは美味しかったけど、子どもの頃は食べるもんが無いから食べた。

（話者　黒土　宮井　昇）

69　雀を捕る

冬、雀おとしを作って、雀を捕る。ざるに紐を結んで、つっぱりをして、下に餌をまいとく。じっと見ようって、雀が入ったら紐を引っ張る。

こぼつ（首打）をこしらえて、雀を捕ったことがあるけど、こぼつより、ざるの方がよう捕れよった。

雀は一夜に二、三匹食べよった。おいしかった。

（話者　宮地　木村宮子）

㈧　子どもの生活

70　初めての学生服と靴

私らの小学校の頃にはなあ、着物を着て行きょうったんで、男子も女子も、学校へ。入学式の折にゃあ、男子も袴をはいて、入学式に。

「子どもが袴をはいて入学式に行きょったん」

言うから、

「そうじゃ」

いうて。

二年生になった時に、初めて学生服ができて、へえで、学生服を着たらピシッとしてから、金ボタンが胸に五つほどさがりょうるし、尻んとこにも、チャラチャラ金ボタンがあってから、ええなあ思よったんじゃ。そりょう皆着てから、お母さんが、大きょうなるんじゃけんいうて、ちぃと大きめなのを買うとるけん、皆だぶだぶのズボンでから、はいて行ってから。ほうするとなあ、課業時間の前に、

「皆、肥《こえ》を入れてこい」

いうて先生が言うから、小便ひりぃ行くんじゃ。そしたところが、その前のボタンをはずいて、へえでパンツの間から引っぱり出いてしょったら、手間がいってから。女子ぁパアッとはぐってから、ええなあ言よった。そしたら、先生が、そりょう作文に書いとけいうて言うんですがあ。

今度ぁ、服を着てから、草履を履いて行きょった。ところが三年生くらいの時になってから、初めて靴いうもんを入ってきて。その時のゴム靴いうたら、なんかゴム版を固めたような、ボテボテした重たい靴でなあ。へえでも、そりょう履いたら、下駄を履いたり、草履を履いたようにゃあない、かっこええように思うて。喜んで学校へ行ってから、帰りがけにゃあ泣く泣く靴を下げてから、裸足で戻りょった。靴擦れがして履いとれんのですが。

袴やこうは、そういっつもはいらんから、親類や近所から借って、それを着て行ったり、学校の本やこうでも、傷んどらんようなのは、大きい生徒のを借っていくいうような状態でなあ。

貧しい家やこうは、かわいそうなようなことだったですがなあ。皆は、私らあもそうですがなあ、アルミニウムの軽《かり》い弁当箱、たいていへしゃげてしまうんですけどなあ、それへ、ご飯を詰めてもろうて、蓋へ、湯飲みがないけん、蓋へお茶を配ってもらう。箸がそれへついとる。そうしょったのに、三人ほどは、弁当を持って来ないん。皆、弁当食べるのに。外へ出てかわいそうだったですなあ。つらいから、外へ出てから遊びょうる。

（話者　下土井　片山光男）

71　学校の弁当

わたしゃあ、大正十二年の生まれじゃから、小学校の一年生に入ったのは昭和五年の四月です。その頃は、今頃伝えられとる昭和の大恐慌いう不景気な時じゃった。

弁当箱へ詰めた弁当へ梅干が一つというのが通り相場じゃ。その弁当も、麦飯の中から、子どもの弁当だけ、米の多いようなところを選って、弁当箱へ詰めとるんじゃから、今頃のような白米の白い弁当でなしに黄色味を帯びたような弁当じゃった。

（話者　岨谷　妹尾康平）

72　子どもの遊び

子どものときには、何をして遊びょったかな。かくれんぼ、お手玉、縄跳び、けんぱ、石けり、せっせっせ。友だちがようけおったけん、いっつも外で遊びょったなあ。

（話者　高谷地区のみなさん）

73　子どもの野の食べ物

学校の帰りは道草ばあしょった。

食べた物は、シイナノトウ、シャジンポ、シイシイバ、アケビ、桑の実、桑いちご、ズンベ、ズンベラボウ、ノボセ、イタドリ、マツミドリ、野ぶどう、ガブ、山なすび、山のさつきの花（笹につきさして帰りょった）、えのきの実、てんぽなし、ぐいび、ゆすら、ちょうちんいちご。

お菓子やこうなかったけん、山のものや野のものをせせったりして、どこまでもよう食べよったなあ。

（話者　高谷地区のみなさん）

74　シイシイバ

朝、親の目を盗んで、塩（岩塩）を新聞紙に包んで中学校へ持って行く。帰り、上竹地区まで帰って、途中から家並みが切れて人の見られんところにきたら、シイシイバを取って、塩をつけて食べよった。

（話者　宮地　木村宮子）

75　稲、麦の穂を食べる

秋は、学校の帰りに、道沿いの田んぼにできとる米や麦の穂を指でしごいて口の中に入れよった。麦は噛めば噛むほど粘りが出て甘いからおいしかった。麦は最高のおやつ。稲穂は口の中にそげ（とげ）が立ちょったけど、食べたなあ。

子どもが歩く道沿いの田んぼの稲穂は、実がしごかれてしもうとった。

（話者　宮地　木村宮子）

76　柚子もおやつ

柚子は、冬取らずに春まで置いといたら、甘うなる。柚子がなる家で、おやつに食べさせてもらったことがある。

（話者　宮地　木村宮子）

77　山柿を盗む

学校の行き帰りに、そしらん顔をして、なっとる山柿をもんで行きょった。ずくし（熟柿）になるから。「そろそろ食べ頃じゃ。今日の帰りに食べるぞ」と、思うた時には、早う帰った子どもに先に食べられたりしょった。

柿を盗んだと思われたらいけんから、「よその成木の下を通る時には、下を向いて通れ」と、親から言われよった。

（話者　宮地　木村宮子）

78　夜は暗く怖かった

夜はほんに暗うて、恐ろしゅうて、トイレやこ行けれなんだ。電灯いうたら、台所に二つ三つあるぐらいで、暗かったなあ。怖いからトイレに行けずに、我慢して我慢して我慢して、失敗したら、親に行儀をされよった。

（話者　宮地　木村宮子）

79　聞きなし

鶯は、「ホーホーホケキョウ（法華経）」
カラスは、「アホー（阿呆）アホー」
つばめは、「嬢ちゃん、赤いままにとと添えてさぶさぶ、わしゃ虫ぅ食う、土ぅ食う、口しーびい」

ふくろうは、「ボロ着て奉公、ボロ着て奉公」とか「糊付け干《ほ》うせ」

ほととぎすは、「弟見たか、芋の首食うたか」とか「おっつぁんこけたか、起こそうか」

雨蛙は、「親が流れる、親が流れる」

殿様蛙は、「行こかあ、行こかあ、ござらばござれ」いうて鳴きょうる。あれは、苗代の中でから雄がそう言うて雌を呼びょうるんですらあなあ。

（話者　下土井　片山光男）

80　馬鹿になるか賢くなるか

昔から、お袋に、

「馬鹿になるか、賢うなるか、どっちかになれ。中途半端が一番いけん」

と言われよった。

「馬鹿じゃったら、人が何か言うても、ああ馬鹿じゃから、教えてくれるんじゃ、と思やあ気が済むし、賢かったら、人があれこれ言うても、ああ、あねえなことを言ようるけど、相手にしても話にならん、と思やあ喧嘩にもならん」

となあ。わしも気が短かったからなあ、お袋によう言われよった。

（話者　納地　難波和典）

Ⅴ 解説

立石憲利

（一）岡山県のへその町

吉備中央町は、岡山県のちょうど中央部に位置している吉備高原上の町で、面積は二六八・七五平方キロメートル。標高三〇〇～四〇〇メートルの高原上にあり、中央が分水嶺になっている。旧加茂川町は旭川水系、旧賀陽町は高梁川水系である。その上、旧加茂川町は御津郡で備前国、旧賀陽町は上房郡で備中国と国も異なる。

この二つの町が二〇〇四年（平成十六年）十月一日に合併、両町名の頭文字を使って、新しい郡名「加賀郡」、そして吉備中央町となった。合併十周年の二〇一四年に、町のマスコットキャラクターを「へそっぴー」とした。岡山県の中央、へその位置にあることから、「へその町」、そして町の鳥ブッポウソウを使っての「へそっぴー」になった。以前から旧加茂川町が愛称を「へその町」としていたことを、事実上継承したことになった。

同町も、全国的な農山村の人口減少、過疎化、高齢化の波から逃れることはできず、人口は二〇一七年三月一日現在一一、九八九人（住民基本台帳）となり、二〇〇五年十月一日の国勢調査人口一四、〇四〇人と比べ、十年余りで二千人以上も減少し、高齢化率も三八、六九％となって過疎化・高齢化が進んでいる。

全国では東京一極集中、岡山県では岡山市一極集中というなかで、吉備中央町も、人々に住みよい地域づくりをめざしてがんばっている。

ふるさと納税で吉備中央町は、米をお礼に送っているが、大変な人気を博しているという。吉備高原上のおいしい米。そしてピオーネ、ブルーベリーなどの果物、円城白菜に代表される野菜と魅力ある食べ物もたくさんある。

今回の民話調査の中で、人々の温かさと、古くから継承されている文化を大切にしているところだと強く感じた。だから、わずかな調査期間だったが、多くの民話を採録できたのだと。

(二) 五〇八話を収載

民話の伝承が消滅または消滅寸前にある今日、以前のように地域を訪ねて語り手を探すということはできなくなった。どのように調査するかということで、筆者が近年行っているアンケートを併用した調査を吉備中央町でも行った。

広報紙やチラシで呼びかけたり、知り合いや図書館来館者にアンケートをお願いし、記入下さった方を中心に地域ごとに公民館などに集まっていただき聞き取りをするというやり方で始めた。(アンケートの様式は、最後に資料として掲載)。

そのうちに、地域の人の協力で、古いことをよく知っているという人を紹介してもらい、集まっていただいて、話を聞くという方向になっていった。

第一回の聞き取りは、二〇一四年二月四日に、上竹地区の六人に集まっていただき、多くの話を聞くことができ、調査へのはずみがついた。同年には十一か所、二〇一五年には九か所、二〇一六年三月までに四か所、計二十四か所で調査を行うことができた。町内の多くの地域で聞けたが、まだ未調査のところもある。

採録した話を文字化し、本書に収載したのは次のとおりである。

昔話四二話、伝説一七六話、村話二一〇話、暮らし、その他八〇話、計五〇八話。

この数字は当初の予想を大きく上回るものであった。

民話調査の年月日と地区名・氏名は次のとおり。

〈二〇一四年〉

2月4日・上竹、6月18日・町内全体、6月26日・津賀、8月25日・円城、8月26日・長田、豊岡、9月8日・片山光男、9月24日・新山、片山光男、12月18日・豊野、片山光男。

〈二〇一五年〉

3月10日・内藤三治、大和、5月22日・下竹荘、6月5日・高谷、上野、7月4日・武村菊美、7月7日・

吉川、7月21日・片山光男、7月23日・小柳惠一、9月3日・大和。
〈二〇一六年〉
2月18日・川野明、3月4日・伊賀日佐子、3月14日・納地・豊野、3月15日・竹荘・新山。

（三）昔話—花咲か爺、桃太郎

民話は、昔話、伝説、世間話を合わせた総称と一般的には定義されている。本書では、それらを「昔話」「伝説」「村話」として分類している。

今日のように誰でも文字を読んだり、書いたりすることのできるようになったのは、そんなに古いことではない。明治以降の国民皆教育によって、ほとんどの人が文字を習い、読み書きができるようになった。それ以前、また以後も、民話の伝承は、本などによらず、口伝えで継承されてきた。口承文芸とか口頭伝承などというが、民話、民謡、なぞ、諺、回文、語り物などである。例えば、今日まで伝えられてきた昔話は、大体室町時代（一三九二～一五七三年）に、いまのような姿になったというのが通説である。何百年も継承されてきたものが、この数十年の間に伝承が消えていき、今日では、ほぼ伝承が消滅または消滅寸前の状況になっている。

民話だけでなく民謡も一部の祭礼歌を除いて消滅してしまった。なぞも同様であり、諺もほとんど使われなくなってしまった。

さて、昔話についてであるが、全国、岡山県でもほぼ伝承が消滅寸前といってよい。吉備中央町も同じであろうから、新たに聞くことはできないだろうと予想していた。ただ、一九七九年に調査報告された『加茂川町の昔話』があるので、少しは伝承の実態が分かり、報告書の体裁が整えられるだろうと考えていた。

ところが調査の中で、「予想に反して」昔話を聞くことができた。下土井の片山光男（大正十年＝一九二一年生れ）から十四話を採録できた。いずれもしっかりした語りであると同時に、これまで採録例の少ない珍しい話も聞けたのだった。語られた話は次のとおり。

若返りの水、こぶ取り爺さん、屁こき爺、桃太郎、一寸法師、花咲か爺、ホトトギスと兄弟、雨蛙不孝、かちかち山、猿の牛盗み、ぼたもちは本尊、弘法も筆の誤り、鍬取って来うか、ぼたもちはどっこいしょ。

これらの話は、母親のいとや、姉婿の土井文一（同町井原）から聞いたという。文一は、近いのでよく遊びに来ていて、よく聞かせてもらったという。

「花咲か爺」と「桃太郎」の二話は、大変珍しいものである。

まず、「花咲か爺」についてみよう。「花咲か爺」は、多くの人が知っている話だから、その話を思い出しながら読んでいただきたい。

隣の爺に貸した犬が、鳴いた所を掘ると、宝物でなく汚ないものばかり。犬は殺される。爺が死んだ犬を連れ帰って葬り、墓に松の木を植える。松は成長し、爺が参ると小判を負ったアリが上から下りて来る。爺がそれを取り金持ちに。隣の爺がまねて松を拝むと、小判を負ったアリが下りて来るが、手が届かないところまでで、上がってしまう。以下は一般的に。

「小判を負うたアリが下りて来る」というモチーフは、岡山県内では初めてである。全国的にみると、鳥取、広島などに、墓に植えた木が成長し金がなるとか、金が下がるという話があり、共通するところがあるが、いずれにしてもたいそう珍しい。

つぎに「桃太郎」についてみよう。

誰でもよく知っている桃太郎を「一般型」と呼んでいる。片山の「桃太郎」は、少し異なっている。

成長した桃太郎が山へ木こりに行き、大木を持ち帰り川に渡して橋にする。また、田の中の岩を取り除くなど大力を発揮する。大力が知られ殿様から鬼退治を命じられ犬猿雉を連れて行く。鬼たちは桃太郎の大力に恐れて岩穴に隠れる。桃太郎が岩山を動かすと、穴が崩れだし、鬼が降参、桃太郎の家来になる。鬼と桃太郎とで鬼ヶ島を本土まで引き寄せ、鬼は漁師になる。殿様は、自分の娘を桃太郎の嫁にし、国を継がせる――という内容だ。

山で大木を取って来るというのは、全国でも備中地方と、その周辺地しか伝承されておらず「山行き型」と呼んでいる。片山の「桃太郎」も、その一つである。さらに、島を引き寄せるという「国引き」があり、『出雲風土記』などを想起させる雄大な話だ。

また、「桃太郎」のほとんどが、鬼退治をして宝物を持ち帰り幸せに暮らしたで終わり、結婚する話はほとんどない。片山の話には、殿様の娘と結婚、殿様になる。結婚して初めて物語は完結するもので、そういう意味では「完結型の桃太郎」といえるだろう。

備中地方を中心に、限られた地域で伝承されている「山行き型」の「桃太郎」は、こんな話だ。

桃太郎は成長して山に木こりに行く。山で寝るばかりしていて、帰り際に大木を引き抜いて帰る。置き場所がないので、川に投げ捨てる。その音で、「爺はじっくり、婆はばっくり」して腰を抜かす。ここで終わった話が多い。後半があるときは、一般的な「桃太郎」とほぼ同じである。

一見、なまけ者の男が、突然大力を発揮するという話は、山行き型「桃太郎」だけでなく、県内に多く伝承されている大力持ちの話にもある。

真庭市蒜山下見の大清左《おおせいざ》、新見市で伝承されている新左《しんざ》（鳥取県日南町神戸上《かどのかみ》の住人）、井原市高屋の三鼓《みつづみ》平四郎、笠岡市真鍋島の佐五郎、典五郎をはじめ、実に多い。

大清左だが、真庭市禾津《いなつ》の酒屋で奉公人として働く。こんなエピソードの持ち主だ。

○酒屋が屋根替えをすることになり、主人が大清左に縄をなうように言いつける。ところがいっこうに仕事をしない。前日になって主人がただすと、田にある藁ぐろの上を木槌で二、三回叩いてから（藁を打って柔らかくしたことになる）あっという間に藁ぐろ一つを縄に綯《な》ってしまった。

○大清左が草刈りに行き、牛に草を一荷負わせて狭い道を帰っているとき、殿様の行列に遭う。大清左は猫でも抱えるように牛の四本足を抱え持って、道より外に差し出し、行列を通らせた。
○酒屋の主人が、大清左には二人前の給金をやっているのだからと、一人で駕籠を担がせて勝山の町に出る。大清左は橋の欄干より外に駕籠を出し、担ぎ棒を押さえて「旦那さん、下を見なさい」と言う。主人が戸を開けてみて驚いて、大清左に謝る。
○主人が大清左の給金を少なくしようと考え、「給金に米を担げるだけやる」という。大清左は二間ばしごに米俵一二、三俵をくくりつけて、それを担いで帰った。主人の目論見は失敗した。
○大清左は正月の山入りに木を切りに行く。山入り木は小さな木でよいのに、大木を切って持ち帰り、無理矢理に門から入ったので門がねじれた（山行き型桃太郎と同じような内容である）。
○洪水の時、大清左は大戸（大きな戸板）を持って旭川に入り、水の流れを変えて村を救った。

このように、「少し馬鹿」だといわれる大清左は、平生は世間の常識からはずれたような行動をしているが、洪水という村の危機に際しては、命をかえりみないで村を守るための行動をしている。

新見市北部で伝承されている新左も同じようだ。

多くの大力持ちたちは、大清左や新左と同じような姿で、百姓の姿を彷彿させる。これは山行き型の桃太郎とそっくりではないか。一般型の桃太郎は、武士風だが、山行き型の桃太郎は農民的だともいえる。

筆者は『桃太郎は今も元気だ』（おかやま桃太郎研究会編　二〇〇五年岡山市デジタルミュージアム刊）の中で、次のように記した。「多くの大力持ちの伝承が、桃太郎に山行き型の性格を与え、話を成長させていったのではないだろうか。少なくとも大力持ちの伝承という基盤があったから、それに支えられて今日まで山行き型桃太郎が伝承されてきたと考えることができるだろう」と。

山行き型「桃太郎」は、大木を引き抜くなど大力を発揮する。これと同じように大力持ちたちもいろいろ大力を発揮する。両者の違いは、桃太郎は最後に鬼退治をして人々のために役立つが、大力持ちたちは、その前の段階で、もっと身近かに人々の役に立っている。大力持ちの伝承が、「桃太郎」に山行き型の性格を与え、話を成長させていったのではないかと指摘してきたが、何か直接両者を結び付ける話はないかと思っていた。

そんなとき聞けたのが、片山の「桃太郎」である。片山の「桃太郎」は、大木で橋を架ける、田の中の石を取り除くというように、大力持ちと同様、身近な人々に直接的に役立つことをしている。そして最後に鬼退治だけでなく、鬼を漁師にして仕事をさせている。片山の「桃太郎」は、大力持ちと山行き型「桃太郎」の架け橋の役割を果たしているといえるだろう。

『桃太郎は今も元気だ』の中で述べた仮説とでもいうべきものが、はっきりと片山の話によって結びつき、裏付けられたのではないだろうか。

片山は小学校の読本《とくほん》（国語）で「桃太郎」を習った。読本に載っている話だから正しい話だと思い、おじ（姉婿）から聞いた話は間違ったものだと思った。それで、自分の子や孫にも、おじから聞いた「桃太郎」は語っていなかったという。

今回の聞き取りの中で、話は一つだけでなくいろいろあること、「正しい」「正しくない」ということはない。伝えられた話は、本に載っている話以上に貴重だと伝え、語ってもらうことができた。

吉備中央町における昔話について少し記しておこう。昔話の呼称は「昔話」「昔」、語り始めの言葉（発端句）は「昔あるところに」「昔むかし、あるところに」など。結末句は、あまりはっきりしなかったが、「それも一昔」があった。備中地方の中南部の結末句である。そのほかは「めでたし、めでたし」。多くは「…ということです」「…じゃいうて」「…だそうな」などで終わっている。発端句がはっきりしない地域になるだろう。

相槌は「ふん」「ふん、ふん」である。

昔話の語りの場は、冬は、いろり端やこたつで聞いた。夏は外で一畳台（涼み台）で聞いた。ヨモギの干したものをくよらせた「蚊ぶすめ」をした。夏は、「狐にだまされた話」「提灯かつぎ」など、こわい話が多かった。夜なべ（夜業）のときにも聞いたという。

（四）　埋蔵金伝説

伝説も全体で一七六話を収載している。まだ調査すれば、もっと多くの伝説を採録できた可能性はある。

伝説は、昔話が「あったか、なかったか、よく分からない」話であるのに対し、本当にあったことだと信じられている話である。それを証明するため記念物が存在することも必要である。

本書では、その記念物の種類によって分類し収載した。次のとおりである。

①木の伝説　②石、岩の伝説　③水の伝説　④塚の伝説　⑤山、坂の伝説　⑥祠堂、社寺の伝説　⑦地名の伝説　⑧人物、禁忌の伝説。

採録した伝説の中に、多くの興味を引くものがあるが、「塚の伝説」の項に分類した埋蔵金伝説について少し詳しくみてみよう。

埋蔵金伝説というように、財宝が埋蔵されているという伝説である。

伝説の項の50「柳迫長兵衛と埋蔵金」51「薬師堂の金鶏」52「金の鶏」53、54、55「金鳥様」56「金の鳥」57、58「金のクジャク」59「上人墓の金の鶏と鶉」60「宮坂の七人御崎」61「円城寺の宝物」62、63「伊賀主計大明神と宝物」64、65「虎倉城の埋蔵金」67「金の茶釜②」と十二か所に埋蔵金伝説がある。

埋蔵金伝説は、これまでに、旧加茂川町の四か所を含め県内で百五十か所ほど確認している。今回の調査の中で、新たな伝説地が加わった。

この伝説の特徴の一つに、財宝を埋めた場所を示す言葉が残されていることだ。

50の柳迫長兵衛が橋を架け替える費用として橋付近に埋蔵した。その場所は「朝日に輝く夕日に照す三葉椿の其の下に」とある。

60の七人御崎では「朝日差す、夕日が裏に、綱一本の届きたき、三葉うつぎの下」。

61の円城寺の宝物は、「朝日かがやく、夕日が裏に、縄一本のその中のミツバウツギのその下に、小判七甕朱が七甕」となっている。

縄（綱）一本は、二十尋《ひろ》のことだから約三十メートル。

県内の埋蔵金伝説でも、埋蔵場所を示す言葉が残されている。最も一般的なのが「朝日射す夕日輝く丘の上、縄三本の内、ミツバウツギの下に黄金千甕朱千甕」というようなもので、多くの言葉は、ほぼ共通している。埋められた場所を示すのはミツバウツギ、ハギ、ヒイラギなどが多い。このように共通しているということは、この言葉が、どこからか伝えられ、埋蔵されている伝説と結びついたものと考えられる。

また、埋められた場所で、元日未明に金の鶏が鳴くという金鶏伝説も、全国にも、岡山県内にも多く伝えられている。そして鶏鳴を聞くと長者になるとか、逆に死ぬという二つの伝承がある。岡山県内の埋蔵金伝説では、金鶏伝説が最も多い。

鶏鳴を聞くと長者になるというものが、岡山県内では多いが、岡山市西坂の七つ塚、備前市吉永町和意谷などでは、「鳴き声を聞くと死ぬ」と伝えられる。総社市西郡の福山では、「三声聞けば幸運、一声、二声では死ぬ」と言われている。

吉備中央町では、金鶏、金鳥、金のクジャク、金の鶉など鳥の種類が多いのが特徴。さらに「元日の真夜中（元日の未明のこと）金鳥が鳴きながら東方に向かって飛び立つ。鳴き声を聞いたら長者になる」（53、54、55）という伝承になっている。

もともと大晦日の夜（元日の未明）は年の替わり目であり、刻を告げる鶏鳴によって、新年の吉凶を占ったものが、この話のもとであろう。

（五）狐話

村話は、世間話といわれるもので、伝説と同じように本当のことだと信じられるものである。しかし、伝説のように古い時代のものではなく、最近、見たり、聞いたり、体験したりしたこととして話されるものである。

本書に収載したのは二一〇話におよぶ。分類は、①狐狸の話 ②大蛇の話 ③妖怪の話 ④死をめぐる話 ⑤木にまつわる話 ⑥神仏にまつわる話 ⑦人にまつわる話——の七分類にした。

多く採録されたのが狐や狸に化かされたという話、大蛇がいたという話、妖怪の話である。狐狸の話は妖怪話の一種である。また、大蛇の話の中には、妖怪と区別つかないものがあり、これら三つを合わせると一二四話となり、村話の六〇％近くに達する。

「狐に化かされた」「狐にだまされた」「狐に魚など取られた」「明かりを消された」「狐の嫁入りを見た」「狐が憑いた」などということは、以前には日常的にあったことだったし、信じていた。このような話を「狐話」としてまとめて、村話の中に収載した。

狐は古来から霊力を持った動物をみなされていた。『日本書紀』には、白狐が現われたので吉兆と判断されている。『日本霊異記』（九世紀初）には、人と狐が婚姻する話が載っている。『今昔物語集』（十二世紀初）には、狐が妖怪として登場、狐に化かされた話が載っている。

このような妖怪としての狐が今日まで人々の間で話されているのだ。『今昔物語集』からでも約八百年にもなり、伝承の生命力の強さに驚くしかない。

しかし、近年、「狐話」も急激に消滅してきている。いきいきと、本当にあったことだと、その情景が話される例が少なくなってきている。

わが国の民話の採録は、戦後、テープレコーダーの普及によって急速に進んできたが、その中での中心は昔話であった。五万話とも七万話ともいわれる資料によって研究も進み、話型もほぼ確立している。

それに対し、伝説や世間話（村話）は、採録が十分行われてきたとはいえないなかで、伝承の終末期を迎えているといえるであろう。

「狐話」も全国的にある程度採録されてはいるが、資料集は少ない。昔話のように話型も確立されていない。そんな状況だからこそ、今日の段階で、できるだけ多くの世間話（村話）の採録、資料集の刊行が強く求められる。

本書では、多くの「狐話」が収載できた。どのような話か一覧できるようにし、他地区との比較も試みた。比較は、本書（吉備中央町）と浅口市（旧金光町）、新見市（旧神郷町）の三地区で行った。

旧金光町は、『岡山県金光町の民話・資料編』（二〇〇三年、立石憲利編著、吉備人出版刊）、旧神郷町は、『しんごうの民話―岡山県神郷町の採訪記録(1)』（一九九五年、立石憲利編著、神郷町教育委員会刊）に収載した資料である。

次に、三地区の狐話の比較表を掲げる。

（表）狐話の比較表

番号	吉備中央町	話数	浅口市（旧金光町）	話数	新見市（旧神郷町）	話数
1	道を隠す	4	道を隠す（目隠し）	3	道を隠す（暗くする）	4
2	道が三本に	2			道を見せる	1
3	ぐるぐる回る	4	ぐるぐる回る	1	歩き回る	4
4	道を迷わす	1			道を迷わす	2
5	女が招く	1	招きよせる	1	狐が誘う	1
6	山奥に入る	1				
7	青畳は池	4				
8	風呂は野つぼ	2	風呂は野つぼ	4		
9	魚を取られる	1	団子を取られる	1	魚を取られる	3
10	油揚げを取られる	1	天神（ご馳走）を取る	4	ご馳走を取られる	5
11	ローソクを取られる	2	ローソクを取られる	1		
12	提灯を消される	2				
13	自転車が動かない	1			荷が重くなる	1
14	牛馬が動かない	2				
15	竹筒を握る	2				
16	狐の首は榊	1				

17	人のざわめき	1			音をさせる	1
18	木を切る音	1				
19	道案内する	1				
20	狐がついてくる	1			送り狐	1
21	ねずみのてんぷら	1				
22	狐の嫁入り	3				
23	狐火	3	灯をとぼす	1	狐の火	2
24	宙狐	1				
25	半分尾の狐	1				
26	狐が憑く	4				
27	たたる	1				
28	憑いた狐を払う	2				
29	狐の出る場所	2				
30			鯉に化ける	2		
31			狐が化ける	1		
32			嫁入り人足をさせる	1		
33			狐のよだれは火	1		
34			ウナギは杭木	3		
35			狐の相撲	1		
36			狐の知らせ	2		
37			狐の見舞	1		
38					砂をまく	3
39					水があふれる	1
40					子どもを連れ去る	5
41					ぼたもち、饅頭、団子は馬糞	4
42					ご馳走を食べる	1
43					尻尾はきびがら	1
44					蟹を掘る	1
45					近所のおじさんに化ける	2
46					女に化ける	2
47					子どもの泣き声	1
48					鉄砲を打たせない	1
49					コックリさん	1
50					狐が出る石	1
51					大阪に出た十文字狐	3
52					狐の恩返し	1
	計	29種53話	計	16種28話	計	26種53話

この表でも分かるように、吉備中央町では二十九種、五十三話、旧金光町では十六種、二十八話、旧神郷町では二十六種、五十三話となっている。種類と話数は、はっきりとした相関はないが、話数が多いと種類も多いという傾向になっている。吉備中央町では多く採録できた。

三地区の一話の長さ（文字数）をみると、平均で、吉備中央町が四一二字、旧金光町が、四五〇字、旧神郷町が、六〇七字となっている。吉備中央町が一話当たりの文字数が一番少ない。話が簡単になっているといえるだろう。文字数は、旧神郷町に比べると三分の二の短かさである。吉備中央町で一番長い狐話は一四二六字で、千字以上の話は四話にしか過ぎない。二百字以下は十四話もあり、一番短い話は九二字である。

　これら資料の調査年を比べてみると、吉備中央町が二〇一四、一五年、旧金光町が一九九四〜九七年、旧神郷町が一九九四年である。旧神郷町と吉備中央町では、二十年以上、旧金光町でも十八〜二十年の差がある。

　吉備中央町の調査の中で、「もう十年早ければ」「もう二十年早ければ、よく知っていた人がいたのに」などという言葉をよく耳にした。それは、吉備中央町だけでなく、旧金光町や旧神郷町でも聞いてきたし、その他の調査地でも、しばしば聞かされた言葉だ。

　伝承が急速に消えるなかで、十年、二十年の差は大きい。早く調査ができていれば、もっといきいきとした話が聞けただろうと思う。

　表を見ると、狐話の特徴もよく分かる。表の上下に、ほぼ同じ種類の話（話名は、それぞれの報告書のもの）である。上下に記入がない話は、その地域だけで採録されたもの。

　道を隠したり、多くに見せたり、迷わせたりする話は各地区とも多い。

「風呂は野つぼ」は風呂だと思って入ったら野つぼ（屋外にある肥だめ）だったというもの。吉備中央町と旧金光町のみで、旧神郷町にない。旧神郷町では、野つぼを見かけなかったので、ないのか、少ないから話もないのかも知れない。

　食べ物を取られる話は、どこも多い。旧金光町と旧神郷町では、ご馳走を取られる話が多い。とくに旧金光町では、「天神」といって、秋祭りに行ってもらって帰るご馳走で、必ずさつまいもの天ぷらが入っている。吉備中央町では、ご馳走を取られる話が聞かれなかった。

その他、吉備中央町では、「狐が憑く」「狐がたたる」という話が多く、他では採録されていない。

旧金光町では、川の中にウナギや鯉がいるのでつかまえて道に投げ上げると、それが杭木だったというもの。他の二地区にはない。

旧神郷町では、「子どもを連れ去る」という話が多く聞かれた。同じ事件の話を語ったものだが、子どもの足では、とうてい無理なところで見付かっている。

また、昔話の中にもある、ぼたもち（饅頭、団子）だと思って食べたら馬糞だったという話も、どういうことか、他では採録できなかった。

（六）妖怪―ごんご

吉備中央町には、たくさんの妖怪が出現している。これだけ多種類の妖怪の話があるところは、初めてである。鳥取県境港市に、水木しげるの妖怪ロードがあるが、吉備中央町でも、妖怪ロードや妖怪マップが十分作られる。「へその町の妖怪たち」というのも、なかなかおもしろいと思ったりする。

妖怪に関する話は、村話の中に分類しているが、伝説の中にも出てくる。

では、吉備中央町に、どんな妖怪がいるかみてみよう。

狐、宙狐、ヤッテイ、狸、大蛇、トウビョウ、竜、狼、ごんご（河童とも）小豆すり（小豆洗い、小豆とぎとも）提灯がえし、提灯かつぎ、古庵坊主、大入道、見越入道、馬の首、ぬうりひょん、脛曳《すねひき》、猫又《ねこまた》、抜け首、槌ころがし、汚血《おけつ》、天狗、鬼、火車《かしゃ》、岩目の翁、くも、物言うウナギなどである。掲げただけで二十八種にもなる。

一番多く採録できたのが、狐や狸に化かされたというような狐狸の話だ。県内では狐がほとんどで狸は少ないが、吉備中央町では、狸が多く注目すべきだ。なお、狐狸の話は前項で記した。

妖怪話で狐狸に次いで多いのが、ごんごである。ごんごは、もっと大きな川にいるのかと思ったが、小さな谷川が多い吉備中央町にも多くいることを知り驚いた。

ごんごは、ごんごう、河童とも言うが、ほとんどがごんごという。ごんごは、渕など水が深い場所にいて、尻ごを抜く、引っ張り込むから水浴びに行くなと言われる。ごんごが、どんな姿をしているかは、詳しくは聞けなかったが、カッパのように頭に皿があって、皿に水があると力が強いが、無くなると力がなくなる。相撲を取るのが好きである。

ごんごはキュウリが好物なので、キュウリを食べて水浴びに行ってはいけない。ごんごのおならは臭くて、それをかぐと死ぬともいう。

ごんごはオオサンショウウオと同じ、ごんごはお化けを意味する言葉、川で死んだ人の亡霊がごんごなどとも説明する。

カッパの呼称は、岡山県内では、ゴンゴ、ゴーゴ、ゴーゴー、カワコ、カワッコウ、カーコ、カワタロウ、エンコウ、イエンコウなどで、カッパとも言うが、以前はあまり言わなかった。津山市では、ゴンゴ祭りが行われるなどして、よく知られているところだ。

カッパは河童と書くが、まさに河の童である。カワコ＝川子、ゴーゴ＝河子《こうご》、カワタロウ＝川太郎と漢字で表現できるので、河童と同じになる。カワコが変化してカワッコウ、カーコ。ゴーゴが変化してゴンゴとなる。いずれも川に棲む妖怪・小童のことである。

カッパ系に対し、エンコウは猿猴と記す。猿猴は猿のことなので、なぜ河童と猿が関係するのであろうか。『河童駒引考―比較民族学の研究』（岩波文庫）や柳田国男の「河童駒引」などを参考にしてほしい。

カッパは四、五歳の子どもぐらいの大きさで、頭に水の入った皿があり、水があるときはめっそう力が強いが、なくなると力を失せる。背に甲羅があり、手足には水かきがついている。左右の手はつながっていて、麦藁のような細い手を右に伸ばせば左が短かくなる――などの姿をしていると、岡山県内では一般に説明されている。

しかし、県内でも、カッパといわれるゴンゴなどは、ダンガメ（亀、スッポン）オオサンショウウオ（ハンザキ）、ナマズ、コイ、ミズスマシなど多様の姿をしている伝承がある。カッパの一般的な姿が広がる前には、人々の身近かな動物からカッパを想像していたようだ。吉備中央町でも、オオサンショウウオというのがあり、古い形の伝承を残しているといえよう。

（七）妖怪―小豆洗い

水辺の妖怪に小豆洗い、小豆とぎ、小豆すり、小豆こすぎがある。

全国各地（北海道、沖縄を除く）に伝承されていて、小豆洗いという呼称が多い。岡山県内でも同様だ。これに次いで、小豆とぎで、小豆すり、小豆こすぎは少ない。

吉備中央町では四つの呼称がいずれも伝承されている。

小豆を洗うときには、どうするだろうか。小豆を水に入れ、ガラガラッとかき回して洗い、ごみや土砂を除去する。さらに米を研ぐと同様、少し水を入れて、掌でこすったり、掴んだり、こすったりする。また、ざるに入れた小豆を川など水に浸けて、こするようにして洗う。これで小豆の表面に付いたごみや土などが除去できる。このときの音が、ゴリゴリ、ザクザク、ガシガシであろう。

洗う、研ぐ、擦る、こすぐ――いずれも大差はない。

小豆洗いという妖怪は、姿を見せることはなく、主として水辺で、音をさせる。それを人々が怖がるのだ。いまのように川に橋が架かっておらず、「跳び所《しょ》」「跳びと」などといって、石を伝って跳んで川を渡るところが多くあった。小豆洗いが、音を立てると、人々はおどろいて足を踏み外し、川に落ちたり、ときには亡くなったりする。小豆洗いが音を立てなくても、事故で死んだりすると、小豆洗いのせいにされるという。

小豆洗いは、どんな音をさせるか。「ザクザク、ザクザク」「ガジャガジャ、ガジャガジャ」「サラサラ、サラサラ」「ガサガサ」などという。

小豆洗いの出る場所は、小川が瀬になっていて水流が速いとか、川に段差があって水が音を立てて落ちるところだ。水の流れの音が妖怪になったものだろう。

100「小豆とぎ」は、下尾原と井原との境で、家のない寂しい場所だ。道のそばを流れる豊岡川は、流れが速い。その上、川の中に岩が出ていて、川の流れる音がよくする場所である。ここでは、婆が小豆を洗っているという。一般には、姿を見せないといわれているのに、ここではお婆さんのような姿を見せる。珍しい例だ。

また、下土井の山奥にある山上様のところには、小豆すりが音をさせるという（95）。

宮地の大きな椿の木の下では、小豆すりが音をさせ、足を引っぱるという（96）。このように水辺以外の場所にも出て、珍しい。

音をさせる妖怪が、なぜ小豆洗いなのだろうか。物を洗うのは、小豆でなくても大豆でもよいし、米麦でもよい。野菜でもかまわないだろう。

小豆である理由は、①小豆が硬質なので、よい音がするからだろうか。子どものころ、お手玉に小豆を入れると、よい音がするので、親に小豆をねだったものだ。しかし、大切な小豆は使わせてもらえなかった。洗うのが小豆でなく米や大豆では、やはり音はよくないだろう。

②小豆は、ハレの日の食べ物だ。赤飯、ぼた餅、あん入り餅などには欠かせない。新見市では、小豆洗が出るのは、大晦日の晩だという。ハレの日の食べ物と関連するのかも知れない。

（八）妖怪—火車

現在の葬儀は、ほとんどが昼に、葬礼会館などの施設で行われるようになった。遺体の搬送も自動車である。さらに土葬はなくなり、火葬がすべてといってもよいようになった。葬儀の仕方も大きく変わり、講組などと呼ばれる地区住民のかかわりも、わずかになってしまった。

以前は、夜に葬儀が行われていたが、いまでは昼間になった。いまも葬儀役配帳に、手火、大手火、提灯などの役が残っているが、これは夜の葬儀の名残りである。

現在も以前も、変わりようが少ないのが、遺体に対する作法である。北枕にし、遺体の上を猫が跳び越さないように、部屋には猫を近付けない。遺体の上には、刀や刃物、魔除け用の呪具などを置いて、火車《かしゃ》（魔物とも）に取られないようにする。

劫《こう》を経た猫は、火車になるといわれ、火車が遺体を取ると信じられている。

村話118、119「火車」は、黒猫が火車になり遺体を取る話である。118では、わざわざ「昼の葬式で」と断わっているように、夜が普通だったことを物語っている。墓に向かって葬列が出て行くと、一天にわかにかき曇り、雨が降ってきた。和尚が、「この火車、出え」と独鈷《どっこ》をふり回わしたら、雨が上がり晴れた。「火車だった」とみんなが言い、葬式は無事終わった。墓からの帰り道に、寺で飼っている黒猫が額に怪我をしていた。火車の正体は寺の黒猫だったと。

119は、棺を担いで墓に向かう途中、棺が急に軽くなった。火車が遺体を取ったんだと。

いずれも黒猫となっている。

県内で聞いた火車の話は、118、119と同じようなものが多い。

火車は、劫を経た猫がなるのだが、化け猫になったかどうかを見分ける方法がある。外見上は普通の猫だが、玄関など戸が開いているところの通り方が違うのだ。普通の猫は、端を通るが、化け猫はまん中を通る。目には見えないが、通ったところから端までの大きさに猫がなっているのだと。

こういう話も、近いうちに聞くことができなくなってしまうだろう。わずか二例だが、本書に収載できてよかったと思う。

（九）妖怪―見越入道

もらい風呂に行き、夜、遅く帰って来ると、大入道が現われ、だんだん背が高くなる。大入道の顔を見上げていると、のどにかみつくという妖怪が、見越入道である。

小森では、狐かイタチが化けたのだろうという見越入道が出る。高くなるのを見上げていくと、だんだん高くなるが、逆に、大入道を下に見ると、小さくなって最後には消える。

この見越入道が、女性の便所に現われ、「尻拭かせろ」「尻拭こうか」と言う。大晦日に、「見越入道ホトトギス」と唱えると、福をもたらすという。

「見越入道ホトトギス」という呪文は、県内では、『岡山文化資料』第二巻三号に「妖怪雑輯」が収載されており、嶋村知章が、同じような報告をしている。同じ伝承が吉備中央町でも聞けた。

（十）妖怪―提灯がえし

「提灯がえし」とか「提灯かつぎ」という妖怪がいる。提灯がえしは、夜道を提灯をとぼして歩いていると
き、提灯を下からかつぎ上げて灯を消しローソクを取る妖怪（村話102）。

提灯かつぎは、誰かにすれ違い、魚を取られたりする。提灯をかつぎ上げて火を消すものだろう（村話103）

いまの時代は、街灯や家の電灯などで、夜も明かるい。それに自動車で通行するから、暗くても平気だ。昭和三十年ごろまでは、移動はほとんど徒歩だった。山の中で、家が少ないところは、昼間でも歩くのが寂しかった。夜は、なおさらである。

狭い道を、月夜でないとき歩くのは大変だった。提灯の明かりだけがたよりだ。そんなとき突然灯が消え

る。まっ暗になる。灯をつけようとすると、ローソクがなくなっている。これを妖怪の仕業だと思うのだ。

「提灯がえし」も「提灯かつぎ」も同じものだろう。「かえす」は、提灯を逆に向けて灯を消すのであり、「かつぎ」は、提灯を下から突き上げて火を消すものだ。その際に、魚などを取られる。

これら妖怪は、狐話の中に同じようなものがある。狐話24、25「ローソクを取る」26、27「提灯を消す」と同じである。魚を取るという狐話も多い。妖怪を狐とみるか、提灯かつぎ、提灯がえしとみるかの違いのように思われる。

なぜ灯を消しローソクを取るのだろうか。人々は、狐などは油が好物で、ローソクも油で出来ているから、それを取るのだと説明する。真庭市蒜山の大宮踊りのとき、灯籠を吊るして、その明かりの下で踊る。灯籠には、シリゲという切り紙細工が下げられている。シリゲは、狐など妖怪が油をなめに来るのを防ぐためだと説明している。

提灯がえしなどの妖怪と相通ずるところがある。

（十一）干ばつ

吉備中央町は吉備高原上の町であり、中央に分水嶺がある。したがって大きな川はなく、また大きな山もない。そのため干ばつの被害にたびたび遭い、人々は苦しんだ。

干ばつを防ぐため人々は、ため池を作った。現在、その数は三百か所にも及ぶ。それに農業用水確保のためのダムが近年造られていった。落合ダム（総貯水量四十万トン）日山ダム（同十七万トン）である。さらに上水用のダムとして河平ダム、竹谷ダム、鳴滝ダムがある。

本書の中にも、干ばつに関する話が多数収載されている。話数でみると、昔話一話、伝説一四話、暮らしの話九話、計二四話にも達する。それに水神の化身でもある蛇（大蛇）の話が村話の中に多数ある。

伝説は一七六話収載だから、干ばつ関連の話一四話は全体の一割近くにもなる。暮らしの話は八〇話収載だから、干ばつ関連九話は一割以上になる。このような多さは、他の自治体の調査ではなかった。ここにも干ばつの深刻さが表われている。

昔話11「蛇の渕」は、まさに干ばつの話である。話型では「蛇婿入り―姥皮型」となる。蛇の棲む蛇の渕に、雨乞い祈願をすると雨が降り作物ができる。しかし、娘を人身御供しなければならない。庄屋は困り三人の娘に頼むと、末娘が蛇に嫁入りするという。結末は、その娘が幸せになるのだが、干ばつから農作物＝人々の暮らしを救うため人身御供までして雨を降らしてもらう話だ。人の命さえささげなければならないほど、干ばつが深刻だったのである。

伝説の中にも、命をささげて雨乞いをする話がいくつもある。72「一心禅門」75「五郎兵衛墓」79「聖坊」80「塚神」は、入定して雨乞いをする。

81「池の法印さん」は、入定とは異なるが、法印が雨乞いして雨が降り作物ができる。百姓が雨乞いの本尊に収穫米を供えようとするが、庄屋が、それまで貸した米を返せと、供える前に取り上げる。法印は「七代祟れ」といって、抗議の入水自殺をするというもの。干ばつの深刻さを強く感じさせる話だ。

雨乞いのやり方は、「暮らし、その他」の項の中にも多く出てくる。
①雨乞い祈祷、②千段焚き（千把焚き、千貫焚き）といって、山上などで大火を焚き、雲を呼び寄せて雨を降らせる。③渕をかえる。渕を埋める。④枡洗い（梅の木の枡がよい）⑤藁で作った竜を渕に沈める。⑥最後の手段として伯耆の大山から水をもらって来る――などがある。
9「田土村を救った三人」は、干ばつだけでなく、長雨、洪水、病虫害などによる飢饉の様子を伝えている。悲惨な様子を想像すると涙なしには読めない。

人々は、こんな困難に打ち克ち今日の吉備中央町ができているのだ。先人が伝えてきたこれら民話から、当時の人々に思いをはせてほしい。

（十二）戦争のこと

一九四五年八月十五日、太平洋戦争で日本が負けてから、すでに七十年以上になる。一九三一年の柳条湖事件で始まった満州事変、日中戦争、そして太平洋戦争と十五年間、日本は戦争をしてきた。戦争体験者は数少なくなり、その時代に生きていた人も同じだ。

戦争の記憶が風化するなかで、日本は、またしても戦争への道に進もうとしているような時代になった。今回の調査では、最後になるだろう戦争の記憶が語られた。

「暮らし、その他」の項の「戦争」「戦争と暮らし」に二十九話を収載した。

戦場での体験は、28「戦争でペリリュー島に」29「戦地での食料」30「絶食死刑」で、下土井の片山光男が話してくれた。後方支援＝補給のないまま、前線に兵士を送り込んだ日本軍、その結果、多くの兵士が餓死した実態が話されている。30「絶食死刑」には、気が動転した。「絶食死刑」という言葉も初めて聞いた。軍隊という組織の中で、こんなリンチ（私刑）がまかり通っていたのだ。これは「上官の命令は天皇の命令」ということに裏打ちされて。こんな軍隊で、日本が戦争に勝てるはずがないと思って聞いたのだった。

戦争中、吉備中央町の子どもたちは、どんな生活をしていたのか。32から38などに体験が記されている。食料増産で山を開墾してサツマイモ畑に、学校の校庭までもサツマイモ畑に、物資不足に子どもが動員されて、桑の皮むき、ススキの穂採取などをする。

伝説149の注記に、真庭市の木山神社の神木が、戦争で木造船のため「応召」した写真が載っているが、戦争は暮らしのあらゆるところに及んだことが、体験者の話からよく分かる。

（資料）

「吉備中央町の民話」作成のためのアンケート

回答者名 ＿＿＿＿＿＿＿＿＿＿

生　年 ＿＿＿＿＿＿年　男・女

住　所 ＿＿＿＿＿＿＿＿＿＿

電　話 ＿＿＿＿＿＿＿＿＿＿

> 質問項目について、ご存じの事柄がありましたら、1つでも2つでも、わかる範囲で、できるだけくわしくご記入ください。

1．キツネに化かされた話

キツネ・タヌキ・ムジナなどに化かされた話、体験をご記入下さい。いつ、どこで、誰が、どんなふうに

2．力持ち、大食い、早技など、地域で語り継がれている人についてご記入ください。

3．不思議な話

聞いたり、体験した不思議な話をご記入下さい。

㊎ 戦死したとき、母親の夢の中に出てくる。

火の玉、幽霊、化け物、大蛇、トウビョウ、学校の怪談など

4．昔話（おとぎ話）

「ネズミの穴に団子が転がる話」「取り付こうか引っ付こうか」「和尚さんと小僧の話」「日本一の屁こき翁さん」「動物のいわれ」など、昔話を知っていますか？○をしてください。

イ　昔話を聞いたことがあり、話すことができる。

・話の題（いくつでも）

ロ　聞いた事があるが、すぐには話せない。

ハ　聞いたことがない。

5. 伝説（いわれ）

①岩や石についての伝説

㊟ 鬼の足跡岩、腹切り岩、鼓岩、尼子岩など岩や石についての話

②木や草などの伝説

㊟ 旅人が食事をした箸を立てたのが成長して、○○○の木になったなど

③川、渕、滝、ため池、温泉、魚などの伝説

㊟ 温泉が冷泉になったいわれ、川や池にすむ魚（ウナギ、コイ、カメなど）の話

④山、坂、峠の伝説

㊟ 九十九谷、聖坊山、傍示峠など、山や峠にまつわる話

⑤神社、お寺、祠（ほこら）、石仏、古墳などの伝説

㊟ 神社やお寺のいわれ、七人みさき、金の鶏がうめられている塚、人柱の話

⑥人物の伝説

㊟ 弘法大師、吉備津彦命、日具上人、長者の話

⑦地名の伝説

㊟ 月の輪といって、山の草が丸く、月の輪のように生えないところが○○にある、など

⑧その他

住んでいる地域で、こんなことは書き残しておきたいということ、珍しいこと、昔はこんなことがあったなど、何でもご記入ください。

6. わらべ歌

㊟ 手まり、お手玉、なわとび、かくれんぼ、せっせっせなど遊びの歌、からかい歌、悪口歌、子もり歌など、子どもの頃歌った歌は？

イ、歌うことができる。

どんな歌ですか？（いくつでも）

ロ、歌えない

7. 吉備中央町内で伝わっていた昔話、伝説、わらべ

歌などを書いた本、冊子、新聞、公民館だより、老人会報などがありましたら教えてください。

（注、アンケート用紙は横書きである）

出典一覧

（上から著書名、編著者、発行所、発行年の順）

『旭町誌　地区誌編』旭町編、発行　一九九六年

『加茂川町の民俗』岡山民俗学会編、発行　一九九〇年

『加茂川町の昔話』岡山市幡多小学校ＰＴＡ読書クラブ編、発行　一九七九年

『賀陽町の年中行事と食べもの』賀陽町発行　一九九一年

『感激美談　竹荘の義人』大草神社顕彰奉賛会発行　一九五六年

『広報かもがわ』御津郡加茂川町役場発行の広報紙

『古老のはなし』行安彼土志編　御津郡加茂川町広面発行　一九九六年

『長兵衛がたり』芝村哲三編、発行　自刊

『吉川誌』田中一雄著　吉川誌刊行後援会発行　一九五六年

『吉長周辺の歴史―先人のあしおと』難波忠著　自刊　二〇〇〇年

『片山稿』『杭田稿』『草地稿』『芝村稿』それぞれ下土井・片山光男、上田東・杭田功、湯山・草地恒太、上竹・芝村哲三各氏の原稿。なお、草地氏は、旧加茂川町地内を中心に各地で古老から聞き取りしたもの（村人口伝）を原稿化している。そのうちの一部を掲載。原稿には話者名が記載されていない。

（資料として転載させていただきありがとうございます）

郷土の文化を継承する図書館に

平成二十三年十二月、岡山県内の町村では最後の設置となった吉備中央町図書館が開館しました。図書館は生涯学習の拠点であり、町民の生活や活動を支えるところです。また一方で、地域に残る多種多様な記録物を収集保存する場でもあるのです。町の歴史を記す村史や地区誌などの図書資料、祭りや年中行事を撮影した写真資料、民謡や人の声を収録した音声資料などすべてが貴重な宝物です。開館をきっかけに、郷土資料の収集保存に取りかかるようになりました。

同時に主催事業では、立石憲利先生を講師に「立石おじさんの語りの学校」を開校しました。地元の語り手を養成するためです。全六回を終了した受講生は、吉備中央町の語り手として活躍し、福祉施設や町内各所に出向いています。そうした折、語りたくなるのが吉備中央町に伝わる話です。近所の池や川、寺や神社など身近な話は、聞き手をわくわくさせるに違いありません。

そこで、町内各地区に伝わる昔の話と記録資料の収集を目的に、町内での採訪を開始しました。テーマは「今、残すとき！つないでいこう　わが町の伝承文化」です。これには、予てより口承文芸の消滅に危機感をもっておられた立石憲利先生からの熱心な勧めとご指導をいただきました。

まず調査用のアンケートを作成し、広報紙などで広く呼びかけました。同時に町内各公民館に協力をお願いし、昔の事を知っている人に数名集まってもらい、立石先生と現地を訪ねました。

「狐に化かされた話を聞いたことがありますか」

「川や淵の伝説を聞いたことがありますか」

アンケートに沿って質問すると、幼い頃若い時代の思い出話に花が咲きます。互いの昔話に刺激されて共感し、話が広がったり深まったり。懐かしそうで、どこか得意げで、無邪気な笑顔がありました。しかし、訪ねた地区で、口を揃えて言われたのが、

「あと十年早かったら、もっとよう知っとる人がおったんじゃけどなあ」

という言葉です。収集は今しかない、と再認識しました。過ぎ去った事象は、再現できません。そこで、福祉施設に出向いたり個人のお宅を訪ねたりしました。話して下さる昔話で、小僧のとんちに感心したり、馬鹿な息子の話にあきれたり。戦争の話では、悲惨な現地の様子が想像され、ことばを失くしました。話として完成されたものは、多くありませんでしたが、一つ一つは財産であり、充実した時間となりました。

今回採録できた話は、町全体のほんの一部です。まだまだ、発掘を待つ「人」や「話」、「記録物」があるでしょう。本の発刊を契機に、方々から声が上がり、さらに昔の話が集まり、語られ、記され、誇りと共に継承されていくことを願っています。

なお、本書の刊行にあたり、多くの方にお世話になりました。自ら申し出て語ってくださった方、講座や集会に参加してくださった方、人の紹介や声掛けをしてくださった方、収録音声を文字化してくださった方。そしてこの機会に貴重な地域の資料も図書館に寄せられました。皆さんのご協力に感謝しています。

吉備中央町図書館　山田　敬子

話者および調査協力者（五十音順）

浅田冨貴子（尾原） 天艸眞諦（円城） 天艸松子（円城）
有安サカヱ（竹荘） 伊賀貞子（納地） 伊賀日佐子（吉
川） 石井清子（竹荘） 石井恵子（上竹） 石井紀之（上
竹） 石井正子（竹荘） 石井靖子（尾原） 石井良夫
（竹荘） 石井良一（上竹） 石田嘉隆（豊野） 井上
緑（加茂市場） 井上弘志（吉川） 入沢正夫（笹目）
遠藤光男（湯山） 大木菖蒲（納地） 大木安枝（納地）
岡﨑一義（黒土） 小川朝子（豊野） 小川マサ子（湯
山） 小野 環（豊野） 片山光男（下土井） 金森素江
（豊岡上） 鎌坂岩子（高谷） 香山喜美江（豊岡上）
鴈尾芳江（竹荘） 川上末寿（西） 川野 明（北） 河
原美智子（杉谷） 北村 学（細田） 木村宮子（宮地）
草地恒太（湯山） 草地真喜子（三谷） 黒瀬英明（尾
原） 黒瀬冨美子（尾原） 小柳惠一（吉川） 古好進
良（吉川） 齋藤正人（円城） 坂上久子（尾原） 先山
信夫（岨谷） 桜本賀順夫（杉谷） 佐藤智子（溝部）
重森計己（吉川） 重森資生（吉川） 繁森恒昭（豊岡下）
芝村哲三（上竹） 城本 将（豊岡下） 新池稔治（黒
山） 杉田節子（杉谷） 杉原昌子（高谷） 鈴木園子（上
竹） 瀬尾喜志子（宮地） 妹尾康平（岨谷） 髙見茂子
（高谷） 武井 聖（粟 井谷） 竹竝芳子（納地） 武
村菊美（田土） 田村平八郎（田土） 辻田 明（吉川）
綱島恭治（井原） 土居一晴（豊野） 土居照男（和田）
土居安子（和田） 内藤三治（上田西） 中山良二（下
土井） 難波勳夫（田土） 難波和典（納地） 難波順
子（吉川） 仁熊茂子（竹荘） 霍沢江津伍（円城） 沼
本宣甫（円城） 沼本はじめ（円城） 沼本英雄（下土
井） 沼本正貴（吉川） 林 弘（富永） 光居茂子（井原）
樋口久郎（上加茂） 菱川 智（豊野） 菱川 徹（加茂
市場） 平松金次（豊野） 藤田親政（田土） 堀 求（吉
川） 堀口浅美（宮地） 前田廣雄（西） 松本和子（上野）
丸山光子（福沢） 溝口一幸（細田） 宮井 昇（黒土）
宮原八重子（納地） 山根佐代子（納地） 山本千恵子

（円城）渡辺 登（尾原）

その他協力者（五十音順）

秋山尊子　石居恒二　石坂陽子　大槻幸子　小川克典
片山奈美　加藤征洋　河内晶子　河内博子　清本章夫
小林正男　多田佐代子　田村昌亮　土井美知枝　仁子
稔　藤井順子　堀口浅美　堀口 修

あとがき

吉備中央町に県内自治体では最後の図書館が開館し、司書ががんばっている──こんな話を久米南町図書館の司書から聞いた。かもがわ図書館は、津山など県北へ行く通り道にあるため、立ち寄って、蔵書、とくに郷土資料コーナーを見て、司書と話ができた。

自治体の図書館は、その自治体に関する資料を最大限収集し、住民に提供することが大切だ。他の図書館では絶対やってくれないことだと、郷土資料の充実をと話した。

その中で、図書館は、利用者がやって来るのを待って貸出しなどをするだけだと、民間委託などにされ、住民から離れていく。ソバ屋でも出前をするから客が増えると同様、図書館も出前が必要だ。それは移動図書館だけでなく、司書が時間を作って住民のところに出かけ、本や図書館の話をすることも大切だ。そんななかで、住民が持っている古い資料や新しく刊行されたものも収集できるし、図書館に行ってみようという人も増える。

郷土資料が少ないと言うだけではだめで、ないものは、住民と専門家の協力を得て作り上げたらどうか。司書が、その旗振り役をすべきだなど、思っていることを話した。

私が長年採録を続けている民話のことを話したら、吉備中央町には、しっかりした民話資料がないので資料集が出せたらという話になった。

そんなことが契機で、二〇一四年から個人的に協力して調査を始めた。調査を重ねるうちに、そのことが町民にも知られるようになった。町議会で取り上げられ、教育委員会は「二〇一六年度に資料集を刊行する」と答弁したという。

それを聞いてびっくりしたのは当事者。それまで、大分集まった資料をどうやって出版するか、誰か金を出してくれる方はいないかなどと話していたときで、町から出版するというので、少しあわてたのだった。

まだ、もう少し調査しなければと思っていたが打ち切り、録音資料の文字化や、刊行された資料集めなどに集中した。

二〇〇七年三月に刊行された『吉備中央町の民話（1）』も、二〇〇六年末に、合併前の加茂川、賀陽の両町史を持参され、今年度内に民話の本にしてほしいと頼まれた。他の資料も入れて、本にして町に提出した。

『吉備中央町の民話（2）』が出せたらということが頭にあったから、今回、形を変えて調査を実施していたが、刊行されることになり、ほっとしている。

わずか二年間の調査だったが、予想以上に多くの民話を収録できた。もう聞けないだろうと思っていた昔話も聞けたうえ、それが珍しい昔話で、貴重な資料を残すことができた。

吉備中央町には、加茂大祭、吉川八幡宮の当番祭をはじめ、多くの祭りがあり、それらは中世を思わせるような古い姿を残している。こんなすばらしい民俗文化財のあるところに新たに民話という文化財を加えることができたのはうれしい。

これからは、この本をもとに、子どもたちなどに実際に語って聞かせる継承が求められる。加賀語りの会「どんぶらこ」のみなさんの協力も得て進めていただきたい。また、本書は資料集であるため、読みにくいところもある。誰でも読めるようにした再話集や子ども向けの本なども作成し、普及、継承に取り組むなどの課題が残されている。

本書を読んで下さり、「こんな話もあるよ」と、図書館に声を掛けていただきたい。さらに充実した資料にしていきたい。

また、自分の町・吉備中央町には、こんな話がある、こんな場所があると、みんなと話せるようになれば、町民として主体性（アイデンティティー）を持つことができるだろう。

なお、本書刊行にあたっては、語り手のみなさんをはじめ、多くの方々にお世話になり、ありがとうございました。出版の労を引き受けてくださった吉備人出版にもお礼を申し上げます。

二〇一七年三月七日

立石　憲利

●編著　立石憲利

1938年、津山市で生まれる。総社市在住。長年にわたり民俗、民話の採訪を続け、採録した民話は約9000話。民話の語りも行い、語り手養成のための「立石おじさんの語りの学校」を開く。著書多数。現在、日本民話の会会長、岡山県語りのネットワーク会長、岡山民俗学会名誉理事長など。久留島武彦文化賞、岡山県文化賞、山陽新聞賞などを受賞。

●編著　吉備中央町図書館
（かもがわ図書館　ロマン高原かよう図書館）

2011年、町民に身近な図書館としてかもがわ図書館（旧加茂川町）ロマン高原かよう図書館（旧賀陽町）の２館を同時開館。蔵書体系は統合し現在約４万冊。暮らしや好奇心を応援する講座、幼児や児童向けのおはなし会などを行う。また、郷土資料の収集保存に努め、町内グループ「加賀語りの会 どんぶらこ」との連携によって、語りの伝承にも力を入れている。

岡山「へその町」の民話
―岡山県吉備中央町の採訪記録

2017年３月31日　発行

編　著　立石憲利・吉備中央町図書館

発　行　吉備中央町教育委員会
〒716-1241 岡山県加賀郡吉備中央町吉川4860-6
電話 0866-56-9191　ファクス 0866-56-9393
mail:kyouiku@town.kibichuo.lg.jp

発　売　吉備人出版
〒700-0823 岡山市北区丸の内2丁目11-22
電話 086-235-3456　ファクス086-234-3210
ホームページ http://www.kibito.co.jp
mail:books@kibito.co.jp

印刷所　サンコー印刷株式会社
製本所　日宝綜合製本株式会社

ISBN978-4-86069-507-1　C0039